PferdeTräume
Ganzheitliche Ansätze im Reitunterricht
mit Kindern

Armgard Schörle

PferdeTräume
Ganzheitliche Ansätze im Reitunterricht mit Kindern
Armgard Schörle

ISBN   978-3-926341-18-1

1. Auflage 2000
2. Auflage 2004
3. Auflage 2008
4. Auflage 2011

© Buch & Bild Verlag Nagold · Hans-Joachim Schörle
Industriegebiet Wolfsberg · 72202 Nagold · www.schoerle.de
Alle Rechte vorbehalten. Printed in Germany

Titelbild, Gestaltung, Grafiken:
Hajo Schörle, w&d · werbung & design · Nagold
Bild- und Kunst Urheber Nr. 412 646

Fotos:
Christin Jörns, Hannover
Cornelie Pflüger, Reutlingen
Armgard Schörle, Leutkirch

# Pferde Träume

## Ganzheitliche Ansätze im Reitunterricht mit Kindern

### Armgard Schörle

In großer Dankbarkeit,
an alle Kinder und Pferde,
die ihre Träume mit mir geteilt haben.

# Inhaltsverzeichnis

# Einführung

„Jeder Mensch ist Teil eines Ganzen, das wir Universum nennen.
Jeder erfährt sich selbst, seine Gedanken und Gefühle allerdings als
etwas vom Rest abgetrenntes. Das ist eine Art optische Täuschung des
Bewußtseins. Diese Sinnestäuschung ist für uns eine Art Gefängnis, das
uns auf unsere persönlichen Bedürfnisse und auf die Gefühle für die
wenigen uns nahestehenden Menschen beschränkt.

Unsere Aufgabe ist es, uns aus diesem Gefängnis zu befreien,
den Radius unseres Mitgefühls auszudehnen auf alle Lebewesen und die
gesamte Natur in ihrer Schönheit."

Albert Einstein

# Drei PferdeTräume

Julia ist 14 Jahre alt. Seit sie vorigen Sommer im Urlaub mit ihren Eltern dieses wunderschöne grauschwarze Pferd über die Wiesen galoppieren sah, wünscht sie sich nichts sehnlicher als reiten zu lernen. Obwohl sie eigentlich sehr ängstlich ist, sitzt sie in ihren Träumen auf ihrem Pferd ohne Sattel, wie ein Indianer und fliegt in atemberaubenden Galopp über Felder und Wiesen. Der warme Sommerwind und die helle Mähne ihres Pferdes wehen ihr ins Gesicht und sie fühlt sich unbesiegbar.

Im Alter von 11 Jahren hatte Julia zweimal versucht, sich das Leben zu nehmen. Ihre damalige Familiensituation mit dem alkoholkranken Vater war für sie so belastend, daß sie zu diesem Zeitpunkt keinen anderen Ausweg sah. Julia litt darunter, daß sie weder bei ihrer Mutter, noch bei Freunden den notwendigen Rückhalt finden konnte.

Pauline ist 8 Jahre alt und hat sich in Flicka verliebt. Sie malt sich aus, wie es wäre, mit ihrem Pferd in einem schönen Haus am Stadtrand leben zu können. Flicka bekäme dann das Zimmer zur Wiese hin. Sie hat sich auch schon überlegt, daß Flicka tagsüber, wenn sie selbst zur Schule muß, solange auf der Wiese ihres Opas fressen könnte. Pauline stellt sich vor, wie sie mittags von der Schule nach Hause reitet und wie die Kinder in der Schule über ihr großes und schönes Pferd staunen. Am liebsten würde sie Flicka noch die Mähne waschen und ihr viele bunte Zöpfe flechten, so wie sie selbst welche hat.

Pauline hatte im Alter von 5 Jahren eine schwerwiegende Gehirnoperation. Sie konnte daraufhin nicht mehr laufen und mußte erst mühsam wieder sprechen lernen. Aufgrund von Folgeschäden durch die Operation fallen ihr bestimmte Bewegungen beim Spielen heute noch schwer. Schnell zu laufen kostet sie eine große Anstrengung. Wegen ihrer manchmal holprigen Sprache wird sie von den Kindern in der Schule immer wieder ausgelacht.

Sven ist letzten Monat gerade sieben Jahre alt geworden. Für Sven war das ein wichtiges Ereignis, weil er sich seinem großen Bruder, den er so sehr bewundert, jetzt wieder etwas näher fühlt. Sven reitet schon seit zwei Jahren. Mit Flocki, seinem „schwarzen Blitz", kann Sven sich wie ein Held fühlen. Er ist sich sicher, daß keiner - nicht einmal sein großer Bruder - die Pferdesprache so gut versteht wie er. In seinem Zimmer hängt ein großes Foto, auf dem er mit einem schwarzen Pferd zu sehen ist. Er sitzt freihändig auf ihm und hält in einer Hand voller Stolz seinen Pfeil und Bogen.

Sven leidet unter den Folgen einer MCD (minimal cerebrale Dysfunktion), was sich in übergroßer Unruhe und einem unkoordinierten Verhalten ausdrückt. In den vergangenen Jahren mußte er mehrmals im Krankenhaus behandelt werden, da er sich bei Stürzen wiederholt Gehirnerschütterungen zugezogen hatte. In einem manchmal verzweifelt anmutenden Aktionismus bemüht er sich um die Anerkennung, die seinem zwei Jahre älteren Bruder so leicht zuzufallen scheint.

Drei Lebensgeschichten, drei PferdeTräume, aber auch drei Hoffnungen werden in diesen Beispielen deutlich. Es gibt unzählige mehr, die ich im Laufe meiner langjährigen Arbeit als Reitlehrerin und Pädagogin kennengelernt habe und die so unterschiedlich sind, wie Träume es nur sein können. Diese PferdeTräume haben aber auch etwas Gemeinsames und Verbindendes: In ihnen kommt eine Kraft zum Ausdruck, die vom Zusammensein mit dem Pferd ausgeht und die den betroffenen Kindern neue Wege eröffnet hat. Die Kraft ihrer PferdeTräume stand ihnen zur Verfügung, um eine aus ihrer Perspektive entmutigende Lebenssituation wieder besser meistern zu können.

## Die Kraft der PferdeTräume nutzen

Es ist eines der Hauptanliegen dieses Buches, die Entfaltung dieser Kraft zu unterstützen. Die in den Praxiskapiteln vorgestellten Übungen und Spiele haben das Ziel, die Fähigkeiten der Kinder zu stärken und nicht nur sogenannte Defizite zu bearbeiten. Die vorgestellten Übungen sind ein Instrumentarium, mit Hilfe dem das Kind in seiner Kompetenz bis hin zum selbständigen Reiten, gefördert werden kann.

Dabei kann uns die einzigartige Wirkung des Pferdes auf den Menschen zugute kommen. Durch seine Art auf das Kind zuzugehen, lädt es von sich aus zum aktiven Handeln ein. Es kann deshalb einen Entwicklungsprozeß, in dem das Kind lernt, seine Potentiale zu entfalten, in idealer Weise unterstützen. Eine in den Träumen der Kinder verborgen liegende Kraft kann durch die Erlebnisse mit dem Pferd zur realen Kraft werden. Finden wir als Lehrer Zugang zu den Träumen der Kinder, zu ihren Hoffnungen und Phantasien, kann sich daraus ein gemeinsamer Weg des Lernens eröffnen.

Julias Motivation, reiten zu lernen, entsteht aus dem Wunsch heraus, „mit ihrem Pferd zusammen über die Wiesen fliegen zu können". Die Kraft, die in diesem Wunsch spürbar wird, hilft Julia, ihre tiefsitzende Unsicherheit zu überwinden. Julia neigte dazu, zwischenmenschliche Kontakte immer wieder abzubrechen. Mit dem Pferd konnte sie die Erfahrung machen, daß sie fähig ist, Kontakt aufzunehmen und ihn zu erhalten. Sie konnte sich dadurch selbst auf eine neue Art erleben.

Pauline träumt davon, in ihrem Pferd einen Verbündeten zu finden. Ihre Stärke ist ihr intuitiver und selbstbewußter Umgang mit dem Pferd. Diese Fähigkeit ermöglicht es ihr, zusammen mit ihrem Pferd eine aktive und gestaltende Position innerhalb der Gruppe zu übernehmen. Pauline kann dadurch erfahren, daß sie selbst Einfluß auf Geschehnisse um sie herum Einfluß nehmen kann und nicht Opfer ihrer Lebensumstände bleiben muß.

Sven überrascht seine Eltern durch seinen einfühlsamen Umgang mit dem Pferd. Eine Stärke, die Sven entdecken konnte, als ihm das erste Mal ganz alleine die Verantwortung für sein Pferd zugetraut wurde. In seinem Alltag ist er mit anderen Erfahrungen konfrontiert. Hier werden ihm verantwortliche Aufgaben aufgrund seines manchmal chaotischen Auftretens oft wieder entzogen.

Indem wir die Wünsche, Sehnsüchte und Hoffnungen, die in diesen Träumen zum Ausdruck gebracht werden, verstehen und ernst nehmen, anerkennen wir das Kind in seiner Verantwortung für sich selbst. Wir respektieren, daß das Kind die eigentlich treibende Kraft innerhalb seines eigenen Entwicklungsprozesses ist. Denn die Sehnsucht nach einem bestimmten Erleben mit dem Pferd ist letztendlich die Antriebskraft für das Kind, sich auf eine neue Erfahrungsebene zu begeben und Veränderungen zu ermöglichen.

Anders als bei der psychotherapeutischen Arbeit mit dem Pferd (vgl. M. Scheid-hacker, „Ich träumte von einem weisen Schimmel, der mir den Weg zeigte", 1998) geht es also bei dem hier vorgestellten pädagogisch/therapeutisch ausge-richteten Ansatz nicht um eine Traumdeutung im analytischen Sinne. Das Auf-greifen der Träume - dazu gehören sogenannte Wunschträume ebenso wie Tag-träume oder tatsächliche Nachtträume - hat die Bedeutung, den Kindern Zugang zu ihrer eigenen, inneren Welt zu ermöglichen. Darüber hinaus bilden sie den Anknüpfungspunkt für die jeweilige Vorgehensweise im Unterricht. In Form von Gesprächen, Bildern, Erzählungen oder ersten Eindrücken im Umgang mit dem Pferd können die Kinder ihr Anliegen zum Ausdruck bringen.

## Methodische Vorgehensweisen in der Arbeit mit PferdeTräumen

Die heilende Wirkung im Umgang mit dem Pferd entfaltet sich nicht in zwin-gender Weise von selbst. Je einfühlsamer der methodische Weg des Lernens auf das jeweilige Kind abgestimmt ist, um so größer werden dessen Erfahrungs- und Entwicklungsmöglichkeiten sein und damit auch die Erfolge dieses heilpädagogi-schen Ansatzes.

Dazu bedarf es differenziert abgestimmter Übungen, Aufgaben und Spielanlei-tungen. Vor allem zu Beginn des Unterrichts benötigt das Kind Begleitung und Hilfestellung, um mit dem Pferd in Kontakt zu kommen, dessen Andersartigkeit zu verstehen und sich mit ihm verständigen zu können. Erst eine tragfähige Ver-bindung zum Pferd bietet die Grundlage für einen pädagogischen oder therapeu-tischen Prozeß.

Das in diesem Buch vorgestellte Konzept orientiert sich an drei methodischen Ansätzen, die ich in Verbindung mit dem heilpädagogischen Reitunterricht für besonders geeignet halte. Das ist zum einen die Feldenkraisarbeit, benannt nach ihrem Begründer Moshé Feldenkrais. Unter Anleitung führt der Schüler dabei einfache, ungewohnte Bewegungsabläufe aus, anhand derer ihm seine eigene Art sich zu bewegen bewußter werden kann. Gleichzeitig kann er verschiedene neue Wege erlernen, ein- und dieselbe Handlung durchzuführen und seine Wahrnehmung zu erweitern.

Der zweite methodische Ansatz entstammt den lösungs- und handlungsorientierten Therapieansätzen, wie sie u. a. von Steve de Shazer („Wege der erfolgreichen Kurztherapie", 1989) vertreten werden. Hierbei richtet sich das Augenmerk des Pädagogen nicht primär auf die Analyse der Ursachen, die zu einem bestimmten Zustand des Kindes geführt haben, sondern auf die Handlungsmöglichkeiten, die dem Kind zum jetzigen Zeitpunkt zur Verfügung stehen. Wie kann das Kind Zugang zu seinen Möglichkeiten finden und wie können diese nach und nach erweitert werden? In Verbindung mit dem heilpädagogischen Reitunterricht erhält die lösungsorientierte Vorgehensweise eine zusätzliche Handlungsorientierung. Der neue Blickwinkel, den das Kind einnimmt, muß nicht abstrakt im Gespräch hergestellt werden, sondern wird für das Kind im Umgang mit dem Pferd und beim Reiten auf praktische Weise erlebbar.

Die dritte Methode stützt sich auf Erfahrungen mit der Psychodrama-Gruppentherapie mit Kindern: „Das an Morenos (J. L. Moreno, Begründer der Psychodramatherapie) Anthropologie des schöpferischen Menschen orientierte Kinderpsychodrama sieht die Förderung einer expressiven, kreativen Persönlichkeit als zentrales Anliegen und beschränkt sich nicht auf die Behebung von Störungen. Es versucht, die Spontanität und Kreativität im Kinde zu fördern und zu entwikkeln, und wo sie eingeengt und beschränkt wurden, wieder zu wecken und zur Entfaltung zu bringen. Im Symbolsspiel manifestiert sich die kindliche Kreativität in spezifischer Weise. Das Symbolspiel ist daher für das Kinderpsychodrama von zentraler Bedeutung." (A. Aichinger: „Psychodrama-Gruppentherapie mit Kindern", 1997, S. 13)

So sind Svens Träume in bezug auf das Reiten von Helden und großen, aufsehenerregenden Taten geprägt. Träume, die sich für ihn als Reitanfänger mit seinem Pferd im Rahmen eines normalen Reitunterrichts vorerst nicht verwirklichen könnten. Sven ist noch nicht in der Lage, im wilden Galopp durch den Wald zu jagen, um sich als starken und unerschrockenen Reiter zu erleben. Im symbolischen Rollenspiel mit dem Pferd hingegen hat ein Junge wie Sven die Chance, auf der Symbolebene seinen Heldenträumen Raum zu geben. Innerhalb einer erdachten Rolle, wie der Rolle des Häuptlings oder Spurensuchers, kann er seine Phantasien ausdrücken. Er kann sich groß und stark fühlen und Bewunderung erhalten, obwohl er „nur" auf dem geführten Pferd im Schritt unterwegs ist.

Wollen wir das Kind auf seinem Weg in die Selbständigkeit mit dem Pferd begleiten, müssen wir berücksichtigen, daß jedes Kind diesen Weg auf seine Weise machen wird. Die Unterschiedlichkeit beginnt bereits beim Kennenlernen des Pferdes, setzt sich fort in der Art und Weise, wie das Kind lernt, und drückt sich nicht zuletzt darin aus, welche Form der Unterstützung das Kind von uns als Pädagogen braucht. Für uns als Reitlehrer bedeutet das, sich von der Vorstellung e i n e s richtigen Weges, einer für alle Reitschüler geeigneten Reitlehre, zu verabschieden.

Gelingt es uns also, Situationen zu schaffen, in denen das Kind seine Fähigkeiten entfalten kann, kann es auf seine ihm entsprechende Art mit dem Pferd selbständig werden. Aus einer Verbindung zum Pferd und zum Pädagogen, die zu Beginn von Bedürfnissen und Träumen geprägt ist, kann das Kind mit der Zeit heraustreten. Es kann mit wachsender Selbständigkeit zum Gegenüber werden. Ein ängstliches Kind kann Mut und Durchsetzungsvermögen entwickeln, um einmal frei zu galoppieren. Ein hyperaktives Kind kann sein Einfühlungsvermögen so weit verbessern, daß es eine Dressuraufaufgabe selbständig bewältigen kann. Ein gehbehindertes Kind wird lernen, seine Behinderung durch andere vorhandene Fähigkeiten zu kompensieren.

Wenn diese Erfahrungen auch kein im medizinischen Sinne festgestelltes Krankheitsbild verändern können, so können sie dennoch dem Kind helfen, mit einer eingeschränkten oder belasteten Lebenssituation besser zurechtzukommen. Denn in seiner Zuständigkeit für das Pferd kann es sich auf vielfältige Weise gestärkt fühlen.

# Welche Kinder werden von der hier vorgestellten Form des heilpädagogischen Reitunterrichts angesprochen?

Die Vielfalt der Gründe, weshalb Kinder und auch Erwachsene den heilpädagogisch begleiteten Weg des Reitenlernens für sich nutzen, ist groß. Neben den Krankheitsbildern (wie z. B. MCD, Autismus, sensorische Integrationsstörungen), deren Behandlung traditionell dem heilpädagogischen Reiten zugeordnet werden, können auch andere Gründe zu einer solchen Entscheidung führen. Das kann eine allgemeine Ängstlichkeit gegenüber dem Pferd sein, eine Unsicherheit infolge eines Unfalls, die Distanzierung gegenüber einem leistungsorientierten Lernen oder eine akute persönliche Krisensituation.

So unterschiedlich die Beweggründe sein mögen, sich für den heilpädagogischen Reitunterricht zu entscheiden, so übereinstimmend gilt für die meisten Schüler, die in diesem Buch noch vorgestellt werden, ein verbindendes Anliegen: Sie wollen als Mensch mit all ihren Ängsten, Stärken, Schwächen und Träumen respektiert werden. Und sie wünschen sich, in einem Umfeld reiten zu lernen, das ihnen eine Verbindung zu ihrem Pferd und zur Natur ermöglicht. Das wichtigste für fast alle hier vorgestellten Schüler ist jedoch, daß sie unabhängig davon, ob sie eine Behinderung haben oder nicht, lernen können, ihr Pferd selbständig zu reiten.

Erlebnisse, die vor diesem Hintergrund entstanden sind, haben auch bei mir als Lehrerin und Pädagogin einen tiefen Eindruck hinterlassen und mich in meiner Arbeit bestärkt: Ein kleines Mädchen, das strahlend, gemeinsam mit anderen Kindern von einem Ausritt zurückkommt, und dem man erst als es von seinem Pferd absteigt, ansieht, daß seine beiden Beine gelähmt sind. Oder ein taubstummer junger Mann, der voller Stolz seiner Gruppe vorausreitet und ihr mit Hilfe einer speziellen Zeichensprache die Richtung mitteilt.

# An wen sich dieses Buch richtet

Das Buch „PferdeTräume" richtet sich an Menschen, die Kinder auf ihrem Weg zur Selbständigkeit durch das Reiten und den Umgang mit dem Pferd begleiten und fördern wollen. Vom ersten Schritt, dem Zugang zum Wesen des Pferdes, bis hin zum selbständigen Reiten, werden dazu in diesem Buch unterschiedliche, den Fähigkeiten der einzelnen Kinder angepaßte, Aufgabenstellungen vorgestellt. Der heilpädagogische Ansatz ermöglicht dabei behinderten ebenso wie nichtbehinderten Kindern eine ganzheitliche Art des Reitenlernens.

Das Buch bietet auch denjenigen viele praktische Anregungen, die ihren Schülern bzw. Kindern neben dem selbständigen Umgang mit dem Pferd Freude und Spaß am Reiten wünschen und die sich selbst gerne auf den Weg machen, um neue Möglichkeiten der Verständigung mit dem Pferd zu entdecken.

Dieses Buch ist ein Praxisbuch. Es bietet dem Leser eine Fülle praktischer Übungen, will diese aber auch erläutern und begründen. Die einzelnen Kapitel bauen zwar inhaltlich aufeinander auf, dennoch können auch einzelne Sequenzen und Übungsbeispiele für den Gebrauch im Unterricht herausgegriffen werden. Den praktischen Übungen werden jeweils grundsätzliche Überlegungen zur methodischen Vorgehensweise, zum Kind, dem Pferd sowie zur Rolle des Lehrers und Pädagogen vorangestellt.

Jeder Leser wird vor Ort in seinem Unterricht entscheiden müssen, welchen Aufbau und welche Vorgehensweise er für den Lernprozeß seiner Kinder bzw. seiner Schüler auswählt. Für welche Übungen er sich entscheidet und wie er die jeweiligen Lernschritte für das Kind gestaltet, wird sich an dem einzelnen Kind und dessen Thema orientieren. Denn es ist das Kind, weshalb wir uns auf den Weg machen!

Abb. 1:    Der Reitplatz des Vereins „Heilpädagogisches Reiten
           Hinterberg e.V.

*Die Namen und Fallbeispiele in diesem und in den folgenden Kapiteln wurden so weit verfremdet, daß der persönliche Bereich der Schüler gewahrt bleibt. Bilder von Kindern, die sich in den einzelnen Übungsteilen befinden, bilden nicht die Kinder ab, deren Geschichte in der Übung beschrieben wurde.*

1. Kapitel

# PFERDETRÄUME IM HEILPÄDAGOGISCHEN REITUNTERRICHT

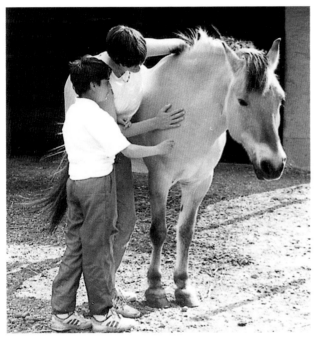

„Weisheit ist nichts als eine Bereitschaft der Seele,
eine Fähigkeit, eine geheime Kunst,
jeden Augenblick, mitten im Leben,
den Gedanken der Einheit denken,
die Einheit fühlen und einatmen zu können."

Hermann Hesse

# Vorüberlegungen

Ein Kind kommt zum heilpädagogischen Reitunterricht und begegnet dort zum ersten Mal „seinem" Pferd. Vielleicht an der Hand seiner Mutter, vielleicht gemeinsam mit einem Betreuer oder auch alleine, steht es ihm gegenüber. Welche Wünsche und Sehnsüchte hat es? Welche Ängste und Befürchtungen bringt es mit? Welche Vorerfahrungen hat es gemacht?

Mit unserem Verhalten gegenüber dem Kind stellen wir als Pädagogen in dieser Anfangsphase wichtige Weichen. Lassen wir dem Kind Zeit, eigene Anliegen einzubringen? Können wir uns selbst Zeit lassen, das Kind und seine Möglichkeiten zu entdecken? Geben wir dem Kind das Ziel des Unterrichts oder die Vorgehensweise vor? Weihen wir es in unsere Überlegungen ein? All diese Fragen haben - egal ob wir bewußt oder unbewußt darüber entscheiden - eine bestimmte Wirkung auf das Kind und die Erfahrungen, die es beim Reiten macht. Für welchen Weg wir uns in unserem Unterricht jeweils entscheiden hängt davon ab, welche Beweggründe wir selbst für die heilpädagogische Arbeit mit dem Pferd haben, welche Zielsetzungen wir für erreichbar halten und von welchem Menschenbild wir in Zusammenhang mit dem Lernen ausgehen.

Bereits der Beginn des Unterrichts bedarf also der sorgsamen Gestaltung. Die Kontaktaufnahme zwischen Kind und Pferd bildet die sensible Einstiegsphase. In ihr kann das Kind seinen individuellen Zugang zum Pferd finden. Als Pädagogen, als Lehrer können wir diesen ersten Kontakt zwischen Kind und Pferd auf unterschiedlichste Weise begleiten.

Der in diesem Buch vorgestellte Ansatz rückt das Kind mit seinen Potentialen in den Mittelpunkt des Unterrichtsgeschehens, mit dem Ziel, es in seiner Eigenverantwortung und Selbständigkeit zu stärken. Das Kapitel will zeigen, wie wir uns als Pädagogen auf das Kind einstellen, wie wir sein Bedürfnis nach Selbständigkeit nutzen und fördern können und wie wir an seinen PferdeTräumen ansetzen können.

- Zunächst wird anhand eines Fallbeispiels veranschaulicht, wie wir uns auf das Kind einstellen und ihm helfen können, sein eigenes Thema zu finden.

- Im Anschluß werden unterschiedliche Vorgehensweisen bei der Bestandsaufnahme im heilpädagogischen Reiten vorgestellt. Wie zweckmäßig ist es dabei, von einer Bearbeitung der Defizite beim Kind auszugehen, oder wie können die Fähigkeiten des Kindes in den Mittelpunkt rücken?

- Als dritter Aspekt ist die Kommunikation von Kind, Pferd und Pädagoge dargestellt. Es wird gezeigt, mit welchem Instrumentarium der Pädagoge dem Kind helfen kann, eine eigenständige Verständigung mit dem Pferd zu entwickeln.

- Der vierte Teil der Vorüberlegungen in diesem Kapitel bezieht sich auf den Aufbau des Unterrichts. Es wird eine Strukturierungshilfe zur Planung und zum Aufbau einer Unterrichtseinheit vorgestellt.


## Das Kind im Mittelpunkt des Unterrichtsgeschehens

Anna ist 10 Jahre alt. Nachdem sie mehrere Reitkurse in unterschiedlichen Reitschulen abgebrochen hat, wird sie bei uns zum heilpädagogischen Reitunterricht angemeldet. Ihre Mutter stellt sie als überängstlich und wenig ausdauernd vor. Sie beklagt, daß Anna bei der geringsten Anforderung ausweichen würde und deshalb nicht richtig reiten lernen könne. Die Familie besitzt ein eigenes Pferd, das Anna langfristig gesehen einmal reiten soll. Vom heilpädagogischen Reitunterricht wünschen sich die Eltern, daß Anna wieder mutiger und selbstbewußter im Umgang mit dem Pferd wird. Anna selbst erzählt mir, daß sie eigentlich schon gut reiten könne, daß sie aber mit den Schulpferden der bisherigen Reitschulen nicht zurechtgekommen sei. Aus diesem Grund ist sie auch bereit, sich unsere Pferde und den Unterricht auf unserem Hof einmal anzuschauen.

Beim Erstkontakt mit dem Pferd gibt sich Anna betont forsch und lässig. Sie hat sich Gejszar, den Araberwallach ausgesucht, da er ihrem eigenen Pferd vom Wesen her ähnlich ist. Während der Reitstunde bringt sie ihn allerdings durch ihre angespannte, nach vorne gebeugte Haltung in große Bedrängnis. Verstärkt wird die Spannung zwischen beiden dadurch, das Anna bemüht ist, den Zügel extrem kurz zu halten. Weinend steigt sie am Ende der Stunde ab und beklagt, daß Gejszar auch nicht besser als die anderen Reitschulpferde sei.

Schauen wir uns Annas Ausgangssituation genauer an: Anna kann aus mehreren Gründen im Moment keinen Erfolg beim Reiten haben. Zunächst einmal ist unklar, worin Annas eigenes Anliegen in bezug auf den Unterricht besteht. Wir wissen nicht, was sie sich vom Pferd wünscht und was sie gerne lernen würde. Dann fällt auf, daß eine gewisse Diskrepanz zwischen Annas Selbsteinschätzung und ihren tatsächlichen Möglichkeiten besteht. Eine Einigung darüber, was Anna mit dem Pferd erleben möchte, stellt sich darüber hinaus als schwierig dar, weil die Mutter ihr Anliegen (Anna soll sicherer werden und lernen, sich dem Pferd gegenüber durchzusetzen) sehr massiv einbringt.

Anna versucht, diesen Ansprüchen der Mutter und den Erwartungen des „normalen" Reitunterrichts gerecht zu werden. Sie scheint sie aber nicht in Einklang bringen zu können mit ihren eigenen Fähigkeiten und Bedürfnissen. Das läßt sie ängstlich und verspannt werden. Anna kann geholfen werden, indem man sie unterstützt, Klarheit in diese Verwirrung zu bringen. Das geht - nicht nur in ihrem Fall - am ehesten indem man ihr ermöglicht, Zugang zu ihren eigenen Wünschen und Bedürfnissen zu finden. Da Anna diese Wünsche dem Pferd gegenüber noch nicht bewußt artikulieren kann, sind andere Formen des Zugangs notwendig. Über ihre PferdeTräume und inneren Wunschbilder kann Anna lernen - unbewußt vorhandene - Bedürfnisse auszudrücken.

Wie können nun ganz konkret diese inneren Wunschbilder zu Beginn des Unterrichts aufgegriffen werden? Wie können wir die PferdeTräume des Kindes ansprechen und helfen, sie bewußt zu machen? Dazu sollen an dieser Stelle einige Beispiele vorgestellt werden:

- Das „freie Malen"
  Das Kind malt sich selbst mit seinem Pferd, gegenständlich oder abstrakt, und was es mit ihm für PferdeTräume verbindet (Abb.: 1a). Das „freie Malen" ist auch sehr gut für Kinder oder Erwachsene geeignet, die sich besser nonverbal mitteilen können. Der Pädagoge kann das Bild unter dem Aspekt auswerten, welches Bedürfnis dem Pferd gegenüber am deutlichsten zu erkennen ist. Hieraus läßt sich, auch gemeinsam mit dem Kind, das Thema für die Einheit entwickeln.

- Das „freie Assoziieren zum Pferd"

  Der Pädagoge erstellt gemeinsam mit dem Kind ein PferdeTraum-Bild. Dazu zeichnet er das Pferd, welches das Kind reiten wird, auf ein großes Plakat. Zu der Aufforderung „Wir machen nun ein großes Flocki-Plakat für euch beide" kann das Kind alles was ihm zum Pferd einfällt, aufschreiben, aufmalen oder den Pädagogen aufzeichnen lassen. Das Plakat kann vom Kind mit nach Hause genommen oder im Stall aufgehängt und weiter ergänzt werden. Auf diese Weise kann das Kind dem Pädagogen sein Thema auch nonverbal mitteilen.

- Das „freie Assoziieren zum Kind"

  Mit Hilfe eines Clusters sammelt der Pädagoge Assoziationen darüber, was das Kind an seinem Pferd faszinieren könnte (s. Abb.: 1b). Dabei können bestimmte Tendenzen deutlich werden oder Aspekte hervortreten, die bis dahin noch nicht offen lagen. Die Informationen können dem Pädagogen Aufschluß darüber geben, welche Thematik beim Kind vorrangig ansteht. Diese Methode ist für Kinder geeignet, die sich nicht ausdrücken oder ihr Anliegen nicht selbst vermitteln können.

- Die „handlungsorientierte Themenfindung"

  Der Pädagoge erteilt dem Kind einen oder verschiedene Aufträge, die es mit dem Pferd erarbeiten kann (z. B.: das Pferd putzen, das Pferd führen, auf dem geführten Pferd sitzen, das Pferd alleine füttern etc.). Die Aufträge sind bewußt so gestaltet, daß das Kind auf unterschiedlichen Empfindungsebenen angesprochen wird. Es kann in seinem Bedürfnis nach Körperkontakt, in seinem Gefühl für Bewegung oder in seinem Bedürfnis nach Aktivität berührt sein. Der Pädagoge hat dadurch die Möglichkeit, während dieser - ein bis fünf Unterrichtsstunden andauernden - Phase, das Kind in den unterschiedlichsten Handlungen zu beobachten und Themenschwerpunkte des Kindes zu erkennen. Das Kind seinerseits kann durch Ausprobieren herausfinden, was es gerne mit dem Pferd erleben und lernen möchte.

**Abb. 1a: Beispiel einer Themenfindung mit Hilfe des „freien Malens":**
Rosi, eine mongoloide junge Frau, zeigt mit ihrem Bild, wie sie davon träumt, als
Reiterin berühmt und von allen bewundert zu werden.

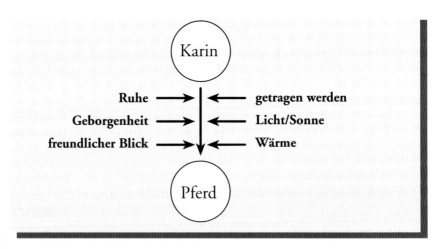

**Abb. 1b:**
**Beispiel einer Themenfindung mit Hilfe des „freien Assoziierens":**
Karin, ein autistisches Mädchen, möchte ausschließlich auf einem weißen Pferd
reiten. Oft steht sie neben diesem Pferd, betrachtet eindringlich dessen Augen
und berührt vorsichtig das weiche Fell. Wir assoziieren die dargestellten Begriffe
mit Karins Bedürfnissen ihrem Pferd gegenüber.

Gehen wir an dieser Stelle noch einmal zurück zu Annas Ausgangssituation. Ich habe mich in ihrem Fall für die „handlungsorientierte Themenfindung" entschieden. Mit Hilfe der in Kapitel zwei vorgestellten „freien Begegnung" kann Anna ermutigt werden, in sich hineinzuhorchen und im Umgang mit dem Pferd Dinge zu entdecken, die ihr Spaß machen. Sie muß dabei nicht von der Erfahrung ihres Unvermögens ausgehen, sondern hat zuerst einmal Zeit, ihre Wirkung auf das Pferd zu entdecken. In Verbindung damit kann sie herausfinden, wo ihre Stärken liegen und was sie gerne noch lernen würde. Ein Zutrauen in die eigene Stärke kann z. B. in Situationen entstehen, in denen es ihr gelingt, das Pferd ohne Strick und Halfter zu sich zu holen, in denen sie sich zutraut, frei auf dem Rücken des Pferdes zu liegen oder wenn sie das Pferd in einer Schrecksituation selbst beruhigen kann.

Indem Anna entdeckt, was sie mit dem Pferd erleben und erreichen möchte, kann sie auch wieder Verbindung zu ihrer Kraft und zu ihrem Mut aufnehmen. Im Unterschied dazu kennt sie ja vor allem das Gefühl, daß keine Verbindung zwischen ihr und dem Pferd zustande kommt, weil sie selbst sich der Situation ausgeliefert fühlt. Während der Übung spürt Anna, daß sie ein großes Bedürfnis nach Körperkontakt und getragen werden hat. Ihre Stärke besteht darin, über Körperkontakt und Körpersprache eine Verbindung zum Pferd aufzubauen. Die weitere Gestaltung des Unterrichts kann sich nun an diesen Erfahrungen orientieren.

Tatsächlich werden in dieser Anfangssituation des Unterrichts schon wichtige Weichen gestellt. Steht wirklich das Kind mit seinen Bedürfnissen und Möglichkeiten im Mittelpunkt, oder sind es Anliegen und Ziele von Eltern, Betreuern oder uns selbst, die den Verlauf des Prozesses bestimmen („Das Kind soll ruhiger werden", „Das Kind muß lernen sich durchzusetzen" etc.)? Von den Wünschen und Bedürfnissen des Kindes auszugehen kann ihm helfen, Sicherheit zu gewinnen und sich nach und nach auch mit den Erwartungen anderer auseinandersetzen zu können, ohne sich dabei zu verlieren.

Für den Lernprozeß ist es von großer Bedeutung, ob eine Lösung gefunden wird, die für alle Beteiligten zufriedenstellend ist. Dazu ist es notwendig, die Wünsche, Möglichkeiten und Grenzen der Einzelnen im Gespräch zu klären. Gegen das Anliegen der Eltern kann dabei genauso wenig gearbeitet werden, wie gegen das des Kindes oder gegen die Möglichkeiten des Reitpädagogen und des Pferdes. Wichtig ist, daß die jeweiligen Ansprüche und Erwartungen nicht im Verborgenen schlummern, sondern artikuliert werden können.

Das Kind in dieser Weise ernst zu nehmen, halte ich für eine entscheidende Voraussetzung dafür, daß ein befriedigender Lernprozeß entstehen kann. Eine Entwicklung, die über den heilpädagogischen Reitunterricht hinaus Wirkung haben soll, kann nur tragfähig werden, wenn das Kind sie aus eigener Kraft heraus bewältigt.

# Diagnose als Prozeß

Kinder mit Behinderungen oder Beeinträchtigungen in ihrer emotionalen und sozialen Entwicklung sind in ihrem Alltag oft mit Situationen konfrontiert, in denen etwas mit ihnen gemacht wird, etwas an ihnen verändert werden soll oder über sie hinweg entschieden wird. Daher haben gerade sie oft besonders feine Antennen dafür entwickelt, wie Erwachsene mit ihnen umgehen. Sie spüren intuitiv, ob es tatsächlich um sie selbst und um ihre Möglichkeit zu lernen geht, oder ob ihnen von außen eine Erfahrung nahe gelegt wird.

Der Blickwinkel, unter dem wir das Kind zu Beginn des Prozesses betrachten, ist daher ausschlaggebend für die Richtung, die wir im Unterricht einschlagen. Wollen wir bei der Gestaltung des Lernprozesses vom Kind, von dessen Potentialen und Bedürfnissen ausgehen, muß sich unsere Beobachtung an den vorhandenen Fähigkeiten des Kindes orientieren. Haben wir dem gegenüber Verhaltensweisen im Blick, mit denen das Kind „von der Norm" abweicht, erhält unser Unterricht eine völlig andere Funktion.

Diagnoseverfahren, die von einer Bestandsaufnahme der Störungen und Fehlleistungen ausgehen, haben konsequenterweise zum Ziel, die beschriebenen Mängel im Verlauf einer Behandlung bestmöglichst zu beheben. Um effektive Aussagen über Abweichungen und Auffälligkeiten treffen zu können, müssen diese Art Diagnose- und Behandlungsverfahren allerdings von einem durchschnittlichen Normalitätsbegriff ausgehen. Aber gerade in der Kommunikation zwischen Kind und Pferd können derart unterschiedliche Fähigkeiten ausgeprägt sein - man denke nur an die Gebärdensprache oder die intuitive Verbindung eines geistig behinderten Kindes zu seinem Pferd - daß ein Lernprozeß, der sich lediglich an der Behebung von Defiziten orientiert, dem Kind nur unzureichend gerecht werden kann.

Im Unterschied dazu befassen sich entwicklungsorientierte Modelle, wie sie u. a. von Maria Montessori oder J. L. Moreno vertreten werden, in erster Linie mit der Kompetenz des jeweiligen Schülers/Patienten. Im Mittelpunkt steht dabei das Bestreben, vorhandene Fähigkeiten beim Kind zu erkennen, sie bei Bedarf zu beschreiben und dem Kind erfahrbar zu machen. Viele dieser entwicklungsorientierten Ansätze stützen sich auf die von Piaget entwickelte Beschreibung der verschiedenen Entwicklungsstufen (vgl. Piaget: „Das Erwachen der Intelligenz beim Kinde", 1975). Anhand dieser werden der aktuelle Entwicklungsstand des Kindes bestimmt und die als nächstes folgenden Schritte beschrieben. Die Aufgabe des Pädagogen ist es in diesem Fall nicht, zu behandeln, sondern Bedingungen zu schaffen, unter denen das Kind seine jeweilige Kompetenz erkennen und verbessern kann. Am Beispiel von Anna bedeutet das, sie nicht an ihrem mangelnden Durchhaltevermögen anzusprechen sondern an ihrer Fähigkeit, sich einzufühlen und sich über ihre Bewegung auszudrücken.

In meiner Arbeit mit behinderten und nichtbehinderten Kindern hat es mich immer wieder überrascht, über welch erstaunliches Maß an Kompetenz und Fähigkeit zur Selbstgestaltung die Kinder verfügen, wenn man ihnen den Raum dafür zur Verfügung stellt. Deshalb werde ich mich in diesem Buch vor allem jenen Vorgehensweisen ausführlicher zuwenden, die den Prozeßgedanken und die Eigenaktivität des Kindes beim Lernen unterstützen. Dazu ist es notwendig, bereits bei der Diagnostik nicht von einer einmaligen Untersuchung sondern von einer „Prozeßdiagnostik" auszugehen. Die Auswertung und Ergebniskontrolle einzelner Lernschritte kann sich dann am jeweiligen Entwicklungsstand des Kindes orientieren.

„Nach unserer Auffassung besteht die Aufgabe des Diagnostikers also darin, zunächst auf die Handlungen des Kindes einzugehen, sich vom Kind gleichsam „mitnehmen" zu lassen, dann aber in den Handlungsablauf kleinere Probleme einzuführen, die das Kind zu verstärkter „geistiger Aktivität anregen." (Kautter: Das Kind als Akteur seiner Entwicklung, 1998, S. 211)

In den vier Praxiskapiteln dieses Buches werden unterschiedliche Beobachtungs- und Auswertungsvorschläge vorgestellt, die sich an den Themen der entsprechenden Entwicklungsstufen orientieren. Mit zunehmender Selbständigkeit des Kindes verändert sich dabei auch die Art der Beobachtung und Auswertung.

In der Phase, in der das Kind mit dem Pferd Kontakt aufnimmt, können wir wertvolle Informationen über die Ausgangssituation und Entwicklungsmöglichkeit des Kindes erhalten, indem wir möglichst differenzierte Beobachtungen sammeln: Wie nimmt das Kind konkret Kontakt auf? Berührt es das Pferd?

Nimmt es Blickkontakt auf? Von welchen Körperbereichen des Pferdes fühlt es sich angesprochen (siehe Auswertungsvorschlag Kapitel 2)? Wir können diese Beobachtungen so verstehen, daß das Kind uns auf einer non-verbalen Ebene etwas von sich erzählt und uns damit zeigt, welche Unterstützung es benötigt.

In der zweiten Phase, in der das Kind lernt selbständig mit dem Pferd zu kommunizieren, richtet sich unsere Aufmerksamkeit auf die Kompetenz, auf die individuellen Fähigkeiten des Kindes. Unsere Beobachtung und Anleitung hat nun die Funktion, dem Kind Erfahrungen zu ermöglichen, in denen es sich seiner Fähigkeit zur eigenständigen Kommunikation bewußt werden kann (siehe Auswertungsvorschlag Kapitel 3).

Die dritte Phase im Lernprozeß des Kindes ist durch den sozialen Kontakt zur Gruppe geprägt. Wir können beobachten, mit welchen Möglichkeiten das Kind in die Gruppe tritt, wie es lernt, sich zu orientieren und in wieweit es die Verbindung zu seinem Pferd dabei für sich nutzen kann. In Kapitel vier wird eine Auswertungsmöglichkeit vorgestellt, die geeignet ist, soziale Prozesse zu veranschaulichen. Sie erleichtert es dem Pädagogen, sich ein umfassendes und genaues Bild von der Gruppensituation zu machen.

Die vierte und letzte Phase ist der Schritt der Verselbständigung. Um am Ende eines Lernprozesses selbständig werden zu können, muß der Schüler in die Lage kommen, sich und seine eigenen Möglichkeiten auch selbst einschätzen zu können. Im fünften Kapitel werden daher Beobachtungs- und Auswertungsvorschläge vorgestellt, mit Hilfe derer, vor allem der Schüler selbst seine reiterliche Leistung erkennen und überprüfen kann.

## Das Kind als Teil des Kommunikationsdreiecks: Kind, Pferd, Pädagoge

An einem pädagogischen oder therapeutischen Prozeß sind in der Regel nur das Kind und der Pädagoge beteiligt. Beim heilpädagogischen Reiten entsteht durch das zusätzlich beteiligte Pferd eine besondere Dynamik. Sie geht zum einen natürlich vom Pferd selbst und seinen artgemäßen Bedürfnissen aus, andererseits entsteht die Dynamik in dem Kommunikationsdreieck auch dadurch, daß das Kind eine eigenständige Beziehung zum Pferd entwickeln kann. Die Beziehung und Kommunikation zwischen Kind und Pferd muß aber wachsen können. Je nach Entwicklungsstand braucht das Kind dabei eine unterschiedliche Begleitung durch den Pädagogen. Er kann „neben" dem Kind gehen, um es zu stärken, es „an der Hand nehmen", um ihm Sicherheit zu gewähren, ihm „gegenüber treten", um es zu konfrontieren und es „vorweg gehen lassen", um es zu ermutigen.

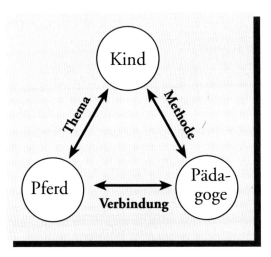

Abb. 1: „Die Dynamik innerhalb des Kommunikationsdreiecks:
      Kind, Pferd, Pädagoge"

Unabhängig davon ob der Pädagoge die Situation bewußt gestaltet oder ob sie zufällig entsteht, hat die Beziehung der drei Beteiligten zueinander einen großen Einfluß auf die Erfahrungen, die das Kind im Unterricht macht. Um seine Träume, sein Thema mit dem Pferd einbringen zu können, braucht es zum einen die Sicherheit und Klarheit seitens des Pädagogen, zum anderen hilft dem Kind eine Flexibilität innerhalb des Kommunikationsdreiecks dabei, sich mit seinen Fähigkeiten weiter zu entwickeln. Der Abstand und die Interaktion zwischen den Beteiligten ist demnach nie statisch. Im Verlauf eines Lernprozesses ist das Kind darauf angewiesen, daß der Pädagoge seine Begleitung den veränderten Erfordernissen des jeweiligen Entwicklungsschrittes anpassen kann.

Welche Möglichkeiten hat der Pädagoge, dem Kind Sicherheit zu geben bzw. ihm Freiräume für eigene Erfahrungen zu lassen?

1. Über den *räumlichen Abstand* zwischen sich und dem Kind bzw. dem Pferd vermittelt der Pädagoge, wieviel Erfahrungsspielraum er dem Kind einräumt.

2. Die *Körperhaltung und Blickrichtung* des Pädagogen kann zugewandt sein und dadurch Teilnahme und Interesse ausdrücken oder sie kann abgewandt sein und damit das Kind stärker sich selbst überlassen.

3. Sind die *Vorgaben* des Pädagogen gleich zu Beginn des Unterrichts klar und bestimmt, vermittelt er dem Kind Sicherheit und Orientierung. Ein reaktives Verhalten seitens des Pädagogen bedeutet, daß er Impulse des Kindes abwartet, um erst anschließend eigene Anregungen einzubringen. Das Kind wird dadurch zur Eigeninitiative angeregt.

4. Über die Art des *Körperkontaktes* kann der Pädagoge dem Kind einen unterschiedlichen Grad an Verbindung vermitteln. Auf manche Kinder wirkt die Berührung durch den Pädagogen beruhigend oder unterstützend, andere Kinder können sich durch den direkten Körperkontakt aber auch bedrängt fühlen.

5. Die *verbale Verständigung* kann direktiv sein und damit für das Kind auffordernden und strukturierenden Charakter haben. Die Wahl der Sprache kann dem gegenüber einladend oder vorschlagend sein, was dem Kind mehr Eigenverantwortung und weniger Sicherheit vermittelt.

6. Die *gedankliche Präsenz* des Pädagogen (Aufmerksamkeit, geistige und emotionale Beteiligung) vermittelt der Kind Verbindlichkeit. Sie kann sich im Blick, in der Körperhaltung, in der Sprache oder in der Art der emotionalen Zuwendung ausdrücken. Das Maß an gedanklicher Präsenz kann darüber entscheiden, wie sicher sich das Kind dabei fühlt, eigene Anliegen einzubringen.

7. Über die *Gestaltung der äußeren Rahmenbedingungen* (Spielregeln, Stundenablauf, Aufgabenstellung) nimmt der Pädagoge Einfluß auf den Aktionsradius und die Eigeninitiative von Kind und Pferd. Er kann dadurch in unterschiedlichem Maß Sicherheit und Struktur gewährleisten.

Anhand der nachfolgenden graphischen Darstellungen möchte ich veranschaulichen, wie unterschiedlich sich die jeweiligen Interventionen auf den gesamten Lernprozeß des Kindes auswirken können.

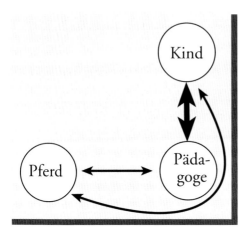

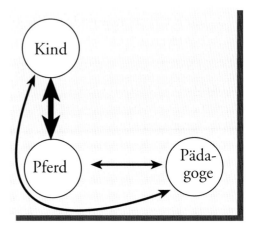

Abb. 2a: Konstellation im Kommunikationsdreieck mit einem ängstlichen Kind

Abb. 2b: Konstellation mit einem Kind mit Kontaktschwierigkeiten

Der Pädagoge in Abb. 2a gibt dem Kind durch eine räumliche Nähe und konkrete Anleitung Sicherheit. Es handelt sich dabei um ein Kind, das noch Angst vor dem Pferd hat und daher auf die enge Begleitung durch den Pädagogen angewiesen ist. Um seine Wünsche und Phantasien bezüglich des Reitens mitteilen zu können, braucht es methodische Anregungen und eine stützende Struktur. Der Kontakt zum Pferd wird über den Pädagogen vermittelt.

In der Abb. 2b bildet das Pferd das verbindende Element zwischen Pädagoge und Kind. Das Kind hat Kontaktschwierigkeiten zu Menschen, weshalb es ihm leichter fällt zuerst zum Pferd Verbindung aufzunehmen. Der Pädagoge bleibt räumlich gesehen zwar im Hintergrund, stützt jedoch durch seine eigene Verbindung zum Pferd die Verständigung mit dem Kind. In diesem Fall hat das Kind auch bereits klare Vorstellungen davon, was es lernen möchte. Die Unterstützung des Pädagogen bezieht sich deshalb vorwiegend auf die Gestaltung der Rahmenbedingungen, die es dem Kind ermöglichen, sein Thema mit dem Pferd umzusetzen.

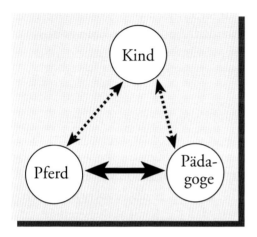

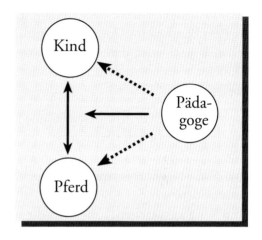

Abb. 3a: Konstellation, in der eine große Nähe zwischen Pädagoge und Pferd besteht

Abb. 3b: Konstellation mit größerer Distanz zwischen Pädagoge und Pferd

Abb. 3a veranschaulicht, wie eine große Nähe zwischen Pädagoge und Pferd auf das Kind wirken kann. Das Kind steht etwas abseits innerhalb der Dreierkonstellation. Es muß einerseits weniger Verantwortung für das Pferd übernehmen, da diese weitgehend durch den Pädagogen übernommen wird, andererseits hat es aber auch wenig Einfluß auf das Geschehen.

Eine räumliche oder innere Distanz zwischen Pädagoge und Pferd, so wie in Abb. 3b dargestellt wird, verlangt vom Kind mehr innere Sicherheit und Stabilität. Es kann die Beziehung zum Pferd selbst gestalten, ist dadurch jedoch auch stärker auf sich gestellt. Der Pädagoge schaltet sich als Vermittler oder Übersetzer ein, beläßt die Verantwortung für den Kontakt zum Pferd aber im wesentlichen beim Kind.

Innerhalb eines langfristigen Lernprozesses können durchaus beide Konstellationen erforderlich werden.

Wieviel Struktur und Sicherheit das Kind im Unterricht braucht, hängt davon ab, wie selbständig und eigenverantwortlich es mit neuen Situationen umgehen kann. Kinder, die wegen ihrer familiären Geschichte oder aktuellen Lebenssituation auf eine engere Begleitung und Struktur angewiesen sind, können durch zu viel Offenheit im Unterricht verunsichert werden. Andererseits kann es uns genauso geschehen, daß wir Lernen verhindern, wenn wir es im entscheidenden Moment versäumen, dem Kind Raum für Eigenverantwortung und Initiative zu überlassen.

Im Verlauf eines Lernprozesses können sich also Phasen der Offenheit immer wieder mit Phasen der Strukturierung abwechseln. Es ist nicht immer leicht, als Pädagoge abzuwägen, an welcher Stelle wir dem Kind Offenheit und an welcher Stelle Struktur vermitteln müssen. Es gilt, in jeder Situation von neuem zu entscheiden, was das Kind im Moment braucht. Gelingt es uns, dabei tatsächlich vom Kind auszugehen, haben wir die Gewißheit, daß das Kind aktiv beteiligt bleibt.

# Planungshilfe
# zum Aufbau einer Unterrichtseinheit in 5 Schritten

Im nun folgenden, vierten Teil dieses Kapitels wird eine Planungshilfe vorgestellt, die zur Anwendung in Verbindung mit allen 4 Praxiskapiteln geeignet ist.
Ich habe die Erfahrung gemacht, daß es sich auf die Lernsituation der Kinder
ausgesprochen günstig auswirkt, in zeitlich und thematisch festgelegten Unterrichtseinheiten zu arbeiten. Eine Unterrichtseinheit umfaßt, je nach Thema, fünf
bis zehn Unterrichtsstunden. Bewährt haben sich auch Einheiten, die in ihrem
Umfang den Zeiten zwischen den Schulferien angepaßt sind, da zu diesen Zeiten
(also Ferienbeginn) ohnehin oft längere Pausen oder Veränderungen anstehen.

In diesen formal festgelegten Unterrichtseinheiten zu arbeiten, hat verschiedene
Vorteile. Es können sich alle Beteiligten, vor allem aber das Kind, gedanklich darauf einstellen, was in der kommenden Stunde gemacht wird. Das Kind kann sich
vor Beginn der Stunde mit der Aufgabenstellung auseinandersetzen und eigene
Gedanken dazu ausdrücken. Auf diese Weise gelangt es leichter in eine aktive,
handelnde Position gegenüber Pferd und Pädagoge, als das bei einer unvorbe-
reiteten Stunde möglich wäre, in der das Kind abwarten muß, was heute wohl
passiert.

**Vorgespräch**
Das Vorgespräch dient der Klärung von unterschiedlichen Interessen und Bedürfnissen in bezug auf die heilpädagogischen Reitstunden. Eltern, Betreuer, Kind
und Pädagoge machen sich gegenseitig mit den wichtigsten Vorinformationen
vertraut. Dazu gehört, daß der Pädagoge seinen Arbeitsansatz vorstellt, nach dem
er im Unterricht vorgeht. Im Rahmen des Vorgespräches kann erörtert werden,
aus welchem Grund das Kind zum Reiten kommt, welche Veränderungen und
Ziele wünschenswert sind und in welcher Weise evtl. Krankheitssymptome oder
Beeinträchtigungen des Kindes im Unterricht berücksichtigt werden sollten.

## 1. Schritt: die Themenfindung

In der ersten Phase der Unterrichtseinheit erarbeitet der Pädagoge gemeinsam mit dem Kind, was es in den folgenden Stunden gerne mit dem Pferd lernen und erleben möchte.

Er kann im Gespräch oder auf spielerische Weise vom Kind erfahren, was es sich wünscht und erhofft. Es kann auch sinnvoll sein, einige Stunden mit dem Kind zu arbeiten, um im konkreten Umgang miteinander zu beobachten, wo Interessensschwerpunkte liegen. Daraufhin kann das Rahmenthema für die erste Einheit festgelegt werden. Wünscht sich ein Kind z. B. zuerst einmal das Pferd und das Leben auf dem Hof zu entdecken, könnte das Rahmenthema - unter Berücksichtigung des Elterngespräches - für diese Einheit lauten: „Björn, sein Pferd und der Pädagoge machen sich zu dritt auf Erkundungsreise." Das Thema entwickelt sich also aus der Vorgeschichte des Kindes und dessen Verbindung zum Pferd.

## 2. Schritt: Struktur entwickeln

Im zweiten Schritt entscheidet der Pädagoge, auf welche methodische Art und Weise das Thema behandelt werden kann.

Dabei gilt es, folgende Fragen zu berücksichtigen:
- Wieviele Stunden werden für das Thema benötigt?
- Welches Maß an Struktur und Offenheit braucht das Kind zur Arbeit mit der jeweiligen Thematik?
- Welches methodische Element paßt zur Themenstellung (Spiel, spannende Aufgaben, sportliche Anforderungen, abenteuerliche Herausforderungen)?
- Wo befinden sich die einzelnen Beteiligten während der Unterrichtseinheit? Sollen die Eltern in der Nähe bleiben oder nicht? Steht das Pferd bereits da wenn das Kind kommt oder wird es vom Kind selbst geholt? Wie präsent ist der Pädagoge, läßt er das Kind auch alleine mit dem Pferd oder nimmt er das Kind an die Hand?

### 3. Schritt: den Prozeß vorbereiten

Gemeinsam mit dem Kind (den Eltern) wird das Ziel der Einheit besprochen.

Welche Wegstrecke können wir schaffen? Was kann das Kind dabei lernen? Was kann am Ende der Einheit erreicht werden? Diese Phase hat den Charakter eines Vertrages zwischen Kind und Pädagoge.

In diesem Zusammenhang möchte ich aber nochmals deutlich machen, daß es nicht darum geht, um eines Zieles willen anzukommen. Ein Ziel kann sich unterwegs verändern und weiterentwickeln. Es dennoch vorab festzulegen, halte ich für wichtig, weil sich die Kraft zu gehen, oftmals erst in der Bewältigung eines Weges entwickeln kann.

### 4. Schritt: die Durchführung

Praktische Durchführung der Einheit über 5 bis 10 Stunden.

### 5. Schritt: Abschluß und Auswertung

Der Abschluß wird gestaltet, um die Veränderung als Erfolg für Pädagoge  u n d  Kind sichtbar zu machen sowie um Anregungen für die Auswertung zu sammeln.

Vorschläge für die Gestaltung einer Abschlußstunde:
- eine Prüfung bestehen,
- gemeinsam ein Fest feiern,
- eine Vorführung machen,
- einen Ausritt planen und durchführen,
- ein Spiel gestalten,
- einen Film drehen und vorführen,
- eine Fotowand erstellen,
- einen Artikel verfassen.

Die Einheit schließt jeweils mit der Auswertung, Reflexion und dem thematischen Ausblick für die folgende Einheit ab. Ausführliche Auswertungsvorschläge befinden sich jeweils zu Beginn der einzelnen Kapitel.

## Strukturierungshilfe zum Aufbau einer Unterrichtseinheit in 5 Schritten

**Vorgespräch**
Eltern, Kind und Pädagoge machen sich gegenseitig mit den wichtigsten Vorinformationen vertraut.

**1. Schritt: die Themenfindung**
In der ersten Phase der Unterrichtseinheit erarbeitet der Pädagoge gemeinsam mit dem Kind, was es in den folgenden Stunden mit dem Pferd lernen und erleben möchte.
Aufgabe des Pädagogen:
Beobachten, Diagnostizieren, dem Kind helfen, sein Thema zu finden.

**2. Schritt: Struktur entwickeln**
Im zweiten Schritt entscheidet der Pädagoge, auf welche methodische Art und Weise das Thema behandelt werden kann.
Aufgabe des Pädagogen:
strukturieren, aus den Anregungen des Kindes einen gangbaren Weg entwickeln

**3. Schritt: den Prozeß vorbereiten**
Gemeinsam mit dem Kind (den Eltern) wird das Ziel der Einheit besprochen. Diese Vereinbarung hat den Charakter eines Vertrages zwischen Kind und Pädagoge.
Aufgabe des Pädagogen:
Weg und Ziel mit den Beteiligten vereinbaren, Konsens herbeiführen.

**4. Schritt: die Durchführung**
Die praktische Durchführung der Einheit.
Aufgabe des Pädagogen:
Erfahrungen ermöglichen, Ablauf sicherstellen, flexibel auf Kind und Pferd eingehen.

**5. Schritt: Abschluß und Auswertung**
Der Abschluß wird gestaltet, um die Veränderung, den Erfolg für Pädagoge und Kind sichtbar zu machen sowie um Anregungen für die Auswertung zu sammeln.
Aufgabe des Pädagogen:
Entwicklungen bewußt machen, bestätigen, weitere Entwicklungen fördern.

Theorie

## 2. Kapitel
# ZUGANG ZUM WESEN DES PFERDES FINDEN

„So sprach Allah zum Südwind,
ich will aus dir ein Wesen schaffen.
Es soll sein:
Ein Glück für den Guten und ein Unheil für den Bösen!
Gnade soll walten auf seiner Stirn und Glück auf seinem Rücken.
Es soll fliegen ohne Flügel und siegen ohne Schwert.
So schuf Allah das Pferd."

Mohammed

# Der Kontakt zwischen Kind und Pferd als Grundlage für den Lernprozeß im heilpädagogischen Reitunterricht

Es ist ein schönes Erlebnis, Kinder, die sich intuitiv mit Pferden verstehen, beim Reiten oder beim Umgang mit dem Pferd zu beobachten. Bewegung und Ausdruck sind im Einklang und es scheint so, als ob zwischen Kind und Pferd ein unausgesprochenes Übereinkommen bestünde. Selbst sehr kleine Kinder können sich oft schon auf ganz erstaunliche Weise mit dem Pferd verständigen, ohne je eine reiterliche Anleitung erhalten zu haben.

So reitet zum Beispiel die 5jährige Susanna die große Warmblutstute ihrer Mutter im Anschluß an die Reitstunde noch ein wenig in der Halle. Ohne daß eine Einwirkung über Zügel, Schenkel oder Gewicht erkennbar wäre, folgt die Stute Susanna überall hin. „Komm, wir gehen jetzt noch zu den Stangen, und dort drüben reiten wir dann um die Tonnen herum." Mit gespitzten Ohren und wachem Blick läuft die Stute mit dem kleinen Mädchen durch die Reithalle und nimmt dabei eine bewußte Verbindung zu dem Kind auf. Sehr zur Überraschung der umstehenden Reiter, die das Pferd soeben in der Reitstunde als äußerst unwillig und widersetzlich erlebt haben.

Doch es gibt auch andere Erfahrungen: Ängste, Mißverständnisse und entsprechende Vorerfahrungen können dieser intuitiven Verbindung zwischen Kind und Pferd entgegenstehen. In unseren Fortbildungs - und Supervisionsgruppen wird oft die Frage gestellt, wie man Kindern, die nicht auf diesem direkten Weg zum Pferd finden, die Erfahrung von Einheit, von Verbindung mit dem Pferd ermöglichen kann: Kinder, die zwar gerne Kontakt zum Pferd hätten, aber kein Vertrauen in die eigenen Fähigkeiten haben, die Angst vor der Größe und Energie des Pferdes haben, sich schwer auf eine fremde Situation einlassen können und durch ein besonders überdrehtes Verhalten davon ablenken wollen, oder auch Kinder, die in ihrer Bewegungsmöglichkeit eingeschränkt sind.

Wie Kinder mit ganz unterschiedlichen Voraussetzungen lernen können, eine tragfähige und ihrem Wesen entsprechende Verbindung zum Pferd aufzubauen, darum wird es in diesem Kapitel gehen. Im theoretischen Teil befinden sich

Überlegungen dazu, auf welche Weise der Erstkontakt zwischen Kind und Pferd gestaltet werden kann. Im Praxisteil werden Übungen und Spiele vorgestellt, die jeweils die individuellen Möglichkeiten des einzelnen Kindes berücksichtigen.

Da uns die erste Einheit, in der das Kind Kontakt zum Pferd aufnimmt, Aufschluß über die Bedürfnisse und Hoffnungen des Kindes geben kann, hat diese Einheit für uns als Pädagogen auch eine diagnostische Funktion. Durch die Beobachtung des Kindes, oder im Gespräch mit ihm, können wir etwas über seine PferdeTräume, und damit auch über seine Potentiale erfahren. Wir erhalten auf diese Weise wichtige Anhaltspunkte für die weitere Vorgehensweise im Unterricht.

Mit Hilfe eines Fallbeispiels aus einer Supervisionsgruppe möchte ich verdeutlichen, welche Möglichkeiten der Gestaltung und Unterstützung uns als Pädagogen zur Verfügung stehen, wenn dem Kind die Kontaktaufnahme zum Pferd nicht aus eigener Kraft gelingt.

Björn ist ein kleiner Junge im Alter von acht Jahren. Er kommt zum heilpädagogischen Reitunterricht, weil seine Eltern sich wünschen, daß der Umgang mit dem Pferd sein Selbstvertrauen und seine Fähigkeit zu kommunizieren stärkt. Seit seiner Einschulung vor einem Jahr hat Björn große Probleme mit gleichaltrigen Kindern. Er wird schnell aggressiv wenn Forderungen an ihn herangetragen werden und er findet keinen Kontakt zu seinen Klassenkameraden. In letzter Zeit hat er nun begonnen, sich mehr und mehr abzukapseln. Jetzt hoffen die Eltern, daß die Erfahrungen mit dem Pferd Björn wieder offener und selbstbewußter werden lassen, auch für den Umgang mit anderen Kindern. Björn selbst ist von dem Vorschlag, reiten zu lernen, zunächst einmal sehr begeistert. Er kennt und mag Tiere, weil er am Wochenende oft bei seinem Opa auf dem Hof mithelfen darf. Was er allerdings ganz konkret mit dem Pferd machen und lernen will, davon hat er noch keine Vorstellung.

Im Rahmen der ersten Reitstunde nähert sich Björn interessiert seinem Pferd. Er schaut ihm in die Augen, streicht mit der Hand über die Kruppe und will gerade anfangen die Mähne zu kämmen, als er plötzlich in einiger Entfernung einen Traktor auf den Hof abbiegen sieht, und für den Rest der Stunde von der Bildfläche verschwunden ist.

In ähnlicher Weise laufen die Stunden in den folgenden Wochen ab: Björn begrüßt freudig das Pferd, manchmal sitzt er auch kurz auf dessen Rücken und einmal reitet er eine Runde auf dem Reitplatz. Meistens sind es jedoch nur kurze Momente der Begegnung, die zwischen Kind und Pferd stattfinden. Björn ist schnell wieder mit „wichtigeren" Dingen, die sich auf dem Hof abspielen, beschäftigt. Auf Vorschläge der Pädagogin geht er nur sehr sporadisch ein. Nach einigen Wochen sagt er zu seiner Mutter, daß er nicht mehr zum Reitunterricht kommen wolle, weil es ihm zu langweilig sei.

Die Reitpädagogin, die Björn in der guten Absicht, ihn nicht zu bedrängen und mit Forderungen unter Druck zu setzen, in seinen Ausflügen gewähren ließ, war ebenso überrascht von der Entscheidung des Jungen wie die Mutter. Beide waren der festen Überzeugung gewesen, daß Björn eigentlich ein großes Interesse am Pferd sowie am Reiten lernen habe. Was also war geschehen? Warum war keine Verbindung zwischen Björn und seinem Pferd zustandegekommen, die ausreichende Motivation für einen gemeinsamen Weg hätte bieten können?

Rufen wir uns nochmals in Erinnerung, warum Björn zum heilpädagogischen Reitunterricht angemeldet wurde. Seine Lebensumstände, vor allem die, mit denen er sich im Moment in der Schule auseinandersetzen muß, stellen sich aus seiner Sicht gewiß nicht ermutigend dar. Er kann auf keine Erlebnisse zurückgreifen, in denen ihm die Kontaktaufnahme - z. B. zu Klassenkameraden - leicht gelungen wäre. Die Tendenz, sich innerhalb der Klasse nun eher zurückzuziehen, läßt darauf schließen, daß er sich augenblicklich auch keine Initiative mehr zutraut. Wir können vermuten, daß auch seine aggressiven Reaktionen auf Forderungen in Zusammenhang mit seinen Kontaktschwierigkeiten stehen. Ohne die Selbstsicherheit und das Vertrauen in die eigenen Möglichkeiten, wird es für Björn also sehr schwer werden, aus eigener Kraft heraus eine Beziehung zum Pferd aufzubauen.

Ein weiterer erschwerender Umstand liegt darin, daß Björn noch keine Vorstellung davon hat, was er mit dem Pferd erleben könnte. Er hat zwar eine vage Idee davon, wo und wie Pferde leben, daß dazu ein Hof und Traktoren gehören, aber er hat noch keinen Wunsch oder keine Hoffnung darüber entwickelt, was das Pferd ihm ermöglichen könnte. Das heißt, daß er jemanden braucht, der ihn -

bildlich gesprochen - abholt und der ihm zeigt, wohin die Reise mit dem Pferd gehen könnte.

In der Darstellung des Kommunikationsdreiecks ( Abb. 1) wird deutlich, daß Björn kaum in die Kommunikation mit der Pädagogin oder mit dem Pferd eingebunden ist. Der Abstand zwischen Kind und Pferd ist groß, ebenso der Abstand zwischen Kind und Pädagogin. Die einzig engere Verbindung innerhalb des Dreiecks besteht zwischen der Pädagogin und ihrem Pferd. Für ein Kind wie Björn, der die Sicherheit und Struktur für den Umgang mit Menschen und Tieren nicht selbst mitbringt, gibt die beschriebene Gestaltung der Einstiegssituation zu wenig Halt und Orientierung. Aus Björns Sicht vermutlich zu wenig, um ihn beim Pferd zu halten.

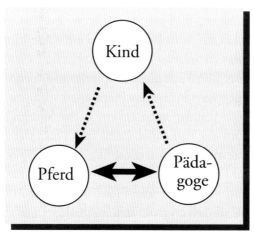

Abb. 1: Björns Position im Kommunikationsdreiecks zu Beginn der Einheit

Für das weitere Vorgehen im Unterricht werden wir zunächst nach Möglichkeiten suchen, wie die Pädagogin Björn noch einmal ermutigen kann, sich mit dem Pferd vertraut zu machen. Im zweiten Schritt benötigt Björn Zeit und Unterstützung, um sein Thema mit dem Pferd entdecken zu können. Der dritte Schritt der Vorüberlegungen wird sich mit der methodischen Gestaltung der Einheit und ebenso mit der Rolle des Pädagogen innerhalb des Kommunikationsdreiecks befassen: Wie also kann die Pädagogin Björn mehr Sicherheit und Struktur vermitteln, ohne ihn durch zu direktive Aufgabenstellungen zu überfordern?

Um Björn zu signalisieren, daß sie ihn „abholen" und begleiten möchte, muß sich die Pädagogin - im Bild des Kommunikationsdreiecks gesprochen - deutlich näher in seine Richtung bewegen. Das kann dadurch geschehen, daß sie sich stärker auf die Perspektive und Sicht des Jungen einläßt. Sie kann Björn dazu auf seinen Hoferkundungen begleiten, sich berichten lassen, was Björn bereits alles über die Maschinen weiß oder ihn fragen wozu man die einzelnen Geräte wohl gebrauchen könnte. Nimmt sie diesen Perspektivwechsel ernst und richtet tatsächlich auch ihr Interesse auf die Dinge, die Björn wahrnimmt, kann sie ihm damit zeigen, daß sie seine Ausgangssituation erkennt und versteht.

Entsteht über diese Erfahrungen ein Vertrauensverhältnis zwischen ihr und Björn, wird es ihr leichter fallen, nun ihrerseits Ideen und Anregungen einzubringen. Sie kann Björn vorschlagen, sein Pferd einmal auf diese Hoferkundungen mitzunehmen, um ihm alles zu zeigen, was er entdeckt hat. Gemeinsam können sie beobachten, wie sich das Pferd auf diesen Hoferkundungen verhält und dabei auf folgende Fragestellungen achten: Ist das Pferd auch so mutig und geschickt wie Björn? Wird es vor dem Traktor erschrecken? Interessiert es sich vielleicht für ganz andere Dinge als Björn das tut? Björn kann sein Pferd dabei selbst führen oder auf dem geführten Pferd sitzen. Auf diese Weise kann Björn eine gedankliche Verbindung zu seinem Pferd aufbauen. Björn kann auch von seinen jeweiligen Hofrundgängen immer etwas für sein Pferd mitbringen. Etwas zu fressen, zu trinken oder zu spielen, so daß er, trotz seiner Ausflüge, gedanklich in Verbindung mit seinem Pferd bleiben kann.

Indem die Pädagogin ihre Position innerhalb des Kommunikationsdreiecks verändert und sich näher zu Björn hin bewegt, kann sie ihn leichter darauf aufmerksam machen, wo und wie er dem Pferd begegnen kann. Damit sind Bedingungen geschaffen, die es Björn ermöglichen, aktiv in das Geschehen einbezogen zu sein. Er erhält Anknüpfungspunkte, über die er mit dem Pferd Kontakt aufnehmen kann und wird auf diese Weise zum Mitgestaltenden innerhalb des Lernprozesses (Abb. 2).

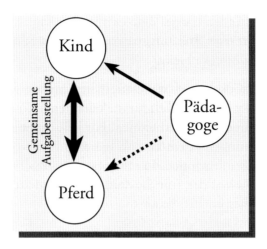

Abb. 2: Björns Position im Kommunikationsdreieck während der
Einheit

Jetzt ist es möglich, zur Ausgangsfrage zurückkehren: Was möchte Björn mit seinem Pferd weiterhin erleben und lernen? Haben sich vielleicht auf den Hofrundgängen interessante Aufgabenstellungen ergeben? Hat Björn etwas entdeckt, was
sein Pferd besonders gerne oder gut macht? Vor diesem Hintergrund kann die
Pädagogin nun gemeinsam mit Björn sein Thema mit dem Pferd und sein Ziel,
das er erreichen möchte, entwickeln.

## Das Thema des Kindes entwickeln

Gerade zu Beginn der ersten Einheit halte ich es für besonders wichtig, allen
Beteiligten ausreichend Zeit und Gelegenheit zu geben, ihre Vorstellungen
einzubringen, um eine möglichst große Identifikation mit dem Lernprozeß zu
erreichen. Manchmal ist die Klärung und Einigung über den Weg und das zu
erreichende Ziel nicht direkt möglich und es kann sein, daß Umwege gegangen
werden müssen. Doch selbst wenn das manchmal mühsam erscheint oder viel
Zeit kostet, halte ich es für unabdingbar, sich soviel Zeit zu lassen, bis das Kind

51

einen Weg für sich gefunden hat auf dem es mitgehen kann. Was würde es uns helfen, zügig ein bestimmtes Ziel anzustreben, wenn das Kind mit seiner Eigeninitiative dabei auf der Strecke bleibt?

Im Fall von Björn entwickelte sich die Unterrichtssituation wie folgt weiter: Die Pädagogin vereinbarte mit Björn, sich für die nächsten 5 Stunden ganz offiziell Zeit für seine Erkundungsreisen zu nehmen. Für jede Stunde nahmen sie sich eine bestimmte Attraktion auf dem Hof als Reiseziel vor. Björn durfte sein Pferd auf diese Erkundungen mitnehmen. Für ihn war es hilfreich zu wissen, daß der äußere Rahmen, wie Ablauf der Stunde, Zeitrahmen und räumliche Bedingungen klar geregelt und besprochen waren.

Auf einem seiner Erkundungsgänge entdeckte Björn mit seinem Pferd das Heulager und war begeistert, wie man darin herumtoben konnte. Er wollte wissen, woher das Heu kommt und machte sich mit der Pädagogin und dem Pferd auf den Weg in die umliegenden Wiesen, die zur Heuernte gemäht werden sollten. Unterwegs wollte er öfter auf seinem Pferd reiten, um alles besser überblicken zu können. Auf dem Pferd reitend konnte er z. B. feststellen, daß die Wiesen sehr unterschiedlich beschaffen waren. Es ging bergauf und bergab und das Pferd mußte oftmals langsam laufen um nicht zu stolpern. In manchen Wiesen stand das Gras sogar so hoch, daß das Pferd Mühe hatte hindurchzukommen. Björn hatte den Vorschlag gemacht, eine Pause einzulegen und das Pferd auf der Wiese fressen zu lassen. In einer der darauffolgenden Stunden wollte er Satteltaschen mitnehmen, damit er auch für die anderen Tiere auf dem Hof, die Ziegen, Schafe und Esel etwas zu fressen mitbringen konnte. Am Ende jeder Stunde wurde das Reiseziel für die nächste Stunde vereinbart.

Als Abschluß der Einheit wollte Björn ein großes Futterfest veranstalten. Dazu brachte er von zu Hause altes Brot, Äpfel und Karotten mit. Seine Schätze, die er während der letzten Ritte gesammelt hatte, breitete er alle auf dem Hof aus. Mit Hilfe von Strohballen wurde auf dem Innenplatz ein großer Kreis errichtet, in den die verschiedenen Tiere des Hofes zum Fressen kommen durften. Am liebsten hätte Björn, auf seinem Pferd reitend, alle Tiere in ihrem Stall abgeholt. Da er aber so aufgeregt und unruhig war, gestaltete sich das Vorhaben als zu schwierig. Die Pädagogin löste die Situation, indem sie die Tiere von einem Helfer holen ließ, so daß Björn alle, auf seinem Pferd sitzend, begrüßen konnte.

Mittels einer klaren Rahmenaufgabe und einer deutlichen Struktur, gelang es der Reitpädagogin, Björn Sicherheit und Orientierung zu vermitteln. Da es innerhalb des festen Rahmens (Zielabsprache, Reiseregeln, Zeitrahmen) jedoch für Björn viel eigenen Handlungs- und Entscheidungsspielraum gab, war es ihm möglich herauszufinden, wie er mit dem Pferd umgehen konnte, auf welche Weise er die Aufmerksamkeit des Pferdes auf sich lenken konnte und was ihm, gemeinsam mit dem Pferd Spaß machen würde. Björns Thema - „ gemeinsam mit dem Pferd auf Entdeckungsreise gehen" - konnte erst durch eine gemeinsame Aktivität mit dem Pferd deutlich werden. Die Beobachtungen der Pädagogin in dieser Einstiegsphase konnten zur Planung des weiteren Unterrichtsgeschehens beitragen.

Wir können also sehen, daß es, neben den Vorüberlegungen zu der Thematik des Kindes, eine große Rolle spielt, ob wir einen angemessenen methodischen und didaktischen Zugang zu der Lernsituation herstellen können. Im anschließenden Praxisteil werden Übungen und Spielanregungen vorgestellt, die unterschiedlich gelagerte Ziele verfolgen und damit beim Kind verschiedenartige Bedürfnislagen ansprechen können. Die Beispiele zeigen nur einige von vielen Möglichkeiten auf, wie das Kind beim Vertrautwerden mit dem Pferd begleitet werden kann. Ich verstehe sie als Anregungen (nicht als Rezepte!), die auch verändert und in der praktischen Arbeit vor Ort auf vielfältige Weise genutzt und weiterentwickelt werden können. In der Anwendung können neue Ideen der Kinder und Mitarbeiter hinzukommen, was dem Prozeß erst die eigentliche Dynamik verleiht.

## Vorüberlegungen zu den praktischen Übungen

### Das Kind

Um seinen eigenen Weg finden zu können, braucht das Kind Raum und Zeit, so daß es sich in der neuen Situation orientieren und zurechtfinden kann. Dazu ist es notwendig, ihm einen möglichst bewertungsfreien Raum zu lassen, in dem es seine eigenen Potentiale im Umgang mit dem Pferd entdecken kann.

In diese erste Phase der Kontaktaufnahme sollte deshalb auch wenig Lob und Kritik einfließen, damit das Kind nicht von seiner Art, die Dinge wahrzunehmen, abgelenkt wird. Während der ersten Begegnung zwischen Kind und Pferd können wir als Pädagogen die Situation unter folgenden Fragestellungen - im Sinne einer Prozeßdiagnostik - beobachten:

- Was bringt das Kind für Vorerfahrungen mit?
- Welche Vorstellungen und Träume verbindet es mit dem Pferd?
- Ist bereits erkennbar, welches Thema das Kind mitbringt?
- Welche Zielsetzungen ergeben sich daraus für die erste Einheit ?

Bereits in diesem Stadium des gegenseitigen Kennenlernens können Impulse, die vom Kind kommen, aufgegriffen und in die Einheit integriert werden. Weiterhin zeigt sich meist auch schon in der Anfangssituation, welche Voraussetzungen das Kind braucht, um sich auf das Pferd einlassen zu können (räumliche, zeitliche und personelle Voraussetzungen).

**Das Pferd**

Jedes Pferd bringt unterschiedliche Anregungen in die erste Kontaktsituation ein: ein extrovertiertes Pferd mit heftigen Gebärden kann einem schüchternen, in sich gekehrten Kind Türen öffnen, indem es ihm neue Erfahrungen ermöglicht. Ein ängstliches Pferd kann den Beschützerinstinkt beim Kind auslösen, wieder ein anderes beeindruckt durch ein imposantes Herdenchefverhalten.

Die Auswahl des Pferdes für die erste Begegnung ist von entscheidender Bedeutung für die weitere Unterrichtsituation. Weiß ich als Pädagoge schon etwas über das Kind, so kann ich sein Bedürfnis dem Pferd gegenüber evtl. antizipieren und ein Pferd auswählen, das dem Kind entsprechende Erfahrungen vermitteln könnte.

Eine andere Möglichkeit liegt darin, dem Kind die Auswahl des Pferdes zu überlassen. Es kann sich unter den Pferden in der Herde frei bewegen und entscheiden, zu welchem Pferd es sich am ehesten hingezogen fühlt. Vom Pferd verlangt die Form der individuellen Kontaktaufnahme viel Aufmerksamkeit und ein Grundvertrauen dem Menschen gegenüber.

Ein geschütztes, ruhiges Umfeld ist hierfür genauso wichtig wie eine artgemäße Pferdehaltung. Dazu gehört, daß das Pferd als Herdentier in der Gemeinschaft mit anderen Pferden leben kann, daß es genug Platz hat sich auszutoben und daß es Anregungen erhält, um sich selbst weiterzuentwickeln. Die heilende Wirkung des Pferdes auf den Mensch kann nur zum Tragen kommen, wenn die oben genannten Aspekte Berücksichtigung finden und wenn das Pferd als gleichwertiges Wesen Beachtung findet. Erwarten wir von ihm, daß es Kindern hilft, sich selbst und andere neu zu erleben, können wir das Pferd nicht als Übungsgerät oder als funktionierendes Fortbewegungsmittel einsetzen. Nur wenn das Pferd den Raum für sich erhält und sich seinem Wesen gemäß entfalten kann, ist es in der Lage, diese Aufgabe für uns übernehmen.

## Der Pädagoge

Der Pädagoge entscheidet, welche Position er innerhalb des Beziehungsdreiecks übernimmt. Dazu gehören Vorüberlegungen über den räumlichen Abstand zu Kind und Pferd, zur Interventionsform und zur methodischen Vorgehensweise. Ist es notwendig, dicht beim Kind zu sein, es „an die Hand" zu nehmen, oder ist es wichtiger, Sicherheit und Ruhe auf das Pferd zu übertragen, um eine möglichst günstige Situation zu schaffen? Möglicherweise kann es auch erforderlich sein, als Pädagoge im Hintergrund zu bleiben, um dem Kind einen größeren eigenen Handlungsbereich zu überlassen.

Je größer die äußere und innere Distanz des Pädagogen zum Pferd ist, um so mehr Raum bleibt dem Kind für die Gestaltung der Beziehung. Das Pferd wird mit der Zeit stärker auf Impulse des Kindes reagieren und seinerseits Kontakt zum Kind aufnehmen. Ist der Pädagoge dichter am Pferd, hat er stärker gestaltenden Einfluß auf die Beziehung. Die Entscheidung darüber hängt von der anfangs erwähnten Thematik des Kindes ab.

## Die Rahmenbedingungen

Der vierte Punkt der Vorüberlegungen bezieht sich auf die Gestaltung der Rahmenbedingungen. Abhängig von der Thematik des Kindes können sie stark variieren. Je geschützter und begrenzter der Raum ist (Halle, Reitplatz, Ovalbahn), um so stärker kann aufgrund der fehlenden äußeren Reize die Innenwahrnehmung gefördert werden. Hat die Thematik des Kindes eher mit Außenwahrnehmung und Kontakt zur Umwelt zu tun, bietet es sich an, ein Gelände oder eine Umgebung auszuwählen, die über unterschiedliche (visuelle, akustische und taktile) Reize verfügt. Das kann je nach der Lage des Hofes, ein Waldgebiet sein, Wiesen, Feldwege oder kleine Straßen.

Als nächstes stellt sich die Frage, welche methodische Vorgehensweise das Kind in seiner Kontaktaufnahme zum Pferd unterstützen kann. Spricht das Kind eher auf spielerische Anregungen wie Rollenspiele, Geschicklichkeitsspiele oder Geschichten an, dann kann die ganze Einheit in einen spielerischen Rahmen eingebettet werden. Andere Kinder wiederum können sich aber auch besser auf die neue Situation einlassen, wenn sie auf sportliche Weise gefordert werden (Voltigierübungen, vorbereitende Reitübungen...).

Noch eine abschließende Bemerkung zur Vorbereitung: Um Veränderungen in der Entwicklung des Kindes zu erkennen und die Vorgehensweise immer wieder daran anzupassen ist es wichtig, vor dem Hintergrund der genannten Vorüberlegungen, differenziert zu beobachten und die gemachten Beobachtungen auszuwerten. Neben aller Differenzierung und theoretischer Überlegung darf allerdings die Intuition, das Gespür für Kind und Pferd nicht verloren gehen. Ich denke, es ist eine wirkliche Kunst, dahin zu gelangen, Differenziertheit, Beobachtungsgabe und Intuition miteinander zu verbinden und damit einen lebendigen, wechselseitigen Prozeß in Gang zu bringen.

| Auswertung 1: Die Kontaktaufnahme zwischen Kind und Pferd | |
|---|---|
| Welche Impulse gehen bei der Kontaktaufnahme vom Kind aus? (Sucht es von sich aus Körperkontakt, spricht es das Pferd mit lauter / leiser Stimme an, nimmt es Blickkontakt auf, ist die Körperhaltung, Gestik und Mimik auf das Pferd bezogen) | |
| Welche Impulse gehen vom Pferd aus? (Neugierig auf das Kind zugehen, schubsen, schnauben, Blickkontakt aufnehmen) | |
| Welcher Art sind die Situationen, in denen Kontakt zwischen Kind und Pferd entstehen? (Körperlicher Art wie Streicheln, Anlehnen, Klopfen, visueller Art wie z. B. Beobachten der Pferde beim freien Laufen oder entsteht der Kontakt vorwiegend über Bewegung und Handlung) | |

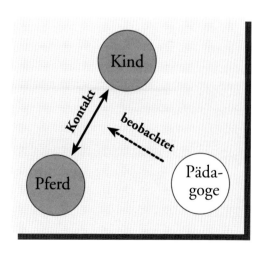

57

| Auswertung 2: Die Themenfindung des Kindes | |
|---|---|
| Welches Bedürfnis seitens des Kindes steht dem Pferd gegenüber im Vordergrund? (Der Wunsch, getragen zu werden, die Suche nach einem Partner, die Suche nach Abenteuer) | |
| Welche Thematik des Kindes zeigt sich hinter den gemachten Beobachtungen? Stimmt diese Thematik mit dem anfänglichen Auftrag überein? | |
| Welche Bedeutung kommt dem Pferd dabei zu? (Stützend, als Gegenüber, als Vermittler zwischen Kind und Gruppe) | |
| Welche Rolle/welche Aufgabe hat sich für den Pädagogen, den Lehrer während der ersten Einheit herauskristallisiert? | |
| Wie kam das Kind mit der Aufgabenstellung der Anfangseinheit zurecht? | |

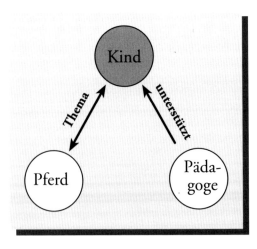

| **Auswertung 3: Methodische Planung der nächsten Einheit** | |
|---|---|
| Wie kann das Thema der nächsten Einheit methodisch gestaltet werden? | |
| Welche Rahmenbedingungen werden benötigt? (Einzel- oder Gruppenstunde, Halle oder Platz, Gelände) | |
| Welchen zeitlichen Rahmen soll die nächste Einheit umfassen? | |
| Wie stark soll/kann das Kind in die Planung einbezogen werden? (gemeinsame Vorbesprechung, Ausgestaltung einzelner Aufgaben) | |
| Was bringt das Pferd im Zusammenhang mit der Thematik ein? (Geländesicherheit, Ängstlichkeit, Neugierde) | |

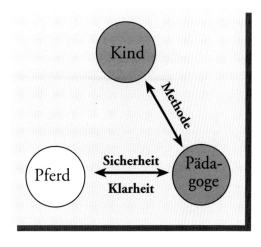

# Praktische Übungsvorschläge

## 1. „DIE FREIE BEGEGNUNG"

### Offener Einstieg zum Thema: Zugang zum Wesen des Pferdes finden

Bei der freien Begegnung bleibt die Art der Kontaktaufnahme weitgehend dem Kind und dem Pferd überlassen. Das Kind erhält in der Anfangssituation lediglich den Auftrag, sich mit dem Pferd bekannt zu machen: „Schau mal, da wartet der Flocki und ist schon ganz gespannt darauf, dich kennenzulernen" oder: „Komm einmal mit, dann kann ich dir zeigen, wo der Flocki lebt" oder: „Schau das ist der Flocki, kannst du dir vorstellen, mit ihm reiten zu lernen?" Wie das Kind dann weiter vorgeht, kann sich aus der jeweiligen Situation heraus entwickeln.

Die Rahmenstruktur der freien Begegnung mit dem Pferd ermöglicht dem Kind viel eigenen Gestaltungsspielraum. Es kann über Distanz und Nähe entscheiden, über den zeitlichen Ablauf des Kennenlernens und es kann eigene Ideen der Kontaktaufnahme zum Pferd einbringen. So hatte ein kleines Mädchen die Idee, sich von allen Seiten an sein Pferd anzulehnen. Das Pferd reagierte etwas überrascht, aber durchaus interessiert. Es versuchte, sich immer wieder zu dem Mädchen hinzudrehen, woraus sich ein kleines Spiel zwischen beiden ergab.

Grundsätzlich ist die freie Begegnung für das Kind am wertvollsten, wenn es so wenig wie möglich mit Vorgaben und Erwartungen konfrontiert wird. Das besondere an dieser Form der Kontaktaufnahme ist, daß das Kind ganz auf seine eigene, innere Wahrnehmung achten kann, ohne eine bestimmte Aufgabe erfüllen zu müssen.

**Einstieg**
Vor Beginn der Stunde hält sich das Pferd in einem für das Kind überschaubaren Raum auf, z. B. dem abgetrennten Teil eines Auslaufs oder der Reitbahn. Es kann sich während der Begegnung frei bewegen und somit auch eigene Empfindungen im Zusammenhang mit dem Kind zum Ausdruck bringen (durch Herkommen,

Kopf wegdrehen oder anschubsen etc.). Das Kind braucht ausreichend Platz, um sein Bedürfnis nach Nähe oder Distanz dem Pferd gegenüber ausdrücken zu können. Es muß gewährleistet sein, daß das Kind den Platz ohne weiteres verlassen kann, falls ihm die Situation bedrohlich erscheint.

**Verlauf**

Im Verlauf der Einheit stehen dem Kind Hilfsmittel wie Putzzeug, Halfter oder Führstrick als Angebot zur Verfügung. Diese Utensilien können, müssen aber nicht, verwendet werden. Das Kind hat auch die Möglichkeit das Pferd nur mit den Händen zu berühren, es zu kraulen, zu streicheln, zu putzen oder es nur zu beobachten. Der Pädagoge bleibt mit Interventionen zwar im Hintergrund, dennoch benötigt er ein hohes Maß an Präsenz, um die Situation zwischen Kind und Pferd differenziert wahrnehmen zu können. Er muß auch in der Lage sein, unter Umständen schnell einzugreifen, wenn das Kind sich der Situation nicht mehr gewachsen fühlt. Ansonsten unterstützt und berät er das Kind nur, wenn dieses ein Bedürfnis danach signalisiert.

**Abschluß**

Das Kind kann die Situation von sich aus beenden. Entsteht kein Kontakt oder eine problematische Kontaktsituation (das Pferd reagiert z. B. abweisend), mit der das Kind nicht klar kommt, gibt es die Möglichkeit, ihm Brücken zu bauen. Indem ich dem Pferd gemeinsam mit dem Kind Futter bringe, es in einen anderen Teil des Auslaufs führe oder dem Kind etwas über das Pferd erzähle, stelle ich eine neue Situation her, die dem Kind einen anderen Blickwinkel ermöglicht. Wichtig ist jedoch, das Kind bestmöglichst von einem Leistungsdruck und der Vorstellung, daß sich etwas Bestimmtes zwischen ihm und dem Pferd ereignen muß, zu entlasten. Die Kontaktsituation ist tatsächlich offen und sie kann es unter Umständen auch bis zum Schluß bleiben.

Die freie Begegnung stellt hohe Anforderungen an das Kind, da sie wenig stützende Struktur hat. Das Kind ist unmittelbar mit den Reaktionen des Pferdes und seiner eigenen Situation konfrontiert. Aus diesem Grund sollte mit sehr ängstlichen oder unsicheren Kindern nicht in dieser Weise begonnen werden.

## „DIE FREIE BEGEGNUNG"
### Offener Einstieg zum Thema: Zugang zum Wesen des Pferdes finden

| | |
|---|---|
| Aufgabenstellung | die „freie Begegnung" ermöglicht dem Kind, innerhalb eines geschützten Rahmens auf seine individuelle Art und Weise Kontakt mit dem Pferd aufzunehmen. Dabei kann es lernen, sich selbst und seine Wirkung auf das Pferd zu erkennen und einzuschätzen. |
| Geeignet für | selbstbewußte Kinder. Kinder, die sich relativ ungehindert fortbewegen können. Kinder, die offenen Situationen gegenüber aufgeschlossen sind. Einzelstunden. |
| weniger geeignet für | sehr ängstliche Kinder. Kinder mit starker körperlicher Behinderung. |
| Zeitlicher Rahmen | eins bis drei Unterrichtsstunden zu je 10/20 Min. |
| Räumliche Bedingungen | eingezäunter, kleiner Paddock oder Sandplatz ohne Gras. |
| Material | bei Bedarf Putzzeug, Halfter, Strick. |

## 2. „KLEINE ENTDECKUNGSREISE"

### Strukturierender Einstieg zum Thema: Kontakt und Wahrnehmung

Für Kinder, die aufgrund ihrer Entwicklungssituation überschaubare und klar strukturierte Rahmenbedingungen benötigen kann es hilfreich sein, aus der Vielfalt der vom Pferd ausgehenden Eindrücke einzelne Aspekte auszuwählen. Dazu wird in kleinen, zeitlich und räumlich begrenzten Schritten vorgegangen, um das Kind bei der Kontaktaufnahme zum Pferd zu unterstützen.

So zum Beispiel der 20jährige Martin, der unter autoagressivem Verhalten und Taubstummheit leidet. Sinneseindrücke wie Gerüche, Geräusche oder Bewegungen des Pferdes überfordern ihn manchmal derart, daß er sofort laut zu schreien beginnt, sobald sich das Pferd ein wenig bewegt. Gezielt lenken wir Martins Aufmerksamkeit deshalb auf Bereiche am Pferd, die für ihn weniger beängstigend sind. Da ihn vor allem die Kopfbewegungen des Pferdes beunruhigen, er aber durchaus Körperkontakt sucht, beginnen wir, mit Händen, Augen und Ohren den Bauch und Rücken des Pferdes zu entdecken. Martin massiert, streichelt und bürstet sein Pferd und erfährt, mit seinem Gesicht an den Bauch des Pferdes gelehnt, die Geräusche im Pferdebauch. Darüber ergibt sich nach einigen Stunden eine neue Situation. Martin will unbedingt das Pferd füttern. Er „horcht" dabei den Pferdebauch ab und beobachtet den Blick des Pferdes aus seiner sicheren Position heraus. Nach und nach kann er auf dieser Grundlage auch die Kopfbewegungen des Pferdes besser ertragen.

### Einstieg
Das Kind wird ermutigt, sich mit dem äußeren Erscheinungsbild des Pferdes vertraut zu machen. Der Vergleich mit dem eigenen Körper unterstützt dabei die Selbstwahrnehmung und fordert das Kind in seiner Aufmerksamkeit.

### Verlauf
Folgende Anregungen können die ersten Beobachtungen vertiefen:

- „Schau dir dein Pferd einmal genau an, ist es größer oder kleiner als du?"
- „Wie lang sind seine Beine im Vergleich zu deinen eigenen?"
- „Kannst du herausfinden, wie dick sein Bauch ist?"

- „Wie lang sind die Haare deines Pferdes?"
- „An welchen Stellen fühlt sich dein Pferd hart an, an welchen Stellen weich?"
- „Findest du eine Stelle, an der dein Pferd besonders warm ist?"
- „Bürste deinem Pferd das Winterfell aus."
- „Fotografiere dein Pferd aus unterschiedlichen Perspektiven bzw. unterschiedliche Ausschnitte, die dich an ihm interessieren (z. B. das Maul, die Ohren, die Hufe). Diese Anregung ist für Kinder geeignet, die noch keinen Körperkontakt zum Pferd aufnehmen können. Je nach Fähigkeiten des Kindes können die Fotos in der nächsten Stunde auf ein großes Plakat geklebt und ausgewertet werden: das Kind kann rekonstruieren, welche Körperteile es aufgenommen hat und welche noch nicht, oder es kann die Fotos ergänzen und beschriften (siehe Abb. 1a und Abb. 1b).

Abb. 1a:                    Abb. 1b:
Fellwirbel am Bauch  Ausschnitt des Vorderbeins

**Abschluß**

Zum Abschluß der Einheit kann das Pferd besonders schön geputzt und geschmückt werden. Das Kind kann auch ein großes, gezeichnetes Bild oder ein Foto von seinem Pferd aufhängen, auf dem alle wichtigen Einzelheiten vermerkt sind, die es entdeckt hat.

Die Verbindung zum Pferd entsteht über die differenzierte Wahrnehmung seiner äußeren Erscheinung und durch das Beobachten seines Ausdrucksverhaltens. Dabei wird das Kind in seinem taktilen Empfinden und auf der Gefühlsebene angesprochen. Es kann beobachten, wie unterschiedlich das Pferd seine Ohren bewegen kann, wie es durch seine Kopf- und Körperhaltung Gefühle zum Ausdruck bringt, und es kann verschiedene Charakteristika seines Pferdes entdecken (z. B. ein besonderer Wirbel im Fell, eine spezielle Zeichnung, eine typische Bewegung oder Körperhaltung). Zeigt das Kind an bestimmten Körperbereichen des Pferdes ein besonderes Interesse, kann uns das Anregungen für die weitere Vorgehensweise im Unterricht geben. Ein verstärktes Interesse am Maul und Kopf des Pferdes kann eine Verbindung zum Füttern herstellen. Interesse an den Ohrenbewegungen könnte zu einer Einheit mit dem Thema „Geräusche" überleiten. Dabei wird das Pferd und seine Reaktionen auf verschiedene Geräusche und unterschiedliche äußere Bedingungen genau beobachtet. Ein Interesse an Mähne und Schweif des Pferdes steht oft in Zusammenhang mit einem Bedürfnis nach Pferdepflege.

Welche Aufgabenstellung im einzelnen gewählt wird hängt davon ab, wieviel Körperkontakt das Kind sich wünscht, wie direkt es das Pferd schon berühren kann und will, wieviel Aktion es braucht, und wie der erste thematische Schwerpunkt der Einheit gewichtet werden soll.

Das Pferd sollte bei dieser Vorgehensweise ausreichend Bewegungsspielraum erhalten, um auf den Körperkontakt reagieren zu können. Es wird jedoch stärker begrenzt als bei der freien Begegnung um das Kind nicht durch zu viele Impulse zu überfordern. Dazu steht das Pferd entweder frei in einer Box oder angebunden an seinem Putzplatz.

Der Pädagoge ist stärker in die Begegnung zwischen Kind und Pferd eingebunden. Er übernimmt eine stützende und strukturierende Funktion im Verlauf der Stunde. Unterstützend wirken kann er beim Kind ebenso wie beim Pferd durch räumliche Nähe, durch verbale Anweisungen oder durch Körperkontakt. Unter Umständen kann es auch hilfreich sein, direkt hinter dem Kind zu stehen und seine Hand zu führen, oder selbst die gleichen Bewegungsabläufe (Bürsten oder Streicheln) am Pferd zu machen. Das kann vor allem dann sinnvoll sein, wenn eine verbale Anleitung nicht angebracht ist. Andererseits gibt es auch Kinder, die gerade für diese Einheit viel Raum für sich selbst benötigen. Es ist gut, wenn wir das als Pädagogen rechtzeitig erkennen, um uns räumlich im Hintergrund halten zu können.

## „KLEINE ENTDECKUNGSREISE"
### Strukturierender Einstieg zum Thema: Kontakt und Wahrnehmung

| | |
|---|---|
| Aufgabenstellung | über differenziertes Wahrnehmen (Fühlen, Riechen, Sehen, Hören) kann das Kind auf sinnlicher Ebene Kontakt zum Pferd aufnehmen. Es kann dabei seine Wahrnehmung und seine Fähigkeit zur Konzentration verbessern. |
| Geeignet für | Kinder, die Sicherheit und Struktur brauchen. Kinder, die taktil orientiert lernen. Kinder, mit Bereitschaft zu Körperkontakt. Gruppen - und Einzelstunden. |
| Weniger geeignet für | Kinder mit starken Konzentrationsproblemen und sehr aktive, bewegungsorientierte Kinder. |
| Zeitlicher Rahmen | drei bis vier Unterrichtsstunden zu je 15/20 Min. |
| Räumliche Bedingungen | ruhiger, geschützter Anbindeplatz. |
| Material | Putzzeug, Papier (DIN A 1/DIN A 2), Schere, Klebstoff, Farbstifte, evtl. Fotoapparat und Film. |

## 3. „MÄRCHENWALD"

### Metaphern und Geschichten zum Thema: Erster Kontakt

Für kleinere Kinder geht es beim Umgang mit dem Pferd oft noch nicht um eine zielgerichtete Form des Reitenlernens. Für sie ist es meistens wichtiger, das Pferd in Ruhe kennenlernen zu können und Zeit für die Begegnung mit dem Pferd und dessen Umwelt zu haben. Zeigen sich kleine Kinder schon sehr leistungsorientiert im Umgang mit dem Pferd, stellt sich bei näherem Hinsehen oft heraus, daß einfach nur wenig Ideen darüber vorhanden sind, was man mit dem Pferd außer zu galoppieren und Hufschlagfiguren zu reiten noch machen könnte. Im folgenden Spielvorschlag werden Möglichkeiten vorgestellt, wie kleine Kinder (3 bis 7 Jahre) auf spielerische Weise mit dem natürlichen Lebensraum des Pferdes vertraut und dabei für einen guten Umgang mit dem Pferd sensibilisiert werden können.

Wir beginnen die Einheit mit einer kleinen Geschichte oder der Darstellung einer Szenerie. Die Aufmerksamkeit des Kindes wird dadurch auf einen Ausschnitt der ansonsten sehr komplexen Lernsituation gelenkt. Die Geschichten sind überschaubar und auf die kindliche Phantasiewelt dieses Alters abgestimmt. Sie haben einladenden Charakter, geben wenig Regeln und Anforderungen vor und lassen dem Kind Spielraum zu entscheiden, wie weit es sich auf das Thema der Geschichte einlassen will. Außerdem kann die Arbeit auf der symbolischen Spielebene dazu beitragen, Situationen mit dem Pferd auf eine bisher ungewohnte neue Weise zu erleben.

Beispiel: Bianca, ein sehr aufgewecktes, manchmal auch forderndes Mädchen, ist gerade 5 Jahre alt geworden. Sie reitet in einer Gruppe mit zwei weiteren, gleichalterigen Mädchen. Bianca möchte gerne selbständig reiten lernen. Es fällt ihr allerdings noch sehr schwer, sich auf ausschließlich eine Situation einzustellen. Sie möchte über Hindernisse reiten, im gleichen Moment aber auch in den Wald und kurz darauf möchte sie gerne ein anderes Pferd ausprobieren. Was das Pferd ihr geben könnte, kann sie gar nicht aufnehmen, da sie mit ihren Gedanken immer bei neuen Möglichkeiten verweilt. Daraus resultiert, daß sie bisher kaum eine Verbindung zum Pferd entwickeln konnte. Der Wechsel auf die symbolische Spielebene kann Bianca entlasten, indem ihr spannende, kindgemäße Erfahrungen mit dem Pferd auf einer anderen als der leistungsorientierten Ebene möglich werden.

Wir verlagern dazu die folgenden Reitstunden ins Gelände und wählen für jede Stunde ein bestimmtes Gelände aus, das durch eine Geschichte oder durch unsere Beschreibung für Bianca eine besondere Bedeutung erhält. Bianca ist dadurch in ihrer Aufmerksamkeit gefordert, sie erhält Anregungen von außen, aber kann trotzdem bei sich und ihrer Wahrnehmungsweise bleiben.

### Einstieg

Zur Einstimmung in die Einheit werden verschiedene Gegebenheiten im Gelände, wie z. B. ein kleines Waldgebiet, ein Bachlauf, eine Obstbaumwiese oder einfach ein schöner Wiesenweg, durch meine Erzählungen zu „märchenhaften Plätzen". Die bildhafte Situation fordert Bianca auf hinzuschauen, hinzuhören und das Pferd und sich in der Umgebung wahrzunehmen.

### Verlauf

1. Stunde: Der Ritt zum Märchenwald. „Der Märchenwald, zu dem wir heute reiten wollen, heißt (für die heutige Stunde) so, weil hier ganz besondere Tiere, Zwerge und vielleicht sogar Feen wohnen. Es gibt im Märchenwald kleine Höhlen, Verstecke und „Häuser" aus Ästen und Zweigen. Wir können Spuren von Tieren finden oder Verstecke entdecken, wenn wir mit unserem Pferd ganz leise durch den Wald schleichen und die Tiere nicht erschrecken. Mit eurem starken oder mutigen Pferd können wir begehbare und nichtbegehbare Wege und Fährten suchen und dabei beobachten, ob eure Pferde sich im Märchenwald auch wohlfühlen würden."

Bianca kann entscheiden, wie intensiv sie sich auf das Bild einlassen will und was sie von den Anregungen aufgreifen möchte. Sie kann, ohne allzu enge Vorgaben, ihr Pferd und dessen Umgebung kennenlernen und ist dabei mit ihrer Aufmerksamkeit auch auf das Verhalten ihres Pferdes bezogen. Indem sie versuchen muß, einen Weg für ihr Pferd zu finden auf dem es leise gehen kann, oder indem sie erlebt wie ihr Pferd mit gespitzten Ohren und hochgerecktem Hals die neue Umgebung betrachtet, kann sie mit ihrem Pferd in Kontakt kommen.

2. Stunde: Der Kletterweg. „Wir haben heute einen schwierigen Weg durch ein fremdes, wildes Land zurückzulegen. Über umgefallene Baumstämme, über einen steilen Aufstieg, über kleine Bodenwellen im Wald wollen wir heute die Geschicklichkeit unserer Pferde testen. Ob sie wohl den steilen Berg zwischen den Bäumen hochklettern können, oder ob wir sie da führen müssen? Welches unserer Pferde könnte am besten vorausgehen? Wir werden herausfinden, welches unserer Pferde gerne klettert und welches eher ängstlich ist. Wir können feststellen, ob sie beim Klettern stürmisch sind und leicht stolpern, oder ob sie ganz behutsam Fuß um Fuß heben."

Auf spielerische Weise kann Bianca einen einfühlsamen Umgang mit dem Pferd erlernen. „Der Kletterweg" regt dazu an, sich mit dem Wesen des Pferdes auseinanderzusetzen und seine besonderen Eigenheiten kennenzulernen. Bianca kann erfahren, daß sie in Zusammenarbeit mit ihrem Pferd auch schwierige Situationen bewältigen kann. Durch die äußeren Anforderungen (z. B. einen steilen Berg überqueren) wird sie ermuntert, sich auf die Wahrnehmung ihres Pferdes und auf dessen Bedürfnislage einzustellen.

3. Stunde: Der Flüsterweg. „Es wird heute schon langsam dämmrig wenn wir losreiten, und im Wald ist es ganz ganz still und friedlich. Wenn wir genau hinhören, können wir erkennen, wie das Laub unter den Hufen der Pferde raschelt, wie die Äste knacken, wenn unser Pferd darauf tritt und wir hören das Schnauben der Pferde zwischen den Bäumen. Ganz leise ist irgendwoher ein Vogel zu hören und im Gebüsch knacken ein paar Zweige, vielleicht ein Reh? Unsere Pferde laufen heute mit gespitzten Ohren durch den Wald und heben bei jedem Geräusch, auf das wir aufmerksam geworden sind, den Kopf."

Bianca kann lernen, differenziert auf Geräusche zu hören, die in der Umgebung und im Zusammenhang mit dem Pferd entstehen. Sie kann erleben, wie intensiv die Verbindung zwischen ihr und ihrem Pferd werden kann, wenn sie gemeinsam mit ihm auf die gleiche Sache, das Hören, konzentriert ist.

**Abschluß**
Die Einheit schließt innerhalb der Symbolebene ab. Je nach Verlauf der Geschichten kann am Ende der Einheit etwas für die Kinder und ihre Pferde im

Wald versteckt sein, das sie gemeinsam suchen müssen. Eine andere Form des Abschlusses könnte sein, daß im letzten Teil der Geschichte, vom Kind bestimmte Aufgaben und Rätsel zu lösen sind, mit deren Bestehen die Einheit endet.

Ansatzweise können dadurch auch schon Problemstellungen, wie unkonzentriertes Verhalten, Ängstlichkeit oder mangelndes Wahrnehmungsvermögen beim Kind angesprochen werden. Es sollte allerdings berücksichtigt werden, daß Kinder im Alter von bis zu sechs, sieben Jahren noch sehr spielerisch und offen lernen. Soll die Motivation am Umgang mit dem Pferd langfristig erhalten bleiben ist es also sinnvoll, das Kind nicht zu früh mit einem leistungsorientierten Unterricht zu überfordern.

Die Einheit half Bianca, im Umgang mit ihrem Pferd ruhiger und konzentrierter zu werden. Zu Beginn der ersten Stunde reagierte sie noch sehr zurückhaltend und skeptisch auf die Geschichte. „Einen Märchenwald gibt es doch in Wirklichkeit gar nicht" äußerte sie dazu. Aber bereits im Verlauf der zweiten Stunde gelang es ihr schon besser, die Perspektive ihres Pferdes einzunehmen. Sie entdeckte, wie aufmerksam und feinfühlig ihr ansonsten manchmal stürmisches Pferd dabei wurde. Durch die bessere Verbindung zu ihrem Pferd konnte sie auch häufiger selbständig mit ihm umgehen, was sie besonders stolz machte.

**Weitere Vorschläge**
Je nach den Gegebenheiten im Gelände können diese Spielentwürfe weiterentwickelt oder fortgesetzt werden. So gibt es in unserer Nähe  noch eine Schlucht, die wir die  „Teufelsschlucht" nennen, eine Quelle mitten im Wald, eine kleine Kapelle am Waldrand oder einen knorrigen, dreigeteilten Baum, der in einer Geschichte zum „Zauberbaum" wurde. Mit etwas Phantasie können sich diese Orte alle in Schauplätze und abenteuerliche Reiserouten verwandeln. Sie können das Kind motivieren und ermutigen, sich später auch auf größere „Reisen" mit dem Pferd einzulassen.

## „MÄRCHENWALD"
Metaphern und Geschichten zum Thema: Erster Kontakt

| | |
|---|---|
| Aufgabenstellung | spielerische Aufgabenstellungen im Gelände ermöglichen vor allem kleinen Kindern und Reitanfängern einen unbefangenen Zugang zum Pferd. Die offen angelegte Spielform spricht die Ebene des gemeinsamen Erlebens und der Verbindung zur Natur an. |
| Geeignet für | Kinder ab 3 Jahren. Kinder, die noch nicht gezielt reiten lernen wollen. Kinder, die sich auf eine Phantasiewelt einlassen können. kleine Gruppen. |
| Weniger geeignet für | - |
| Zeitlicher Rahmen | fünf bis sechs Unterrichtsstunden zu je 40/50 Min. |
| Räumliche Bedingungen | unterschiedliche Geländebeschaffenheiten, die die Phantasie der Kinder anregen können (Waldlichtung, Bergkuppe, Bachlauf). |
| Material | - |

## 4. „PFERDEABENTEUER"

### Geländeaufgaben zum Thema: Verantwortung

Bewegungsorientierte, aktive Kinder wollen oft schon früh ein hohes Maß an eigener Verantwortlichkeit für ihr Pferd übernehmen. Sie erledigen ungern Aufgaben, die keine wirklichen Aufgaben sind (z. B. das Pferd zu putzen, obwohl es gar nicht schmutzig ist) und sie nehmen es sehr genau wahr, in welchen Fällen man ihnen nur eine scheinbare Verantwortung überträgt.

Im Unterricht ist es oft nicht leicht, diesen Kindern gerecht zu werden. Man gerät leicht in eine Position des „Bremsers" und ist fortwährend dabei zu erklären, warum dies oder jenes jetzt noch nicht geht. Dabei wird das Potential dieser Kinder, das ja in Form von Mut oder Energie in ihnen steckt, schnell aus dem Blick verloren. Es gibt jedoch Kinder, die tatsächlich besser lernen und leichter Kontakt zum Pferd aufnehmen können, wenn sie möglichst eigenverantwortlich handeln können. Wie wir Kindern im Umgang mit dem Pferd diese Erfahrung ermöglichen können, ohne Kind und Pferd dabei in Gefahr zu bringen, darum soll es in diesem Spielvorschlag gehen.

Indem die jeweilige Stärke und Fähigkeit des Kindes und seine Art zu handeln in die Aufgabenstellung eingebunden wird, kann eine negative Lernatmosphäre („laß das bitte; hör auf, dem Pferd weh zu tun oder paß auf, das geht nicht") vermieden werden. Das Kind kann die Erfahrung machen, daß es seine Energien konstruktiv nutzen kann und daß es positive Rückmeldungen bekommt. Es kann, indem es mit seiner Kompetenz in die Lernsituation eingebunden ist, leichter eine Verbindung zum Pferd aufbauen, die ja für alles weitere das tragende Element sein wird.

Dazu ein Beispiel: Michael ist acht Jahre alt und reitet seit ein paar Wochen bei uns. Er leidet unter einer leichten Form von Schwerhörigkeit und einer damit verbundenen motorischen Unruhe. Seine Bewegungskoordination ist jedoch ausgesprochen gut und er wirkt neugierig und aufgeschlossen. Zum heilpädagogischen Reiten kommt Michael, weil das die einzige Form der Unterstützung (Therapie) ist, die er annimmt. Aufgabenstellungen, bei denen er langsam reiten soll, bei denen er sein Pferd putzen oder führen soll findet er langweilig. Es würde ihm Spaß machen, durch den Wald zu galoppieren oder wenigstens alleine zu traben. Atorka, die Islandstute, stößt er oft durch hektische und ungeduldige Bewegungen „vor den Kopf", was dazu führt, daß sie möglichst viel Abstand zu Michael hält. Das wiederum vergrößert Michaels Ungeduld. Er möchte gerne etwas mit seinem Pferd machen und scheint es auch zu mögen, nur weiß er nicht, wie er ihm näher kommen kann.

Die nächste Einheit soll Michael über ein gemeinsames Erlebnis Kontakt zu seinem Pferd ermöglichen. Das Ziel liegt darin, seine Wahrnehmung für das Pferd zu sensibilisieren und ihn in seinem Sinn für Abenteuer anzusprechen. Atorka reagiert sehr feinfühlig und läßt sich von Michael selbständig führen.

### Einstieg

Wir verabreden, daß Michael in den nächsten 6 Stunden völlig freie Hand bei der Auswahl der Wege im Wald hat, einigen uns aber dafür auf die Gangart „Schritt". Er soll auch selbst entscheiden können, ob er sein Pferd alleine führen will, ob ich ihm dabei helfen soll oder ob er die Strecke geführt, auf dem Pferd sitzend, zurücklegen möchte. Als Ergebnis der Einheit wollen wir von allen (möglichen und unmöglichen!) Wegen eine spezielle Reitwegekarte (Abb. 1) anlegen.

### Verlauf

Michael sucht zu Beginn jeder Stunde einen Weg aus, den wir dann mit seinem Pferd zusammen auskundschaften. Unterwegs überlegen wir, welche Namen zu den jeweiligen Wegabschnitten passen könnten, und wie sie am besten mit dem Pferd zu durchqueren sind. Michael kann auch, wenn er auf der Strecke plötzlich eine spannend erscheinende Abzweigung oder einen neuen Weg entdeckt, diese mit seinem Pferd erkunden. Jeweils am Ende der Stunde zeichnet Michael seinen neu entdeckten Weg auf ein großes Plakat, mit speziellen Vermerken und Symbolen, ob oder wie dieser Weg mit dem Pferd zu begehen ist.

### Abschluß

Am Ende der Einheit entsteht auf diese Art ein komplettes und etwas unkonventionelles Reitwegenetz. Das Plakat werden wir aufhängen, so daß die anderen Reiter vom Hof es auch betrachten können.

Abb. 1: Michaels „Reitwegekarte"

Michael wollte häufiger freiwillig langsam und vorsichtig mit seinem Pferd reiten oder es führen, als ich es von ihm verlangt hätte! Indem er sich für diese überschaubare, aber doch umfassende Situation verantwortlich fühlen konnte, gelang es ihm, sich auch gedanklich auf das Pferd einzustellen. Damit konnte er erste Schritte zu einer wechselseitigen Verbindung herstellen.

Es wird deutlich, daß das Kind hier stärker auf der Handlungsebene und in seinem Sinn für Abenteuer und Aktivität angesprochen wird. Es eröffnen sich mehr Möglichkeiten im eigenständigen Umgang mit dem Pferd. Das Kind hat eine Aufgabe, die es selbstbestimmt bewältigen kann und es erlebt dabei sein Pferd als gleichwertiges Gegenüber. Durch die Rahmenaufgabe (das Anfertigen einer Reitwegekarte) ist es verantwortungsvoll eingebunden. Ohne die Beziehungsebene direkt ansprechen zu müssen, können seitens des Pädagogen immer wieder Impulse einfließen, die die Aufmerksamkeit des Kindes auf das Pferd lenken. Die Verbindung zum Pferd entsteht über das gemeinsame Erlebnis und über die Auseinandersetzung mit dessen Verhalten im Gelände.

Für die Gestaltung der Anfangseinheit ist es hilfreich, über ein interessantes Gelände mit unterschiedlichen Anreizen zu verfügen, wie z. B. Waldwege, ein Steilhang, Böschungen oder Wasserläufe. Diese Einheit eignet sich auch dazu, das Kind für einen verantwortungsvollen Umgang mit der Natur, Tieren und Pflanzen im Wald zu sensibilisieren.

**Weitere Vorschläge**

 „Spaziergänge mit dem Pferd"

Auf Spaziergängen, bei denen das Kind mit seinem Pferd zusammen neue Wege findet - natürliche Hindernisse überwindet, bei Dunkelheit mit der Taschenlampe einen Weg findet, bei Schneegestöber einen geschützten Platz sucht - kann es durch möglichst selbständiges Führen des Pferdes Verantwortung übernehmen.

 „Wege suchen"

Das Kind sucht Wege, auf denen das Pferd so leise schleichen kann, daß es kaum noch zu hören ist, oder Wege, auf denen man die Pferdehufe laut und deutlich hören kann.

 „Spuren suchen und verfolgen"

 „Schnitzeljagd"

Im Gelände werden Fotos von markanten Plätzen, die das Kind kennt, versteckt (ein besonderer Baum, ein Hochstand, eine Wegkreuzung). Alleine, in der Gruppe oder in Begleitung eines Helfers kann es den Weg von einer Station zur nächsten suchen.

 „Rollenspiel"

In der Gruppe kann ein Rollenspiel entworfen werden, das verantwortungsvolle Rollen und Aufgaben enthält (ein Häuptling, der sein Pferd sucht oder rettet, ein Ritter, der ein wildes Pferd zähmt oder ein berühmter Spurensucher).

## „PFERDEABENTEUER"
### Geländeaufgaben zum Thema: Verantwortung

| | |
|---|---|
| Aufgabenstellung | über die gemeinsame Erstellung einer Reitwegekarte wird das Kind in seinem Sinn für Abenteuer und Aktivität angesprochen. Innerhalb der Rahmenaufgabe kann es lernen, selbständig mit dem Pferd umzugehen und seine eigenen Möglichkeiten einzuschätzen. |
| Geeignet für | aktive und bewegungsorientierte Kinder. Kinder, die handlungsorientiert lernen. Kinder, die Verantwortung übernehmen wollen. Einzelstunden und Kleingruppen. |
| Weniger geeignet für | sehr ängstliche Kinder. Kinder mit schwach ausgeprägter Ich-Struktur. Kinder mit starker Bewegungseinschränkung. |
| Zeitlicher Rahmen | sechs bis acht Unterrichtsstunden zu je 40/50 Min. |
| Räumliche Bedingungen | interessantes, abwechslungsreiches Gelände. |
| Material | Papier (DIN A1/DIN A2), Farbstifte. |

## 5. „ZU BESUCH BEI MEINEM PFERD"

### Spielanregung zum Thema: Zugang zum Pferd über dessen Lebensraum finden

Für Kinder, deren Zugang zum Pferd noch nicht über eine direkte, körperliche Kontaktaufnahme möglich ist, bietet der Zugang über den Lebensraum des Pferdes eine gute Alternative. Das Kind kann das Pferd beobachten, mit ihm zusammensein und sein Umfeld kennenlernen, ohne in direkte Interaktion mit ihm treten zu müssen. Die Verbindung zwischen Kind und Pferd kann sich vor dem Hintergrund einer Rahmenaufgabe entwickeln, die die Aufmerksamkeit des Kindes auf das Lebensumfeld und auf die Persönlichkeit des entsprechenden Pferdes lenkt.

Dazu ein Beispiel: Bernd ist 10 Jahre alt. Er ist ein aufgeweckter, intelligenter Junge, der viel Interesse und Neugier dem Pferd gegenüber mitbringt. Seine Aktionen und Bewegungen wirken hektisch und unruhig, aber eher aufgrund schlechter Koordination und Unsicherheit, denn als Folge zu großer Energie. Momente wilder Aktivität wechseln sich ab mit eher traurigen, fast apathischen Stimmungen (medikamentöse Behandlung, ohne klare medizinische Indikation). Körperkontakt ist ihm unangenehm, gegenüber dem Pferd ebenso wie gegenüber dem Mensch. So scheitert auch die anfängliche Überlegung, Bernd könne über den ruhigen, gleichmäßigen Rhythmus der Pferdebewegung, über das Spüren der Körperwärme vom Pferd, zur Ruhe kommen.

Erschwerend kommt hinzu, daß Bernd durch seine Art sich zu bewegen und zu sprechen - die Stimme wird unter Aufregung gleich schrill - fortwährend negative Rückmeldungen von seiner Umwelt erhält: „Paß doch auf, sprich langsamer, laß das, streß mich nicht, stör mich nicht immer!" Selbst das Pferd ist beim ersten Kontakt irritiert, weicht aus und wehrt sich, wenn Bernd es am Halfter festhalten will.

Die Eltern beschreiben ihr Verhältnis zu Bernd aufgrund zahlreicher Kämpfe und Auseinandersetzungen als sehr belastet. In Konfliktsituationen reagiert Bernd unberechenbar. Es kann passieren, daß er wild um sich schlägt und nicht mehr ansprechbar ist. Wegen dieser Umstände befand sich die Familie bereits wiederholt in psychologischer Beratung. Beide Eltern berichten von einer starken Affinität zu Tieren, speziell zu Hunden und Pferden. Sie erhoffen sich von den heilpädagogischen Reitstunden ein verbindendes Element zu Bernd und Erfahrungen, die für beide Seiten wieder positivere Impulse zulassen.

Bevor nun jedoch in der Arbeit mit dem Pferd auf die Situation von Bernds Umfeld eingegangen werden kann, steht Bernd mit seinen Möglichkeiten der Kontaktaufnahme im Mittelpunkt des Unterrichtsgeschehens. Dazu erscheint es mir wichtig, daß Bernd erleben kann, daß in seinen Energien und seiner Neugierde der Umwelt gegenüber auch positive Aspekte enthalten sind. Es geht darum, gemeinsam mit ihm Wege zu finden, wie er diese Aspekte für sich besser nutzen und im Kontakt umsetzen kann. So hätte er Möglichkeiten, den Erfahrungen von Ablehnung oder Enttäuschung neue, andere Erfahrungen entgegenzusetzen.

Die Erweiterung seiner Handlungsmöglichkeiten und seiner Möglichkeiten Kontakt aufzunehmen, kann zu einem positiveren Selbstbild führen und langfristig dazu beitragen, daß Bernd entspannter mit Konfliktsituationen in zwischenmenschlichen Begegnungen umgehen kann. Der Prozeß soll in diesem Fall mit regelmäßig stattfindenden Elterngesprächen begleitet werden.

### Einstieg

Wir werden uns für die erste Einheit 4 Stunden Zeit nehmen. Bernd kommt einmal in der Woche eine Stunde zur Einzelbetreuung. Das Pferd wähle ich unter folgenden Aspekten für ihn aus: Es sollte vom Typ her nicht zu schreckhaft sein, so daß es durch Bernds Unruhe nicht zu stark verunsichert wird. Da es um handlungsorientierte Aufgaben gehen wird, ist es wichtig, daß das Pferd selbst auch Spaß an spielerischen Aktivitäten hat. Ein ranghöheres Tier könnte ihm helfen, indem es für eine gewisse Zeit die souveräne Position für ihn übernimmt. Die Entscheidung fällt auf den 13jährigen Norwegerwallach Kevin, der für jedes Abenteuer zu begeistern ist und der innerhalb der Herde die Position des Leittieres einnimmt.

### Verlauf

Da der Umgang mit dem Pferd aus der Nähe noch mit viel Mißerfolg für Bernd behaftet ist, beginnen wir damit, Kevin aus einem größerem Abstand heraus zu beobachten. Wie bewegt er sich in seiner Herde zwischen den anderen Pferden? Wie macht er das eigentlich, daß er da der Chef ist? Hat er eine besondere Körpersprache? Wie verstehen die anderen Pferde was sie machen müssen? Könnten wir uns als Menschen auch so verständigen? Als wir feststellen, daß Kevin besonders gerne tobt und herumspringt, beschließen wir, ihm einen abenteuerlichen Parcours in seinem Auslauf aufzubauen. Dazu gehören Baumstämme, eine alte Plane, ein Leiterwagen, ein kleiner Tümpel.

Während wir bauen, steht Kevin die ganze Zeit am Zaun und beobachtet genauestens unser Vorhaben, was die Sache natürlich so richtig spannend macht. Wir überlegen, wie hoch Kevin wohl klettern kann, ob er durch den Wassergraben hindurchgeht oder ihn lieber überspringt? Ob er die anderen Pferde auch auf „seinen" Parcours läßt, ob er sie wegjagt oder ob er überhaupt herkommen wird?

Bernd hat die Idee, Kevin vorzumachen, wie man den Parcours durchqueren kann. Ich ermutige ihn, sich ein geheimes Wort zu überlegen, das er Kevin, bevor es losgeht, ganz leise ins Ohr flüstert, damit dieser mitkommt. Kevin folgt ihm auf diese Weise tatsächlich über alle Hindernisse bis aufs Wasser. Entsetzt macht er einen riesengroßen Bogen, um nur keinen Spritzer abzubekommen, was Bernd richtig amüsiert. „So ein großer starker Chef hat Angst vor ein bißchen Wasser! Das muß ich ihm aber noch beibringen, daß er da keine Angst mehr hat. Wenn wir mal ausreiten und da kommt ein Bach was machen wir dann? Vielleicht können wir nächstes Mal...".

Es wird deutlich daß in diesem Moment der Funke übergesprungen ist, obwohl Bernd sein Pferd noch nicht einmal berührt hat und es weder geputzt noch geritten hat. Indem er sich gedanklich und mit seiner Wahrnehmung auf das Pferd konzentrierte, entstand eine Verbindung auf mentaler Ebene zwischen ihm und seinem Pferd. Dazu konnte auch die Suche nach einem „geheimen Wort" beitragen. Da Pferde im allgemeinen auf mentale Vorgänge sehr unmittelbar reagieren ist es auch gar nicht wichtig, welches Wort das Kind für sich und sein Pferd findet. Allein der gedankliche Prozeß, die Tatsache, daß das Kind motiviert ist und sich mit seiner Wahrnehmung und seinem Willen auf das Pferd einstellt, kann das Zustandekommen der Verbindung bewirken.

## Abschluß

Die Einheit schließt mit einer gemeinsamen Auswertung ab, in der die Inhalte für die nächsten Stunden festgelegt werden. In diesem Fall könnte das Ziel der folgenden Einheit darin bestehen, Kevin ans Wasser zu gewöhnen. Indem wir ihn gemeinsam waschen, durchs Wasser reiten, oder Wasserstellen im Gelände aufsuchen, die man durchqueren kann, kann Bernd gegenüber Kevin eine wichtige Rolle übernehmen. Er kann vorweggehen, und er kann ermutigend, beruhigend oder auffordernd auf Kevin einwirken. Dabei könnten reiterliche Elemente genauso einfließen, wie Erfahrungen im Umgang mit dem Pferd.

## Weitere Vorschläge

 „Futtertag"

Das Kind kann helfen, das Futter zuzubereiten, Heu aus der Scheune zu holen, Gras zu mähen, eine besondere Futtermischung aus Möhren, Äpfeln, usw. herzustellen oder bestimmte eßbare Pflanzen für die Pferde im Gelände zu sammeln.

 „Pferdespielzeug basteln"

Im Wald oder auf dem Gelände kann das Kind Äste, Zweige, Tannenzapfen und ähnliches sammeln, um dem Pferd daraus ein Spielzeug zum herumknabbern und spielen zu basteln. Das ist besonders im Winter ein geeignetes Vorhaben, wenn die Pferde im Auslauf oder auf der Koppel wenig Abwechslung haben.

 „Stall machen"

Zu Beginn der Einheit kann das Kind das Pferd auswählen, das ihm am besten gefällt, und für dieses Pferd einen schönen Platz im Stall oder im Auslauf suchen, den es ihm „gemütlich" macht. Dazu könnte gehören: Ausmisten, Sägemehl oder Stroh einstreuen, einen weichen Liegeplatz einrichten, Futter bereitstellen.

Die Aktivitäten sind weniger darauf bezogen etwas mit dem Pferd zu machen, sondern eher etwas für das Pferd zu tun. Entscheidend ist dabei, ob es gelingt, die Aufgabenstellung tatsächlich auf das Pferd zu beziehen. Fordere ich das Kind einfach nur auf, den Stall auszumisten, muß überhaupt noch nichts zwischen Kind und Pferd geschehen. Erst in dem Moment, in dem das Kind eine Handlung mit der gedanklichen Verbindung zum Pferd unternimmt, kann allmählich ein Kontakt zwischen beiden zustandekommen.

Wichtiges Merkmal dieser Einheit ist, daß das Kind jederzeit entscheiden kann, wieviel Distanz oder Nähe es zum Pferd und zum Pädagogen einnehmen möchte. Es kann sein eigenes Tempo der Annäherung bestimmen und über die aktiven Handlungen Energien ablassen, die sich damit weniger in destruktiver Form gegen Mensch und Pferd richten. Die Aufgabenstellung begünstigt, daß das Kind seine Kraft und seine Energie als etwas positives erfährt. Indem es einen großen Berg Heu vom Heuboden herunterwirft, einen großen, schweren Tannenzweig für das Pferd aus dem Wald holt, kann es seine Energie in kreativer Form einsetzen.

Solange das Kind noch nicht in der Lage ist, sein eigenes Verhalten dem Pferd gegenüber abzustimmen, hilft diese Vorgehensweise, gegenseitige Enttäuschungen zu vermeiden. Das Kind darf auch einfach einmal schnell, laut oder heftig sein, ohne gleich zu Beginn des Unterrichts ständig in seinem Verhalten korrigiert werden zu müssen. Nach und nach können die Aufgabenstellungen direkter auf das Pferd bezogen werden. Aus der Idee „dem Pferd einen gemütlichen Platz machen", könnte sich folgende Aufgabe entwickeln: „Verwöhne dein Pferd, indem du es mit dem Massagestriegel bürstest" oder „Heute machen wir dein Pferd ganz schön. Wir könnten ihm dazu die Hufe waschen und einfetten."

Der Pädagoge hat die Funktion, den sicheren Rahmen zu gewährleisten, innerhalb dessen sich das Kind ausagieren kann. Da das Kind bei dieser Form der Kontaktaufnahme einen recht großen Bewegungsspielraum hat ist es wichtig, die Rahmenbedingungen im voraus klar abzusprechen. Das Kind muß wissen, wo es sich selbständig aufhalten kann und welche Bereiche des Hofes als Gefahrenzonen tabu sind.

Das Pferd sollte ausreichend Platz haben, um den Abstand zum Kind und zu den anderen Pferden bestimmen zu können. Dazu eignet sich ein eingezäunter Auslauf, ein Paddock oder eine kleine Koppel. Ist das Areal zu groß, könnte das Pferd ganz aus dem Gesichtsfeld das Kindes verschwinden und damit die Kontaktaufnahme unnötig erschweren.

**„ZU BESUCH BEI MEINEM PFERD"**
Spielanregung zum Thema: Zugang zum Pferd über dessen Lebensraum finden

| | |
|---|---|
| Aufgabenstellung | das Kind kann im Rahmen einer offenen, handlungsorientierten Aufgabenstellung Kontakt zum Pferd und dessen Umgebung aufnehmen. Dabei hat es viel Zeit, seinen eigenen Weg der Kontaktaufnahme zu wählen und selbst über Distanz und Nähe zum Pferd zu entscheiden. |
| Geeignet für | aktive und bewegungsorientierte Kinder. Kinder, die Raum für Eigeninitiative brauchen. Kinder, die wenig körperliche Nähe zum Pferd wünschen. Einzelstunden. |
| Weniger geeignet für | Kinder, die viel Struktur brauchen. große Gruppen. |
| Zeitlicher Rahmen | zwei bis drei Unterrichtsstunden zu je 20/30 Min. oder als kurze Einstiegssequenz vor einer Unterrichtsstunde. |
| Räumliche Bedingungen | Offenstall, Laufstall, Paddock oder eingezäunter Abschnitt eines Auslaufs, möglichst mit verschiedenen Nischen und Ecken. |
| Material | Heu, Stroh, sonstiges Futter, Material zum Ausmisten, evtl. Stangen, Plane, verschiedene Hindernisse. |

## 6. „STOLZER REITER - MÜDER REITER"

*Übungen auf dem geführten Pferd zum Thema:*
*Selbstwahrnehmung*

Dieser Einstieg eignet sich für Kinder, die über das taktile Empfinden, über den Körperkontakt und die Bewegung des Pferdes eine Verbindung aufbauen können. Oft handelt es sich dabei um Kinder, die von sich aus gleich auf dem Pferd sitzen wollen Sie spüren intuitiv, daß das Bewegt- und Fortbewegtwerden auf dem Pferderücken ihnen gut tut.

Das Pferd übernimmt, allein durch das Tragen des Kindes, schon eine wichtige Aufgabe. Sein Bewegungsrhythmus im Schritt ist dem eines gehenden Menschen sehr ähnlich. Das bedeutet für Kinder, die in ihrem Alltag entweder an den Rollstuhl oder an Krücken gebunden sind, zum ersten Mal einen harmonischen Bewegungsablauf zu empfinden und sich für ihre Verhältnisse schnell und unbehindert fortbewegen zu können.

Aber auch bei ganz gesunden Kindern kann das passive Sich tragenlassen, das Einfühlen in die Pferdebewegung, Bedürfnisse nach getragen werden und nach Körperkontakt ansprechen. Indem das Pferd diese Aufgabe übernimmt, gewährt es dem Kind Zugang zu seinen regressiven Anteilen und bietet ihm darüber die Möglichkeit zur Beziehung an. Das Kind kann die Stärke eines Tieres, das den Menschen auf seinem Rücken tragen kann, unter sich fühlen, die Wärme des Pferdekörpers und den Rhythmus der Bewegung aufnehmen. Kleine Kinder können sich groß fühlen, schwache oder ängstliche Kinder können sich gestärkt fühlen und unruhige Kinder können durch den rhythmischen Bewegungsablauf des Pferdes zur Ruhe kommen.

Als Pädagoge kann ich das Kind in seiner Verbindung zum Pferd unterstützen, indem ich seine Wahrnehmung auf den eigenen Körper und den Bewegungsablauf des Pferdes lenke. Je nach Fähigkeiten des einzelnen Kindes kann das durch direkte verbale Anleitung geschehen, durch das Aktivieren innerer Bilder oder durch unmittelbare Körperimpulse.

Eine intensive Form der Verbindung zum Pferd kann über das „Pacing", das Sich einfühlen und Folgen in die Bewegungen des Pferdes entstehen. Der Begriff

„Pacing" („einen Schritt auf dem Weg mitgehen"), stammt aus der Hypnosearbeit und beschreibt einen Zustand besonderer Aufgeschlossenheit gegenüber einem anderen Menschen bzw. Tier, der durch das Nachahmen von Bewegungen, Körperhaltung und Ausdruck des Gegenübers entsteht.

## Einstieg

Auf dem geführten Pferd sitzend wird das Kind ermutigt, sich eine möglichst genaue Vorstellung von der Hals- und Kopfhaltung seines Pferdes zu machen, von dessen Aufrichtung, Gesichtsausdruck, Blickrichtung und Stimmung sowie von der Art und Weise, wie sich sein Pferd bewegt. Je nachdem wie gut sich das Kind auf diese Vorstellung einlassen kann, wird es seine eigene Körperhaltung der des Pferdes anpassen und dem Pferd in dessen Bewegungsrichtung folgen. Bei der Art der Anleitung muß berücksichtigt werden, welche Formulierungen das Kind verstehen kann, ob es einer eher bildhaften Sprache zugänglich ist, oder die Anleitungen in spielerische Elemente verpackt werden können.

## Verlauf

Ist das Kind für den Bewegungsablauf des Pferdes sensibilisiert, können wir es auffordern, auch verschiedenen Bewegungsänderungen des Pferdes zu folgen. Es kann z. B. versuchen herauszufinden, wie das Pferd sich bewegt, wenn es schneller oder langsamer wird. Es kann beobachten, wie es sich in einer Kurve bewegt oder auf welche Art es über Stangen geht. Durch das intensive Wahrnehmen und das Einfühlen in den Bewegungsablauf, entsteht auf körperlicher und mentaler Ebene eine Verbindung zwischen Kind und Pferd, aus der heraus sich ein wechselseitiger Dialog (das Reiten!) entwickeln kann.

Das Kind kann auch auf nonverbale Weise in seiner Wahrnehmung und Verbindung zum Pferd unterstützt werden. Dazu wird mit direkten körperlichen Impulsen gearbeitet. Die Hand wird auf bestimmte Körperbereiche des Kindes gelegt, mit der Absicht, seine Aufmerksamkeit dorthin zu lenken. Es handelt sich um Bereiche wie Hüftgelenke, Becken, Rücken oder unterer Bauch, die für die Aufrichtung, Lockerung oder Harmonisierung des gesamten Bewegungsablaufes zuständig sind.

Darüber hinaus können dem Kind neue Bewegungserfahrungen angeboten werden, indem wir einzelne seiner Körperteile sehr behutsam bewegen. Ohne an die Grenze zu gehen, an der vom Körper Widerstand gezeigt wird, deuten wir dem Kind verschiedene Bewegungsmöglichkeiten an, die sein Bewegungsspektrum vergrößern. Einem Kind, das seine Beine angespannt nach oben zieht, können wir zeigen, wie es sich anfühlt, wenn sein Bein weiter vorne oder weiter hinten am Bauch des Pferdes liegt, oder welche Wirkung es auf seinen Sitz hat, wenn wir mit unserer Hand sein Bein stützen.

Ein letzter, eher spielerischer Vorschlag legt den Erfahrungsschwerpunkt auf die taktile Wahrnehmung des Kindes: Das Kind wird aufgefordert, mit geschlossenen Augen auf dem Pferd zu liegen, das von einem Helfer geführt wird. Wir berühren das Kind an verschiedenen Körperteilen und lassen es raten und benennen, wo die Berührung stattfand. Im nächsten Schritt kann das Kind sein Pferd an den entsprechenden Körperteilen berühren, was die Selbstwahrnehmung ebenso wie die Verbindung zum Pferd fördert.

Für die Vorgehensweise bei dieser Einheit ist es wichtig, zu berücksichtigen, ob das Kind mit dem direkten Körperkontakt zum Pädagogen zurechtkommt. Indem wir das Kind fragen oder, wenn das nicht möglich ist, ihm genügend Raum zum Reagieren lassen, können wir uns versichern, daß das Kind diese Form unserer Hilfestellung und Begleitung annimmt.

**Abschluß**
Die Einheit hat keinen formalen Abschluß, da sie keine in sich geschlossene Aufgabenstellung enthält. Die einzelnen Elemente eignen sich, um die Kommunikation mit dem Pferd vorzubereiten oder um das Kind in seinem Körperbewußtsein zu unterstützen.

**Weitere Vorschläge**

 „Stolzer Reiter, müder Reiter"
Das Kind wird ermuntert, wie ein stolzer Reiter auf dem Pferd zu sitzen, wie ein müder Reiter, wie ein Reiter der sich verstecken muß oder wie ein berühmter Reiter. Dabei kann seine Körperhaltung auf dem Pferd variieren. Es kann un-

terschiedliche Haltungen ausprobieren und die Wirkung auf sich selbst und das Pferd erfahren.

    „Ich sehe was, was du nicht siehst und das hat die Farbe ...“
Abwechselnd fragen ich und das Kind nach einer Sache, die sich an ihm selbst oder an seinem Pferd befindet, z. B.: „Ich sehe was, was du nicht siehst und das hat die Farbe schwarz“. Der jeweils andere kann raten, wo am Mensch oder am Pferd sich etwas schwarzes befinden könnte. Die visuelle Wahrnehmung wird gefördert, und das Kind hat zusätzlich die Gelegenheit zum Körperkontakt und zur gemeinsamen Bewegung mit dem Pferd.

    „Kurvenweg“
Für den folgenden Vorschlag werden auf dem Reitplatz unterschiedliche Stangen oder Hütchen aufgebaut, um die herum oder darüber hinweg das Kind mit seinem Pferd geführt wird. Wenn das Kind schon einige Übung hat und sich sicher genug in der Bewegung fühlt, kann es mit geschlossen Augen raten, welchen Weg das Pferd mit ihm geht (über eine Stange oder um zwei Kurven...). Die Wahrnehmung im Raum sowie die Wahrnehmung der Bewegungsabläufe werden dabei unterstützt.

    „Rateaufgaben zum Pferd“
Das Kind wird eine Runde auf dem Platz geführt, dabei kann es sich alles was ihm an seinem Pferd auffällt einprägen. An einem bestimmten Wechselpunkt halte ich an, lasse das Kind die Augen schließen und frage es nach seinem Pferd, z. B.: „Welche Farbe hat die Mähne deines Pferdes“, „Wo hat dein Pferd am Körper längere Haare“. Zwischendurch kann das Kind immer wieder mit geöffneten Augen eine Runde reiten, um sein Pferd zu beobachten.

    „Bewegte Körperteile“
Das Kind kann beobachten, welche Körperteile sich bei ihm selbst bzw. bei seinem Pferd bewegen, wenn dieses im Schritt geht. Es kann seine Hand auf diese Körperteile legen und damit eine wechselseitige Verbindung zwischen der Bewegung des Pferdes und seiner eigenen herstellen.

„Schritte zählen"

Das Kind kann zählen, wieviel Schritte das Pferd machen muß, um eine bestimmte Strecke zurückzulegen. Es kann dabei sehen und fühlen, ob es große oder kleine Schritte macht und ob es schnell oder langsam geht. Gefördert wird dabei die Selbstwahrnehmung ebenso wie die Fremdwahrnehmung.

 „Visualisieren"

Mit Hilfe von Vorstellungsbildern wird die Selbstwahrnehmung und die Wahrnehmung des Pferdes verbessert. Das Bild vom „Stillhaltekönig" kann das Anhalten erleichtern; die Vorstellung von einer „Marionette", an der verschiedene Fäden gezogen werden, trägt zur Aufrichtung des Kindes bei; das Bild vom „alten Cowboy" assoziiert Losgelassenheit und einen tiefen Sitz.

Gute Anregungen dazu befinden sich auch in dem Buch von Sally Swift: „Reiten aus der Körpermitte" (1985). Für die Anwendung im heilpädagogischen Reitunterricht ist es hilfreich, die Bilder individuell auf die Situation und das Vorstellungsvermögen der einzelnen Kinder abzustimmen.

Für die in dieser Einheit vorgestellte Einstiegssituation benötigen wir ein ruhiges und sicheres Umfeld, um dem Kind den Zugang zu neuen Erfahrungen zu erleichtern. Als Pädagogen müssen wir den größten Teil der Verantwortung für das Pferd übernehmen. Das Kind hat zunächst kaum Einwirkung auf das Verhalten des Pferdes. Das kann sich schrittweise ändern, indem das Kind zunehmend in die Lage kommt, selbständig mit dem Pferd zu kommunizieren.

Das Pferd selbst ist bei dieser Aufgabe in seinem Ausdrucksverhalten und seiner Willensäußerung eher begrenzt. Es muß sich stark auf das Kind einstellen und kann ihm, quasi als Vorschuß, erst einmal Vertrauen und Sicherheit vermitteln.

## „STOLZER REITER - MÜDER REITER"
Übungen auf dem geführten Pferd zum Thema: Selbstwahrnehmung

| | |
|---|---|
| Aufgabenstellung | mit Hilfe von Visualisierungs- und Wahrnehmungsübungen wird das Kind ermutigt, sich auf seinen Körper und seine Bewegungen zu konzentrieren. Das Kind kann den Kontakt zum Pferd über den Körperkontakt und die Bewegung aufnehmen. |
| Geeignet für | Kinder, die kinästhetisch orientiert lernen. Kinder, die Berührung und Bewegung brauchen, um sich selbst wahrnehmen zu können. |
| Weniger geeignet für | Kinder, die aktions- und handlungsorientiert lernen. |
| Zeitlicher Rahmen | vier bis sechs Unterrichtsstunden zu je 20/30 Min. oder als Einstiegssequenz jeweils zu Beginn einer Stunde ca. 10 Min. |
| Räumliche Bedingungen | eingezäunter, ruhig gelegener Reitplatz, Halle oder Ovalbahn, keine Zuschauer. |
| Material: | - |

## 7. „FOLGE MIR"

*Bodenarbeitsübungen zum Thema: Aktiv und selbständig werden*

Indem das Kind vom Boden aus mit dem Pferd arbeitet, kann es sich aktiv mit dessen Wesensart auseinandersetzen. Es kann die Auswirkungen seines Handelns und seiner Körpersprache unmittelbar an den Reaktionen des Pferdes erkennen und nachvollziehen.

Hat das Kind mit dem Pferd auf gleicher Ebene zu tun erhält es die Möglichkeit, ganz andere Bereiche des Pferdes wahrzunehmen. Es kann den Gesichtsausdruck, den Blick, die Haltung des Kopfes und die gesamte Körperhaltung gut im Auge behalten, während es etwas mit dem Pferd tut. Diese Möglichkeit der Beobachtung ist die Grundlage für einen aktiven, selbstbestimmten Umgang mit dem Pferd.

Im Unterschied zu den vorangegangenen Beispielen, in denen das Kind auch vom Boden aus mit dem Pferd zu tun hat, möchte ich hier nochmals auf eine besondere Form der Bodenarbeit eingehen: die Arbeit ohne Führstrick. Dabei führt das Kind sein Pferd im Rahmen bestimmter Aufgabenstellungen, fordert es zu verschiedenen Übungen auf, ohne jedoch einen Führstrick zu verwenden.

Die Einheit kann als Einstieg im Rahmen der Kontaktaufnahme zwischen Kind und Pferd genutzt werden, sie ist aber auch sehr gut geeignet, um innerhalb eines laufenden Prozesses eine neue Form des Zugangs zwischen Kind und Pferd anzuregen.

Für das Kind kann die Erfahrung, ein großes, starkes und manchmal auch so schnelles Tier wie das Pferd, alleine durch seine Körpersprache und seine Ausstrahlung führen zu können, sehr wertvoll sein. Anders als beim Führen mit dem Strick, erkennt es seine Wirkung auf das Pferd direkter und unmittelbarer. Dabei fallen allerdings auch ablehnende Rückmeldungen stärker ins Gewicht. Ich schlage deshalb vor, die ersten Begegnungen zwischen Kind und Pferd, vergleichbar der „Freien Begegnung", so zu gestalten, daß das Erfahrungsfeld für das Kind überschaubar bleibt. Positive Rückmeldungen sollten begünstigt werden und kritische Situationen weitestgehend ausgeschlossen bleiben. Wird das Kind gleich zu Beginn mit einer negativen oder gar ablehnenden Reaktion des Pferdes konfrontiert, kann die weitere Arbeit sehr erschwert werden.

Das Kind wird unterstützt, seine Körpersprache und seine gedankliche Kraft dem Pferd gegenüber einzusetzen. Eine Schülerin hatte einmal die Idee, sich zwischen ihrem Pferd und sich ein unsichtbares Seil zu denken, das sie aber von ihrer Körpersprache her so benutzte als ob es wirklich da wäre. Stand sie ihrem Pferd gegenüber, holte sie es in einer Art Pantomime am gedachten Strick zu sich her, worauf das Pferd unmittelbar reagierte.

An folgendem Beispiel aus einer Jugendlichenreitgruppe wird gezeigt, auf welche Weise Bodenarbeitsübungen im Unterricht umgesetzt werden können. In der besagten Jugendreitgruppe, in der behinderte und nichtbehinderte Reiter teilnahmen, hatte sich im Laufe der vergangenen Stunden eine gewisse Unsicherheit der Jugendlichen im Umgang mit ihrem Pferd entwickelt. Das drückte sich beim Führen des Pferdes auf den Reitplatz, beim Aufsteigen oder bereits beim Holen des Pferdes aus dem Auslauf aus. Die behinderten, ebenso wie die nichtbehinderten Reiter forderten häufiger als früher unsere Hilfe, wenn es um die oben genannten Situationen ging.

### Einstieg
In der gemeinsamen Vorbesprechung für die nächste Einheit schlagen wir den Jugendlichen vor, uns ein paar Stunden Zeit für Bodenarbeit zu nehmen. Wir gehen davon aus, daß sie mit Hilfe der freien Bodenarbeitsübungen im Umgang mit ihrem Pferd wieder souveräner und selbstsicherer werden können.

### Verlauf
Einzeln oder in Zweiergruppen gehen die Jugendlichen auf den Reitplatz, auf dem verschiedene Übungen als Angebot aufgebaut sind (Abb. 1). Eine für den Anfang leichte Form der freien Arbeit ohne Führstrick besteht darin, das Pferd in einer dafür abgegrenzten Ovalbahn mit Hilfe von Körpersprache oder Gerte in verschiedenen Gangarten gehen zu lassen. Durch den räumlichen Abstand zwischen Kind und Pferd, wird ein größerer Bewegungsspielraum für beide hergestellt.

Weitere Angebote, die wir den Jugendlichen auf dem Reitplatz zur Verfügung stellen, sind ein auf dem Boden ausgelegtes Stangenviereck, innerhalb dessen sie ihr Pferd frei stehen lassen können, eine Gasse, durch die sie ihr Pferd ohne Führstrick, allein durch Körpersignale, führen und ein mit Bändern abgetrenntes

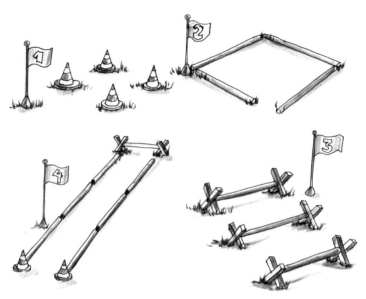

Abb. 1: „Übungsparcours"

Viereck, in dem jeweils einer der Jugendlichen mit dem räumlichen Abstand zu seinem Pferd arbeiten kann. Indem ein Schüler auf das Pferd zugeht, es ausweichen läßt oder wieder herholt, kann er seine Wirkung auf das Pferd erkennen und lernen, seine Körperhaltung und Bewegungen entsprechend zu variieren.

Das Zurückweichen des Pferdes verlangt vom Schüler allerdings eine sehr souveräne Haltung und Ausstrahlung. Unter Umständen kann er sich dadurch überfordert fühlen. Deshalb sollte diese Aufgabenstellung nur bei Kindern angewendet werden, die sich als relativ eigenständiges Gegenüber zum Pferd zu sehen. Grundsätzlich kann man davon ausgehen, daß die Aufgabenstellungen für das Kind schwerer werden, je stärker sie in das Hierarchiegefüge der Pferde untereinander eingreifen. Aufgabenstellungen, in denen das Kind dem Pferd eher folgt, es beobachtet und sich auf seine Bewegungen und Körperhaltung einstellt, erfordern weniger dominantes Verhalten.

Für ein Mädchen der integrativen Reitgruppe mußten wir die Aufgabenstellung aus diesem Grund etwas abwandeln. Es fiel ihr unwahrscheinlich schwer, ihrem Pferd gegenüber eine fordernde Rolle zu übernehmen. Für ihren Umgang mit eben diesem Pferd in den Reitstunden wäre es jedoch sinnvoll, wenn sie im Laufe der Zeit ein größeres Maß an Autonomie dem Pferd gegenüber erlangen könnte. Sie käme dadurch in die Lage, ihre vorhandenen Fähigkeiten beim selbständigen Reiten besser zu entfalten.

Wir bereiteten ihr den Platz so vor, daß sie ein überschaubares und extra eingezäuntes Viereck innerhalb des Reitplatzes zur Verfügung hatte. Zuerst forderten wir sie auf, einmal die Perspektive ihres Pferdes einzunehmen. Das heißt, dahin zu schauen, wohin ihr Pferd schaut und zu erkennen, was ihr Pferd wohl gerade erkennen könnte. Im nächsten Schritt sollte sie versuchen, das Pferd für ihre eigene Sichtweise zu interessieren um zu erreichen, daß es ihr folgt.

Diese Erfahrung hat eine andere Wirkung, als die Reaktion des Pferdes auf eine mechanischer Einwirkung, wie sie durch Strick und Halfter erreicht wird. Vergleicht man die Situation mit einer Gesprächssituation zwischen Menschen, könnte man sagen, es geht nicht darum sein Gegenüber zu etwas zu zwingen, sondern sein Interesse für ein Gespräch zu wecken.

### Abschluß

Die Einheit hat keinen formalen Abschluß, da sie eher dazu dient, einen neuen Aspekt in eine bereits bestehende, thematische Einheit einzubringen. Für die Erfahrungen der Kinder mit ihrem Pferd ist es wichtig, jegliche Art von Leistungsdruck zu vermeiden, da es nicht um das Vollbringen einer Leistung geht, sondern darum, eine dem Kind entsprechende Form der Kontaktaufnahme zu finden.

Die Beziehung zwischen Kind und Pferd gewinnt immer dann eine ganz neue Qualität, wenn sich der Pädagoge zurückziehen kann, um das Feld der Interaktion stärker dem Kind zu überlassen. Für viele Kinder, gerade im heilpädagogischen Reiten, ist jedoch der Weg zum selbständigen Reiten nicht so leicht und vor allem nicht so schnell zu erreichen. Daher kann es, wie in den vorangegangenen Vorschlägen zum Teil auch schon erwähnt, sinnvoll sein, mit dem Kind in der Arbeit vom Boden aus, Wege zur Selbständigkeit zu entwickeln. Gerade auch Kinder, die in ihrer Bewegungsmöglichkeit beeinträchtigt sind oder leicht geistig behinderte Kinder, können durch ein größeres Maß an eigener Verantwortung für ihr Pferd oft neue Seiten an sich entdecken.

„FOLGE MIR!"
Bodenarbeitsübungen zum Thema: Aktiv und selbständig werden

| | |
|---|---|
| Aufgabenstellung | die Verbindung zwischen Kind und Pferd entsteht über die aktive Auseinandersetzung mit dem Wesen und der Persönlichkeit des Pferdes. Lernmöglichkeiten bestehen im Bereich Eigenständigkeit, Auswirkung eigenen Handelns erkennen. |
| Geeignet für | Kinder, die selbst Verantwortung übernehmen wollen. Kinder, die sich in einem Prozeß der Verselbständigung befinden. Kinder, die aktiv gestalten wollen und können. |
| Weniger geeignet für | Kinder die viel Struktur und Sicherheit brauchen. Kinder, die sich noch nicht wirklich als Gegenüber des Pferdes wahrnehmen können. |
| Zeitlicher Rahmen | vier bis fünf Unterrichtsstunden zu je 20/30 Min. oder als Einstiegssequenz jeweils zu Beginn einer Stunde ca. 10 Min. |
| Räumliche Bedingungen | kleiner, abgetrennter Platz ohne Gras. |
| Material | - |

# 3. Kapitel
# Die Sprache
# der Pferde lernen

„Leicht kann der Hirt
eine ganze Herde Schafe vor sich hertreiben,
der Stier zieht den Pflug ohne Widerstand;
aber dem edlen Pferde, das du reiten willst,
mußt du seine Gedanken ablernen,
mußt du nichts unkluges, nichts unklug
von ihm verlangen."

Johann Wolfgang von Goethe

# Entwicklung der kommunikativen Kompetenz

Elke, ein 10jähriges Mädchen kommt seit einem halben Jahr zum heilpädagogischen Reitunterricht. Ihre Mutter wünscht sich, daß Elke durch die körperliche Aktivität beim Reiten wieder ausgeglichener werden kann. Die Eltern sind seit einem Jahr geschieden, Elke selbst lebt bei ihrer Mutter. Sie ist sehr intelligent, lernt leicht und hat eine hohe Auffassungsgabe. Sie kann sich schnell und geschickt bewegen, es fällt ihr jedoch schwer, länger an ein und der gleichen Sache zu bleiben. Auf dem Pferd sitzend bewegt sie sich unruhig und ist angefüllt von Dingen, die sie erzählen möchte.

Elke kann sich gut vorstellen, was sie mit ihrem Pferd erleben und lernen möchte, das steht jedoch oft in großem Kontrast zu dem, was ihr dann tatsächlich gelingt. Diese Diskrepanz ist für Elke besonders unbefriedigend, da sie sehr genau wahrnimmt, wie das Pferd durch ihre Hilfen irritiert ist, sich entzieht und unwillig wird. Sie selbst hat aber im Moment keine anderen Möglichkeiten zur Verfügung, um sich besser verständlich machen zu können.

Tauchen derartige Mißverständnisse oder Störungen in der Verständigung zwischen Kind und Pferd auf, kann der gesamte Lernprozeß erheblich beeinträchtigt oder eine Weiterentwicklung sogar ganz verhindert werden. Denn das Kind befindet sich im heilpädagogischen Reitunterricht in keiner isolierten Übungssituation, sondern ist Teil eines sozialen Gefüges (dem Kommunikationsdreieck von Kind, Pferd und Pädagoge). Um mit dem Pferd gemeinsam neue Erfahrungen machen zu können, muß es also zuerst einmal eine Form der Verständigung mit ihm finden. Nur so ist eine Entwicklung, die aus dem wechselseitigen Dialog aller Beteiligten miteinander entsteht, langfristig möglich.

Im nun folgenden Kapitel werden verschiedene Möglichkeiten vorgestellt, wie mit Verständigungsproblemen zwischen Kind und Pferd umgegangen werden kann. Das Kind wird dabei unterstützt seine individuelle Ausdrucksweise zu entwickeln. Denn eine befriedigende Kommunikation entwickelt sich immer dann, wenn das Kind auf seine ihm zur Verfügung stehenden Fähigkeiten vertraut und wenn es zu seiner eigenen Sprache findet!

Ein Beispiel dafür ist Christoph, ein kleiner Junge, der nicht sprechen kann, jedoch über eine ausgeprägte Wahrnehmung verfügt. Aufgrund dieser guten Wahrnehmung hat Christoph gelernt, die Bewegungen seines Pferdes genau und differenziert aufzunehmen und sich selbst mit seinen eigenen Bewegungen einfühlsam auf das Pferd einzustellen. Er reitet selbständig und braucht kaum eine Anleitung zur Hilfengebung.

Lena wiederum, eines unserer Ferienkinder, ist beidseitig spastisch gelähmt. Sie kann ihrem Pferd beim Reiten kaum reiterliche Hilfen über ihren Sitz vermitteln, da sie Beine und Becken nicht frei bewegen kann. Lena hat allerdings eine sehr souveräne Ausstrahlung und ein überzeugendes Auftreten. Die Art wie sie ihren Oberkörper beim Reiten aufrichtet, und die Entschlossenheit in ihrer Stimme, beeindrucken sogar Kevin, den selbstbewußten Norweger, mit dem Lena selbständig reitet. Lena hat ihre Form der Kommunikation mit dem Pferd für sich gefunden.

Damit das Kind seine „Sprache" entdecken und weiterentwickeln kann, muß es Erfahrungen machen, in denen es seine Fähigkeiten erleben kann. Für Christoph bedeutet das, daß er Zeit und Ruhe benötigt, um das Pferd beobachten zu können. In dem Moment, in dem er erlebt, wie positiv sich seine gute Wahrnehmung und die Fähigkeit, sich harmonisch zu bewegen, auf das Pferd auswirken, kann er sich selbst von seiner kompetenten Seite erleben und einbringen. Denn zwischen ihm und seinem Pferd wird eine gelungene Verständigung möglich, zu der er selbst beigetragen hat.

Als Pädagogen können wir dazu beitragen, daß das Kind derartige Erfahrungen machen kann, indem wir entsprechend sinnvolle und hilfreiche Bedingungen schaffen. Zum einen hat die Art der Spiele und Aufgaben, die wir auswählen einen großen Einfluß darauf, ob und wie das Kind sich mit seinen individuellen Fähigkeiten einbringen kann. Zum anderen hängt von unserer Funktion innerhalb des Kommunikationsdreiecks ab, ob eine eigenständige Kommunikation zwischen Kind und Pferd entstehen kann. Zu Anfang kann es erforderlich werden, daß wir die Aufgabe eines „Übersetzers" wahrnehmen. Macht das Kind dann seine ersten „sprachlichen Gehversuche", müssen wir andererseits genauso in der Lage sein, einen größeren Abstand zum Kind einzunehmen, damit es seine Erfahrungen mit dem Pferd selbst festigen kann.

Wollen wir das Kind in seiner kommunikativen Kompetenz fördern, orientieren sich auch unsere weiteren Interventionen im Verlauf des Prozesses daran, wie dem Kind die Verständigung mit dem Pferd aus eigener Kraft gelingen kann. Wir greifen also als Pädagogen möglichst nicht direkt in die Interaktion zwischen Kind und Pferd ein, sondern unterstützen das Kind dabei, seine eigenen Erfahrungen mit dem Pferd zu machen.

Für diese Erfahrungen sind der Umgang mit dem Pferd und das Reiten besonders geeignet, denn im Kontakt mit dem Pferd kann das Kind in ganz unmittelbarer Weise die Wirkung seiner eigenen Handlungen und seines Auftretens erfahren. Es kann genau erkennen, wann ihm die Verständigung gelingt, da sich das Pferd in diesem Moment zu ihm wendet. An den Reaktionen des Pferdes kann das Kind sehen und fühlen, wie sein Auftreten und seine Art sich mitzuteilen vom Pferd aufgenommen werden. Das Pferd weicht zurück, weil das Kind entschlossen auftritt oder es kommt her, weil das Kind vertrauensvoll mit ihm spricht. Auch kennt das Pferd die Doppelbödigkeit nicht, welche die Kommunikation zwischen Menschen oft so kompliziert macht. Die Reaktionen des Pferdes sind unzweideutig und deshalb für das Kind leichter zu verstehen.

An dieser Stelle erhalten die in Kapitel 1 vorgestellten entwicklungsorientierten Modelle zur Diagnostik und Förderung im heilpädagogischen Reitunterricht nochmals besondere Bedeutung. Gerade im Bereich der Kommunikation halte ich es für ausschlaggebend, von welchem Verständnis in Bezug auf Förderung oder Unterricht wir ausgehen. Wollen wir eine „Störung" behandeln oder sprechen wir das Kind in seiner Kompetenz als „Akteur seiner Entwicklung" an? Daran schließt sich die Frage an, ob wir dem Kind, auch wenn es behindert ist, die Entwicklung seiner „Sprache", zutrauen oder ob wir davon ausgehen, als Erwachsene für das Kind sprechen und entscheiden zu müssen. Um die Wirkung der unterschiedlichen Herangehensweisen zu verdeutlichen, möchte ich Auszüge aus zwei Erstberichten zur kommunikativen Kompetenz gegenüberstellen:

1. Möglichkeit: „Mara ist von Geburt an taubstumm. Aufgrund ihrer beidseitigen starken Spastik kann sie sich nicht frei bewegen und ist auf fremde Hilfe beim Gehen angewiesen. Mara ist geistig behindert, weshalb sie seit 12 Jahren in einem Wohnheim für geistig Behinderte wohnt."

2. Möglichkeit: „Mara kommuniziert in Gebärdensprache, da sie von Geburt an taubstumm ist. Hat sie Blickkontakt zu ihrem Gegenüber, kann sie von den Lippen ablesen. Trotz ihrer beidseitigen starken Spastik hat Mara eine sehr ausgeprägte Körpersprache und kommuniziert darüber auch selbständig mit dem Pferd, vom Boden aus ebenso wie beim Reiten."

Wieviel mehr erhalte ich an Anknüpfungspunkten für eine erfolgreiche Förderung in der zweiten Beschreibung, die an der Kompetenz des Schülers ansetzt. Sie enthält Informationen darüber, wie ein Lehrer oder Betreuer mit Mara kommunizieren kann, an welchen kommunikativen Fähigkeiten der Unterricht mit ihr ansetzen könnte und wo ihre Entwicklungsmöglichkeiten liegen. Demgegenüber kann uns die erste Beschreibung mit der ausschließlichen Aufzählung der Schädigungen eigentlich nur erschüttern und entmutigen. Sie macht weder uns als Pädagogen, noch dem Kind Mut zur Kommunikation. Sie enthält außerdem keinen Hinweis auf eine Perspektive oder Entwicklungsmöglichkeit.

Hat ein Kind bereits Schwierigkeiten in der Verständigung mit anderen Kindern, Erwachsenen oder auch mit dem Pferd, so kann man davon ausgehen, daß es auch selbst darunter leidet. Sogar dann, wenn diese Schwierigkeit sich in Aggression, Überheblichkeit oder Konflikten ausdrücken sollte. Eine unbefriedigende, mißglückte Kommunikation wirkt immer trennend. In aller Regel wollen Kinder jedoch nicht von anderen getrennt sein sondern am Geschehen teilnehmen. Würden wir nun unseren Blick und die Vorgehensweise in erster Linie auf eine „Störung" in der Kommunikation richten, wäre das Kind eher mit seiner Unfähigkeit und dem Mißerfolg konfrontiert. Wie soll es aber neue Wege beschreiten können, wenn es sich durch sein Verhalten durch seinen Umgang mit den anderen Kindern/Pferden immer wieder als getrennt von seiner Umwelt erlebt?

Nachdrücklich sind mir in diesem Zusamenhang Erfahrungen mit Kindern im Gedächtnis, die mit der Diagnose „hyperaktives Verhalten" zum heilpädagogischen Reiten kamen. Oft haben sie schon eine erstaunliche Therapiekarriere hinter sich mit dem Ergebnis, daß plötzlich gar nichts mehr zu gehen scheint. Sie verweigern die verschiedenen Behandlungen, sperren sich gegen Vorschläge und machen den Eindruck, nichts mehr an sich heranlassen zu wollen.

Bei diesen Kindern ist man leicht geneigt, bei der Behandlung von der Behebung eines Fehlers oder Defizites auszugehen. Es ist naheliegend, daß gerade diese Kinder sich gerne verweigern, weil sie häufig mit Erwartungen konfrontiert werden, die eine Veränderung ihres Verhaltens einfordern. „Das Kind soll ruhiger werden", „das Kind ist zu wild, zu unruhig" sind Aussagen, die ich häufig von Eltern oder Erziehern zu hören bekomme, wenn sie ein hyperaktives Kind zum Reiten anmelden. Auf die Frage, was denn das Kind gut kann, folgt manchmal nur ein ratloses Schulterzucken. Unter diesen Umständen ist es dem Kind praktisch nicht mehr möglich, ein Gefühl von Kompetenz zu entwickeln.

Oft ist auch der Start beim Reiten gerade mit sogenannten hyperaktiven Kindern nicht einfach. Aufgrund ihrer manchmal heftigen und unkoordinierten Kommunikation kann es sein, daß sie auch im Umgang mit dem Pferd schnell Mißerfolge ernten. Das Pferd erschrickt, fühlt sich eingeengt, läuft weg oder schubst das Kind. In solchen Fällen reduziert sich unsere Rolle als Reitpädagoge schnell darauf, das Kind - oft auch zum Schutz unserer Pferde - verbal „in Zaum zu halten": „Sei doch vorsichtig...mach doch bitte langsam...sei nicht immer so laut... jetzt warte doch mal erst." Aber wer mit sehr aktiven und unruhigen Kindern gearbeitet hat weiß, daß diese Ermahnungen, die im Alltag oft unumgänglich sind, selten eine wirkliche Veränderung bewirken. Das Kind kann im Grunde nur das Gefühl gewinnen, daß etwas falsch läuft, daß es nicht ankommt und daß es seine Mitmenschen streßt oder verärgert.

Nehmen wir nun aber den Blickwinkel ein, der die Stärken und Möglichkeiten des Kindes berücksichtigt, dann können sich oftmals überraschende Perspektiven eröffnen. Manchmal kann es sein, daß diese Perspektiven sich in einer Richtung auftun, die wir nicht für möglich gehalten hätten. Der erste Schritt, um das Kind in seiner kommunikativen Kompetenz anzusprechen, verlangt zunächst einen freien, unbelasteten Blick auf das Kind. Das ist ein Blick, der nicht von vornherein Entwicklungen festlegt oder ausschließt und der das Kind zuerst einmal mit Wohlwollen betrachtet.

Dieser Schritt fiel uns bei Elke, dem zu Beginn des Kapitels vorgestellten Mädchen, zuerst nicht leicht. Als Pädagogen waren wir in der unangenehmen Situation, fortwährend reglementierend zwischen Elke und ihrem Pferd eingreifen zu müssen. Aus Verantwortung dem Pferd gegenüber war es kaum möglich, Elke selbständig mit ihm umgehen zu lassen. Einerseits wollte sie möglichst alles mit dem Pferd alleine machen - auch anspruchsvolle Aufgaben wie das Galoppieren - war aber in der Situation oft hoffnungslos überfordert, da sie sich dem Pferd gegenüber nicht verständlich machen konnte. Bei uns hatte das im Verlauf der letzten Wochen zu einem wachsenden Groll und der Überlegung geführt, Elke mit ihren Grenzen zu konfrontieren (indem wir sie z. B. einfach galoppieren lie-ßen), um ihr deutlich zu machen, daß wir ihre Vorstellung in Bezug auf ihre ei-genen Möglichkeiten für sehr unangemessen hielten. Wir versprachen uns davon, daß Elke vielleicht selbst merken würde, daß ihre Wünsche im Moment noch nicht zu realisieren sind. Der Blick dafür, was Elke an Erfolgserlebnissen mit dem Pferd möglich sein könnte, war uns zu diesem Zeitpunkt abhanden gekommen.

# Auswertung einer Anfangseinheit am Beispiel von Elke, nach dem Auswertungsvorschlag in Kapitel 2:

### 1. Beobachtungen zur Kontaktaufnahme zwischen Kind und Pferd

Während der ersten Einheit, in der es um die Kontaktaufnahme zwischen Elke und ihrem Pferd (Flocki) ging war uns aufgefallen, daß fast alle wesentlichen Versuche, Kontakt aufzunehmen, von Elke ausgegangen waren. Die Impulse, die vom Pferd ausgegangen waren, beschränkten sich darauf, daß Flocki Elke verein-zelte Male mit Maul und Nüstern angeschubst hatte. Darüber hinaus reagierte er auf Elkes Bewegungen und Handlungen meist mit einem stoischen Blick, gelegentlich versuchte er, sich auch einfach durch Wegdrehen zu entziehen. Die Situationen, in denen zwischen beiden eine Verbindung entstanden war, waren eindeutig Bewegungssituationen, das heißt Situationen, in denen Elke und Flocki gemeinsam in Bewegung waren. Beim Beobachten oder beim Berühren des Pferdes war kaum eine Verbindung zu erkennen, weder von Elkes Seite noch von seiten ihres Pferdes.

Bei der Besprechung dieses ersten Beobachtungsschwerpunktes fiel uns bereits auf, wie sich unser Blick wieder etwas öffnete. Im Gespräch hatten wir Eindrücke darüber gesammelt, wie Flocki und Elke miteinander in Kontakt getreten waren und waren dabei wider Erwarten auf mehrere positive Impulse gestoßen, die Elke eingebracht hatte.

## 2. Beobachtungen zur Themenfindung des Kindes

In der Art, wie Elke sich mit ihrem Pferd bewegte, kam zum Ausdruck, wie mutig und unerschrocken sie ist. Sie konnte von Beginn an alleine aufsteigen und fand mühelos in einen ausbalancierten Sitz. Selbst wenn das Pferd schneller wurde oder unerwartete Bewegungen machte, saß sie sicher. Das Bedürfnis, das von Elkes Seite dem Pferd gegenüber im Vordergrund stand, war Bewegung, vor allem schnelle und selbständige Bewegung.

Wir gelangten zu der Überzeugung, daß Elkes Motivation, zum Reiten zu kommen, darin bestand, sich selbst, ihren Körper und ihre Kraft in der Bewegung mit dem Pferd zu erleben. Was ihr im Weg stand, war nicht eine unangemessene Selbsteinschätzung sondern die Tatsache, daß sie keine „Sprache" hatte, mit Hilfe derer sie sich mit ihrem Pferd über ihre Bedürfnisse hätte verständigen können. Der ausschließliche Blick auf ihre Unkonzentriertheit und ihr forderndes Auftreten hatte uns übersehen lassen, wieviel sie uns mit ihrem Wunsch nach Bewegung und Selbständigkeit von sich selbst mitgeteilt hatte.

Hätten wir sie nun tatsächlich dahingehend herausgefordert, mit ihrem Pferd zu galoppieren und damit vielleicht sogar einen Sturz provoziert, hätte das in ihrer Verständigung mit dem Pferd - einem Bereich, in dem sie sie sich ohnehin unsicher fühlt - zu einem zusätzlichen Bruch geführt. Was wir aus den Augen verloren hatten war, daß Elke uns eigentlich genau gezeigt hatte, wo ihre Möglichkeiten und ihre Bedürfnisse lagen. Sie wollte Verantwortung übernehmen, sich bewegen und vom Pferd bewegt werden.

Unsere Aufgabe als Pädagogen bestand nun darin, Elke zu helfen, ihre Form der Verständigung mit dem Pferd zu entwickeln. Das Pferd hatte dabei weniger stützende Funktion, sondern war für Elke eher als verläßliches Gegenüber von Bedeutung. In Anbetracht ihrer familiären Situation erhält das Pferd als Kommunikationspartner zusätzliche Bedeutung. Die Trennung der Eltern ist für ein Kind, neben vielen anderen Gefühlen, meistens auch mit dem Gefühl von Unberechenbarkeit und Ausgeliefertsein verbunden. Gelingt Elke eine Kommunikation mit dem Pferd, in der sie einerseits aktiv sein kann, andererseits aber auch eine Einigung mit dem Pferd erreicht, kann sie sich wieder in einer selbstbestimmteren Rolle erleben. In der Verständigung mit ihrem Pferd kann sie erfahren, daß sie ihre Energie auf eine Art nutzen kann, die ihr gemeinsame Erfahrungen mit dem Pferd ermöglicht.

### 3. Methodische Planung der nächsten Einheit

Das Thema für die nächste Einheit mit Elke lautete: „Elke kann ihre „Sprache" mit dem Pferd finden und darüber mit dem Pferd in Kontakt kommen." Im Rahmen der 6stündigen Einheit hatte Elke die Möglichkeit, selbständig mit ihrem Pferd unterwegs zu sein. Sie konnte ihr Pferd dabei zwar noch nicht reiten (aus Sicherheitsgründen für sie selbst und für ihr Pferd), aber sie durfte es selbständig im Gelände führen. Im Gespräch mit Elke schlugen wir ihr diese Vorgehensweise vor. Sie konnte eigene Ideen zur Ausgestaltung der Einheit einbringen.

Wir vereinbarten für jede Stunde einen anderen Treffpunkt im Gelände, zu dem Elke ihr Pferd selbständig führen konnte. Dabei mußte sie einmal ihr Pferd über querliegende Baumstämme führen, ein anderes Mal einen steilen Berg mit ihm erklimmen oder einen Graben durchqueren. Diese Vorgehensweise greift Elkes Geschicklichkeit und ihr Bestreben nach selbständigem Handeln auf, ohne sie und ihr Pferd in Gefahr zu bringen. In den Momenten, in denen sie in der Verständigung mit ihrem Pferd ganz auf sich gestellt war, konnte sie ohne Leistungsdruck Möglichkeiten ausprobieren, um sich mit ihrem Pferd einig zu werden (z. B. über die Wegrichtung, über das Tempo oder über den Abstand zwischen sich und dem Pferd).

Hierfür war Flocki, der Isländer, besonders geeignet, da er sich im Gelände absolut unerschrocken und gutwillig verhält. Er reagiert auf Impulse des Kindes willig, wenn diese klar und eindeutig sind, und bleibt einfach stehen, wenn er etwas nicht versteht.

Bei dem gemeinsamen Treffpunkt angekommen, konnten wir evtl. auftauchende Fragen zur Verständigung zwischen Elke und Flocki mit ihr besprechen. Ebenso wurden die Vorbereitungen für die nächste Stunde getroffen. Welcher Waldweg ist noch geeignet? Was braucht Elke dabei für eine Unterstützung?

Innerhalb des Kommunikationsdreiecks erhält die Verbindung zwischen Kind und Pferd mehr Dynamik. Der Pädagoge tritt räumlich gesehen in den Hintergrund und überläßt dadurch dem Kind einen größeren eigenen Handlungsspielraum. In der Verständigung mit dem Kind bleibt er allerdings trotz der räumlichen Distanz präsent. Das Kind ist auf ihn als Ansprechpartner angewiesen, wenn es sich durch bestimmte Verhaltensweisen des Pferdes überfordert fühlt, wenn es unsicher in bezug auf seine Wirkung dem Pferd gegenüber ist oder wenn größere Mißverständnisse zwischen ihm und dem Pferd entstehen.

In der ersten Zeit, in der das Kind lernt, sich selbständig mit dem Pferd zu verständigen, können positive Rückmeldungen durch den Pädagogen für das Kind durchaus hilfreich und sinnvoll sein. Der Pädagoge hilft dem Kind dadurch, seine „Sprache" bewußter wahrnehmen und nutzen zu können. Die Situation ähnelt einer Reise in ein Land, dessen Sprache und Gepflogenheiten uns völlig fremd sind. Während wir diese fremde Sprache langsam erlernen, wird es uns noch einige Zeit schwer fallen, einzuschätzen ob oder wie wir verstanden werden. Erst wenn uns mit den Menschen dieses Landes gemeinsame Erfahrungen verbinden und wenn wir die Rückmeldungen der Menschen um uns herum verstehen, können wir in unserer Kommunikation sicherer und selbständiger werden. Bis dahin kann es uns helfen, wenn wir von kompetenter Seite Rückmeldungen, z. B. über eine gelungene Aussprache erhalten.

# Faktoren kommunikativer Kompetenz

Wie selbständig das Kind mit seinem Pferd im Laufe des Unterrichts werden kann, hängt neben seinen körperlichen und geistigen Voraussetzungen ganz entscheidend davon ab, wie eigenständig es mit seinem Pferd kommunizieren kann. Welche unterschiedlichen Faktoren dafür von Bedeutung sind, möchte ich an dieser Stelle abschließend zusammenfassen:

- Die **Wahrnehmungsfähigkeit** des Kindes ermöglicht ihm, Signale, die zwischen dem Pferd und ihm selbst ausgetauscht werden, erkennen zu können.

- Die **Grob- und Feinmotorik** beeinflußt die differenzierte Koordination von Bewegungsabläufen, auf und neben dem Pferd. Sie ist, unter anderem, auch zuständig für die Körpersprache, als eines der wichtigsten Kommunikationsmöglichkeiten zwischen Mensch und Pferd.

- Die **soziale Kompetenz** braucht das Kind um Kontakt aufnehmen und sich auf die Denkweise und Erlebniswelt eines anderen Wesens einstellen zu können. Dabei können sich Faktoren wie Angst, Streß, schwierige soziale familiäre Umstände einschränkend auf die tatsächliche Kompetenz des Kindes auswirken.

- Das **Selbstvertrauen** des Kindes ermöglicht Vertrauen in seine Wirkung gegenüber dem Pferd sowie in die eigene Ausdrucksfähigkeit im allgemeinen Sinne.

- Die **verbale Kompetenz** kann bedingt eine Rolle spielen für die Art und Weise, wie Stimme und Sprache eingesetzt werden. Die stärkere Wirkung im Umgang mit dem Pferd hat dabei sicher der Einsatz von Stimme. Kann das Kind z. B. leise und beruhigend mit dem Pferd sprechen, kann es klar und deutlich Grenzen setzen bzw. ist es in der Lage, seine Stimme (Sprache) entsprechend den unterschiedlichen Anforderungen zu modifizieren.

- Die **kognitiven Fähigkeiten** wie z. B. Zusammenhänge zu erfassen oder sich auf wechselnde Situationen einzustellen, helfen dem Kind, die Komplexität der Kommunikation zwischen Mensch und Pferd zu bewältigen.

Die hier beschriebenen Faktoren kommunikativer Kompetenz bilden die Grundlage für die  Beobachtung des Kindes im Verlauf dieser Einheit. Gelingt es uns, das Kind (bei Berücksichtigung seiner Beeinträchtigungen) unter dem Blickwinkel seiner Kompetenz zu betrachten, ist uns bereits ein wichtiger Schritt gelungen: Wir trauen dem Kind Entwicklung und Veränderung zu und wir halten es für lernfähig. Das bringt mit sich, daß wir die Leistungen des Kindes auch besser zu schätzen wissen. Das ist nicht immer leicht, zumal bei Kindern deren Kommunikationsverhalten uns unangenehm oder störend berührt. Der in den praktischen Vorüberlegungen vorgestellte Beobachtungsbogen kann als Anregung für den Lehrer genutzt werden, sich auf die Lernsituation des einzelnen Kindes einzustellen.

# Vorüberlegungen zu den praktischen Übungen

### Das Kind

Hat ein Kind Schwierigkeiten in der Verständigung mit anderen Kindern oder mit dem Pferd, kann es das meistens nicht direkt zu verstehen geben. Es wird seine Unsicherheit eher durch ein bestimmtes Verhalten zum Ausdruck bringen. Vielleicht überspielt es die Situation, in der es sich nicht verständlich machen kann, durch Herumalbern oder durch aggressives Verhalten dem Pferd gegenüber. Möglicherweise wird das Kind unruhig oder ängstlich und zeigt sein Unbehagen über eine veränderte Körpersprache. Deshalb kann es passieren, daß uns zwar eine besondere Verhaltenweise des Kindes auffällt, wir sie aber nicht mit Verständigungsproblemen in Verbindung bringen, so wie es in der eingangs beschriebenen Situation mit Elke der Fall war.

Gehen wir davon aus, daß das Kind grundsätzlich kommunizieren will, müssen wir die uns auffällig erscheinenden Verhaltensweisen als Mitteilung bewerten und nicht als Störung. Unsere Aufgabe als Pädagoge besteht in diesem Fall darin, die Mitteilungen des Kindes zu erkennen und sie zu entschlüsseln. Wir können dem Kind signalisieren, daß wir bereit sind zu verstehen und ihm unterschiedliche Verständigungsmöglichkeiten vorschlagen, über die es sich mit der Zeit leichter ausdrücken kann.

Zeigt ein Kind sein Unbehagen, z. B. durch zappelige Bewegungen oder durch Muskelanspannungen, können wir ihm alternative Bewegungsangebote machen. Der Bewegungsablauf des im Schritt gehenden Pferdes bietet dazu viele Möglichkeiten. Das Kind kann aufgefordert werden, auf dem Pferd unterschiedliche Positionen einzunehmen (sich mit dem Bauch oder mit dem Rücken auf das Pferd zu legen, sich zu strecken und zu öffnen, indem es die Arme soweit wie möglich ausbreitet, oder sich klein zu machen und dicht ans Pferd kuscheln). Dabei kann es beobachten, wann es die Bewegungen des Pferdes gut aufnehmen kann, und in welcher Position das schwer möglich ist.

So sprechen wir das Kind, das uns seine Schwierigkeiten auf der Bewegungsebene mitteilt, wiederum auf der Bewegungsebene an. Damit signalisieren wir ihm - ohne verbale Erklärungen einsetzen zu müssen - daß wir seine Kommunikationsebene wahrnehmen und verstehen. Das Kind kann sehen, daß wir bereit sind, es auf seinem Weg zu begleiten. Indem wir die Aufmerksamkeit des Kindes auf seine Bewegungen und Körperhaltung lenken, unterstützen wir es zugleich dabei, die Verständigung mit seinem Pferd zu verbessern.

## Das Pferd

Kommunikation ist ein wechselseitiger Vorgang, an dem das Pferd in gleichem Maße beteiligt ist wie das Kind selbst. Um sich auf seine Weise gut verständlich machen zu können, ist das Pferd darauf angewiesen, daß wir sinnvolle und angemessene Lernbedingungen schaffen. Ein freies Pferd kann deutlicher reagieren und sich mitteilen als ein angebundenes; ein Pferd, das im Herdenverband mit anderen Pferden lebt, ist mit den sozialen „Umgangsformen" besser vertraut als ein Pferd, das einzeln im Stall ohne Gesellschaft gehalten wird, und ein Pferd dem wir Interesse und Neugier entgegenbringen, wird eher bereit sein, sich auf ein Kind einzustellen.

Ein Pferd für die Kommunikation mit dem Mensch zu sensibilisieren heißt, bereit zu sein, sich auf einen langfristigen Weg gemeinsam mit ihm einzulassen. In der Grundausbildung, ebenso wie in der aufbauenden Begleitung des Pferdes geht es vorrangig darum, die gegenseitige Wahrnehmung zu wecken und zu fördern. Das Pferd lernt also nicht in erster Linie, wie es bestimmte reiterliche Übungen korrekt erfüllt. Vielmehr soll es im Laufe seiner Ausbildung in die Lage versetzt werden, bestimmte reiterliche Aufgabenstellungen auch aus der Kooperation mit seinen Reitern zu entwickeln.

Durch die geschulte Wahrnehmungsfähigkeit kann das in diesem Sinne ausgebildete Pferd die Körpersprache des jeweiligen Schülers selbständig deuten und darauf reagieren. Das gilt für die Arbeit vom Boden aus ebenso wie für das Reiten. Gelingt dem Kind dann eine Aufgabe gemeinsam mit seinem Pferd, so weiß es, daß der Erfolg aus seiner Zusammenarbeit mit dem Pferd entstehen konnte und nicht, weil das Pferd einfach gut „funktioniert". Das beinhaltet natürlich auch die Möglichkeit, daß das Pferd sich verweigert, eigene Impulse und Ideen einbringt oder ihm die Bewältigung einer Aufgabe nicht gelingt.

Im Umgang mit den Pferden unserer Herde habe ich beobachtet, daß eine zunehmende Selbständigkeit beim Lernen, verbunden mit der Verantwortung, die sie im Unterricht übernehmen, oft eine Veränderung ihrer Persönlichkeit mit sich bringt. Innerhalb der Herde kann das sogar dazu führen, daß eine ganze Rangordnung durcheinandergerät.

Es ist mir an dieser Stelle allerdings wichtig, auch darauf hinzuweisen, daß es im Umgang mit dem Pferd Situationen gibt, in denen ich mich als Lehrer hundertprozentig auf das Pferd als Mitarbeiter verlassen können muß. Das kann in allgemeinen Gefahrensituationen der Fall sein oder in der Arbeit mit sehr ängstlichen oder stark behinderten Menschen. Im besten Fall ist das Pferd in seiner Wahrnehmung so klar auf den Lehrer bezogen, daß es sich in kritischen Situationen selbstverständlich an ihm orientiert. Sollte das nicht der Fall sein, kann es kurzfristig erforderlich werden, das Pferd in seiner Freiheit und Freiwilligkeit einzuschränken. Das kann geschehen, indem wir das Pferd vorübergehend anbinden, es von der Herde trennen oder selbst mit unserer Dominanz auf das Pferd einwirken. Im Zweifelsfall muß die Sicherheit des Schülers Vorrang haben. Ich habe jedoch die Erfahrung gemacht, daß ein Pferd mit zunehmender Sensibilität auch an Selbstvertrauen und Sicherheit gewinnt. Besteht darüber hinaus eine gute, vertrauensvolle Verbindung zum Lehrer (Ausbilder), sind die Situationen, in denen der Handlungsspielraum des Pferdes von außen begrenzt werden muß, äußerst selten.

### Der Pädagoge
Stärker als in der Phase der Kontaktaufnahme ist der Pädagoge beim Thema Kommunikation als Person in das Dreieck von Kind, Pferd und Pädagoge eingebunden. Er gestaltet nicht nur eine Lernsituation, sondern bringt - bewußt oder unbewußt - eine eigene Dynamik in die Kommunikationssituation ein. Das Kind kann dies auf verschiedenen Ebenen wahrnehmen. Zum einen kann es die Sprache und Körpersprache des Pädagogen und deren Wirkung auf das Pferd beobachten. Weiterhin schafft die Art, wie sich der Pädagoge mit dem Pferd verständigt, eine gewisse Grundstimmung, die auf das Kind wirkt (fordernd, annehmend, nachgiebig, bestimmend). Im Umgang mit dem Pferd sowie mit den anderen Kindern der Gruppe hat die Kommunikationsweise des Pädagogen auch

Vorbildcharakter. Das Kind kann Beispiele für Konfliktlösung, Interessensvertretung und Kooperation kennenlernen.

Im Zusammenhang mit dem Thema Kommunikation ist es nicht immer leicht, die Wirkung der eigenen Vorgehensweise einzuschätzen. Denn auch der Pädagoge ist natürlich in die Dynamik zwischen Kind und Pferd eingebunden. Beide konfrontieren ihn durch ihre Art des Umgangs miteinander, auch mit der eigenen Kommunikationsfähigkeit, die in seiner persönlichen Geschichte begründet liegt.

Für eine selbstkritische Beobachtung und Reflexion zum Thema Kommunikation kann es deshalb in besonderer Weise hilfreich sein, Möglichkeiten des kollegialen Austausches, der Supervision oder einer begleitenden Fortbildung in Anspruch zu nehmen. Diese Formen der Reflexion können dazu beitragen, zu einer guten Selbsteinschätzung der eigenen Kompetenz und Kommunikationsfähigkeit zu gelangen. Dabei können folgende Fragestellungen aktuell werden: „Was ist mein Anliegen in der Arbeit mit Kind und Pferd? Wie offen oder indirekt vermittle ich das dem Kind? Wie kann auch ich an meinen Stärken und Fähigkeiten ansetzen?"

### Rahmenbedingungen

Die Gestaltung der Rahmenbedingungen sollte berücksichtigen, daß neue Erfahrungen im Bereich Kommunikation ohne Zuschauer leichter fallen. Unter Umständen kann es für diese Einheit auch notwendig sein, Eltern oder Betreuer, die das Kind und seine Verhaltensweisen gut kennen, für kurze Zeit zu bitten, das Kind mit der neuen Situation alleine zu lassen. Erfahrungsgemäß fällt es dem Kind dann leichter, auch mit unterschiedlichen Möglichkeiten zu experimentieren, da es nicht gleich mit einer Bewertung oder gar Abwertung rechnen muß.

## Auswertung

| | Wahrnehmungs-fähigkeit | Grob- und Feinmotorik | soziale Kompetenz | Selbst-vertrauen | verbale Kompetenz | kognitive Fähigkeiten |
|---|---|---|---|---|---|---|
| Kurzbe-schreibung der Ausgangs-situation | | | | | | |
| Veränderungen während der ersten Stunde | | | | | | |
| Veränderungen während der zweiten Stunde | | | | | | |
| Veränderungen während der dritten Stunde: | | | | | | |
| Veränderungen während der vierten Stunde | | | | | | |
| Veränderungen während der fünften Stunde | | | | | | |
| Kurzbe schreibung der Abschluß-situation | | | | | | |

Der Auswertungsbogen dient als Hilfsmittel, um Veränderungen und Entwicklungen in der Kompetenz des Schülers genauer wahrnehmen zu können. Im Verlauf der Einheit werden diejenigen Handlungen vermerkt, die innerhalb einer Spalte besonders auffallend waren. (Ein Beispiel unter der Spalte Feinmotorik: „Sven hat heute das erste Mal den Gurt selbst zu gemacht." Ein anderes Beispiel, unter der Spalte Selbstvertrauen: „Karin traut sich zu, das Pferd alleine aus der Herde heraus zu holen.")

Am Ende der Einheit, nach vier bis fünf Stunden, können die Einzelbeobachtungen als Gesamteindruck zusammengefaßt und ausgewertet werden. Dazu ist es nicht unbedingt erforderlich, in jeder Stunde zu jeder einzelnen Spalte einen Vermerk zu machen. Es ist ausreichend, die augenscheinlichsten Veränderungen während einer Stunde festzuhalten um eine Entwicklung erkennen zu können. Sollen langfristigere Prozesse beobachtet werden, kann der Auswertungsbogen beliebig verlängert werden.

# Praktische Übungsvorschläge

## 1. „DARF ICH MICH VORSTELLEN: ICH BIN EIN PFERD!"
### Übungen zum Thema: Das Pferd verstehen lernen

Mit der Aufgabenstellung in dieser Einheit wird das Kind aufgefordert, die Ausdrucksweise und das Verhalten seines Pferdes zu beobachten und seine Beobachtungen mit der Gruppe zu teilen. Zu Beginn der Einheit befindet sich das Kind in einer eher passiven, beobachtenden Rolle. Im weiteren Verlauf bieten ihm die Aufgaben Hilfestellungen, um mit dem Pferd, ebenso wie mit den anderen Kindern aktiv in Kontakt zu kommen.

In der anfänglichen Beobachtungsphase hat das Kind Zeit, die Umgangsformen und die „Sprache" seines Pferdes zu entdecken, ohne in einen unmittelbaren Handlungsdruck zu kommen. Während des Beobachtens muß es weder auf das Pferd reagieren noch ist es gezwungen, selbst aktiv zu werden. Dennoch stellt dieser Einstieg hohe Anforderungen an das Kind. Es wird ein hohes Maß an Konzentration, Ausdauer und Einfühlungsvermögen von ihm verlangt, um sich auf diese Entdeckungsreise mit seinem Pferd einlassen zu können. Bei unruhigen, bewegungsorientierten Kinder kann die geringe Handlungsorientierung dieser Einheit dazu führen, daß sie sich nicht ausreichend auf das Pferd konzentrieren können.

Für Kinder, die ihr Pferd bereits gut kennen und sich im Umgang mit ihm sicher fühlen, kann die Einheit jedoch dazu beitragen, eine neue Perspektive dem Pferd gegenüber einzunehmen. Sie können lernen, sich in ihr Pferd hineinzuversetzen und verschiedene Kommunikationsformen zwischen Mensch und Pferd bewußter wahrzunehmen. Kindern, die Schwierigkeiten in der Verständigung mit Menschen haben, kann die hier beschriebene Vorgehensweise helfen, da sie einerseits Struktur und Orientierungshilfe bietet, andererseits aber auch Raum läßt, um die eigene „Sprache" finden zu können.

Dazu ein Beispiel: Alexandra ist 8 Jahre alt und hat eine eineiige Zwillingsschwester. Sie leidet unter partiellem Mutismus und spricht außerhalb ihres familiären Umfeldes seit zwei Jahren so gut wie gar nicht mehr. Zum heilpädagogischen

Reiten kommt sie, weil das Reiten und der Kontakt zum Pferd eines der wenigen Dinge ist, zu denen Alexandra eine positive Haltung entwickeln kann. Die Eltern hoffen, daß Alexandra über den Umgang mit dem Pferd Kontakt zu ihrer Umwelt aufnimmt. Bis dahin stattfindende Beratungsgespräche hatten weder Aufschluß über die tatsächlichen Gründe des Verstummens gebracht, noch konnte eine Veränderung bewirkt werden.

Alexandra wird demnächst in eine Reitgruppe mit drei gleichaltrigen Mädchen wechseln. Vorangegangen waren 20 Einzelstunden heilpädagogischen Reitunterrichts. Dem Gedanken der lösungsorientierten Therapieansätze folgend (vgl. Steve de Shazer/ Insoo Kim Berg) war es in der Einzelarbeit darum gegangen, gemeinsam mit Alexandra herauszufinden, welche Kommunikationsformen ihr mit dem Pferd - und mit Hilfe des Pferdes auch mit Menschen - zum jetzigen Zeitpunkt möglich sind.

Während der Einzelstunden wünschte sich Alexandra ihre Zwillingsschwester immer in ihrer Nähe. Beim Wechsel in die Gruppe bedeutete Alexandra ihrer Schwester, daß sie nun nicht mehr mitzukommen brauche. Zu diesem Zeitpunkt war Alexandra so weit, daß sie sich zum einen mit ihrem Pferd auf vielseitige Weise verständigen konnte (über Körpersprache, mental und vereinzelt auch mit Worten). Zum anderen war sie mir gegenüber im Unterricht sehr aufgeschlossen. Das drückte sich z. B. in ihrem direkten, offenen Blick aus und darin, daß sie sich oft gemeinsam mit mir über Situationen, in denen etwas nicht klappte, oder über kleine Mißgeschicke amüsieren konnte. Es gab Zeiten, in denen sie sich verbal mitteilte („schneller Atorka", „nein", „weiß ich doch schon" oder „nächstes Mal"), aber auch Phasen, in denen sie sich vor allem durch Kopfschütteln oder Nicken verständigte.

Eine wesentliche Erfahrung aus der Einzelarbeit war für Alexandra, daß sie aktiv und selbstbestimmt mit dem Pferd umgehen konnte, ohne dazu unbedingt sprechen zu müssen. Diese Erfahrung hatte sie in ihrem Auftreten und Umgang mit dem Pferd so weit gestärkt, daß eine weitere Förderung im Rahmen der Gruppe sinnvoll erschien. Die Gruppensituation halte ich in diesem Fall für hilfreich, da ich - wie zu Beginn dieses Kapitels bereits erwähnt - davon ausgehe, daß ein Kind grundsätzlich den Kontakt mit anderen Kindern sucht, daß es sich verständigen will und nicht von der Gruppe isoliert werden möchte.

Entschließt sich ein Kind aus schwerwiegenden Gründen, nicht mehr oder kaum noch zu sprechen, muß das nicht zwangsläufig bedeuten, daß es nicht mehr kommunizieren möchte. Möglicherweise teilt es uns sogar eben durch das Verweigern der verbalen Kommunikation etwas mit. Können wir diese Perspektive des Kindes erkennen und verstehen, wird es uns leichter fallen, gemeinsam mit ihm Formen der Verständigung zu entdecken. Der erste Schritt in dieser Richtung beginnt oft damit, das wir dem Kind und uns selbst Zeit lassen, zu beobachten, zu erkennen und miteinander vertraut zu werden. Um dieses Beobachten und vertraut werden mit dem Pferd und der Gruppe, wird es in der nun folgenden Einheit gehen.

Die beschriebene Einheit beginnt mit der Neuzusammensetzung der Gruppe. Auf die zwei weiteren Mädchen der Gruppe muß an dieser Stelle nicht weiter eingegangen werden.

### Einstieg

Als Einstieg in die Einheit stehen die beteiligten Pferde, die von den Kindern zuvor in der Einzelarbeit geritten wurden, frei auf einem von der sonstigen Herde getrennten Platz. So können sich alle Kinder ungehindert zwischen den Pferden bewegen. Wir stellen uns - zwei Reitpädagoginnen - und die Kinder gegenseitig vor und nehmen das zum Anlaß, auch gemeinsam die neu zusammengesetzte Pferdegruppe genauer zu betrachten. Welche Pferde sind es, die nun in der Reitgruppe dabei sein werden? Wie verstehen sie sich untereinander? Was fällt den Kindern in der neuen Situation an ihrem Pferd besonderes auf?

Die Kinder haben die Möglichkeit, die Pferde untereinander zu vergleichen, sie zu beobachten, zu befühlen und ihre Beobachtungen miteinander auszutauschen. Wir begleiten die Beobachtungsphase, indem wir immer wieder nachfragen, was die einzelnen Kindern sehen oder indem wir ihnen bestimmte Beobachtungsimpulse anbieten: „Schau mal was der Flocki gerade mit seinen Ohren macht" oder „Warum geht Kevin wohl immer hinter Gejszar her?" oder „Wie vertreibt Kevin Flocki von seinem Futterplatz?"

## Verlauf

Wir schlagen den Kindern vor, jeweils von ihrem Pferd einen „Steckbrief" anzufertigen. Hierzu haben wir für jedes der drei Kinder ein Pferdeheft angelegt, dessen Deckblatt aus einem Vordruck für diesen „Steckbrief" besteht (siehe Kopiervorlage am Ende der Übung). Je nachdem wie gut die einzelnen Kinder schreiben oder sprechen können, kann der Vordruck von ihnen selbst ausgefüllt werden, einem Helfer diktiert oder in Bildern veranschaulicht werden. Alexandra hat Zeit, ihr Pferd in der neuen Situation zu beobachten und sie kann ohne Erwartungsdruck („jetzt sag doch was!") entscheiden, wie sie sich in die Gruppe einbringen will.

Die einzelnen Kinder können auf diese Weise festhalten, was ihnen aus dem bisherigen Umgang mit dem Pferd vertraut ist. Sie werden aber auch gleichzeitig ermutigt, ihr Wissen in die neue Gruppensituation einzubringen („Ich weiß, daß mein Pferd am liebsten in der Sonne steht" oder „Beim Führen muß ich immer ganz streng mit ihm sein" oder „Mein Pferd läuft gerne im Gelände und sehr ungern auf dem Reitplatz"). Über den Austausch dieser Beobachtungen können die Kinder auf ungezwungene Weise in Kontakt miteinander gelangen.

In der darauffolgenden Stunde stellt jedes der Mädchen sein Pferd den anderen beiden Mitreitern vor. Dazu können sie den angefertigten „Steckbrief" verwenden, eine Übung vorreiten,

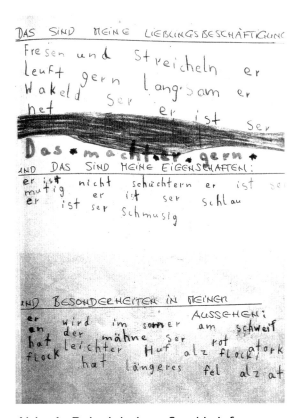

Abb. 1: Beispiel eines Steckbriefes

die ihnen besonders gut mit ihrem Pferd gelingt, eine Pantomime mit dem Pferd vorführen oder das Pferd in einer typischen Situation malen.

Wichtig bei der Gestaltung dieser Einheit ist der Wechsel zwischen vertrauten und fremden Elementen. Jedes Kind hat den Kontakt zu seinem Pferd, das ihm vertraut ist, muß sich andererseits aber auch mit einem neuen Pferd auseinandersetzen. Ebenso hat auch jedes Kind aus den vorangegangenen Reitstunden vertraute Kommunikationsformen mit seinem Pferd entwickeln können, ist aber gleichzeitig durch die neu zusammengesetzte Gruppe aufgefordert, sich mit anderen Formen von Verständigung auseinanderzusetzen.

Für Alexandra bedeutet das, daß sie zuerst einmal nicht mit ihrer Sprachverweigerung konfrontiert wird. Sie hat Zeit, ihre Art der Verständigung mit den anderen Kindern zu entwickeln und Möglichkeiten zu finden, um ihr wichtig erscheinende Dinge mitzuteilen. Für die Vorstellung ihres Pferdes in der Gruppe wählt Alexandra die Vorführung. Sie bittet mich, mit auf den Platz zu kommen, um ihr zu helfen. Dann trabt sie eine Runde ganz alleine mit Atorka auf dem Reitplatz und ist sehr stolz.

In den darauffolgenden Stunden werden die Beobachtungen der Kinder, durch Spiele, Ratespiele oder Aufgabenstellungen im Gelände aufgegriffen. Unsere Aufmerksamkeit richtet sich dabei auf die Kommunikation der Pferde untereinander und auf die Kommunikation zwischen Kind und Pferd.

Bei unserem ersten gemeinsamen Ausritt sind unterwegs verschiedene Rätselkärtchen, mit Fragen zu den einzelnen Pferden, versteckt:

- „Wie erkennt ihr bei eurem Pferd, ob es schläfrig oder aufgeregt ist?"
- „Wie zeigt es euer Pferd, wenn es ärgerlich ist?"
- „Wie streiten eure Pferde?"
- „Welches eurer Pferde erschrickt sich leicht und wie sieht man das?"

Im Gespräch vergleichen und überprüfen die Kinder ihre Beobachtungen. Alexandra ist sehr lebhaft und bringt sich immer wieder ins Gespräch mit ein. Plötzlich scheint ihr selbst deutlich zu werden, wieviel sie schon über ihr Pferd weiß, und das die anderen Kinder interessiert an ihrem Wissen sind. Dieser Austausch und die gegenseitige Rückmeldung der Kinder kann die Grundlage für eine gelungene Kommunikation bilden.

Handlungsorientierter wird die Aufgabenstellung, wenn mit den Kärtchen nicht Rätsel, sondern bestimmte Anforderungen verbunden werden:

- „Reitet quer durch den Wald, das mutigste Pferd soll dabei vorausgehen.“
  Die Kinder können beobachten und sich untereinander beraten.
- „Reitet das nächste Stück im Trab und laßt das ruhigste Pferd vorausgehen.“
- „Balanciert auf einem Baumstamm und führt euer Pferd nebenher.“
  „Wählt das Pferd und den Reiter aus, von dem ihr denkt, daß es am vorsichtigsten gehen kann.“

Diese Aufgaben können, je nach Gelände und reiterlicher Geschicklichkeit, ausgebaut werden. In abgewandelter Form können Aufgabenteile auch auf dem Reitplatz oder in der Halle gestellt werden. Sind die Kinder reiterlich noch nicht sicher, benötigt man zur Durchführung dieser Einheit für jedes Kind einen Helfer, der das Pferd bei Bedarf führt oder dem Kind beim Führen behilflich ist.

**Abschluß**

Die Einheit schließt mit einer Stunde ab, in der wir uns nochmals Zeit für unser Pferdeheft nehmen. Jedes Kind kann  ein Foto, ein selbstgemaltes Bild oder eine Zeichnung von charakteristischen Situationen mit seinem Pferd erstellen: Flokki bei seiner Lieblingsbeschäftigung, dem Dösen, Gejszar bewacht seine Herde, Flicka beim Toben mit ihrem Freund Kevin.

Nach anfänglicher Unsicherheit gewinnt Alexandra großen Gefallen an der neuen Reitgruppe. Es ist ihr wichtig, daß sie sich mit ihrem Pferd sicher fühlt und daß sie reiterliche Fortschritte machen kann. Innerhalb der Gruppe wird sie zunehmend sicherer und selbstbewußter.

Begleitend zum heilpädagogischen Reitunterricht fanden auch in der Familiensituation einige Veränderungen statt. Dies hat alles in allem dazu geführt, daß Alexandra mittlerweile auch außerhalb ihrer Familie wieder spricht und daß sie weiterhin die Grundschule besuchen kann.

**Weitere Vorschläge**

    „Der große Steckbrief"

Der „Steckbrief" kann auch von einer Reitgruppe oder Voltigiergruppe auf einem großen Plakat gemeinsam für ein Pferd gestaltet werden. So können sich verschiedene Kinder auf unterschiedliche Weise einbringen und sich als Gruppe erleben (einer schreibt, einer malt, einer mißt das Pferd aus etc.).

    „Das bin ich!"

Die einzelnen Kinder können den entsprechenden „Steckbrief" zusätzlich auch für sich selbst anlegen und in ihr Pferdeheft einordnen (wie ich heiße, meine Lieblingsbeschäftigung, mein Lieblingspferd etc.).

    „Mein Pferdebuch"

Aus dem „Steckbrief" kann nach und nach (z. B. bei schlechtem Wetter) ein umfangreiches, individuelles Pferdeheft entstehen. Fotos, Bilder oder Geschichten können zusätzlich gesammelt werden. Oft haben die Kinder auch zu Hause verschiedene Pferdebücher, die sie mitbringen können, um Material und Ideen für ihr eigenes Pferdeheft zu sammeln. Die Kinder lernen zu beobachten, zu differenzieren und unterschiedliche Verhaltensweisen des Pferdes besser zuzuordnen.

„Eine Diareihe über Pferde gemeinsam „vertonen"

Dazu werden im Laufe einer Einheit verschiedene Fotos von den Pferden gemacht, die diese in den unterschiedlichsten Situationen zeigen. Z. B. beim Wälzen auf der Koppel im Anschluß an die Reitstunde, beim Wiehern, wenn es ein anderes Pferd auf dem Reitplatz trifft oder beim Reiten einer schwierigen Übung. Gemeinsam werden die Fotos am Schluß der Einheit betrachtet und die Kinder können beraten, was das jeweilige Pferd in der entsprechenden Situation „sagt", also durch seine Körpersprache ausdrückt.

# „Darf ich mich vorstellen, ich bin:

.............................!"

Mein Aussehen:...........

...................................

...................................

Meine Lieblingsbeschäftigung:.........

.....................................................

Meine besonderen Eigenschaften:.............................

.....................................................

Meine Freunde:............................................

.....................................................

Ich lebe:.............................................

.....................................................

**„DARF ICH MICH VORSTELLEN - ICH BIN EIN PFERD!"**
Übungen zum Thema: Das Pferd verstehen lernen

| | |
|---|---|
| Aufgabenstellung | das Kind wird ermutigt, das Pferd genau zu beobachten, und seine Beobachtungen mit der Gruppe zu teilen. Lernmöglichkeiten liegen im Bereich Wahrnehmung und Einfühlungsvermögen. |
| Geeignet für | Kinder mit intellektuellem Zugang zum Lernen. Kinder ab 7/8 Jahren. Kinder, die über eine Grundsicherheit im Umgang mit dem Pferd verfügen. integrative Gruppen. |
| Weniger geeignet für | Einzelstunden. stark bewegungsorientierte Kinder. |
| Zeitlicher Rahmen | sechs bis acht Unterrichtstunden zu je 40/50 Min. |
| Räumliche Bedingungen | Aufenthaltsraum, gut überschaubare Geländestrecke, notfalls auch große Reitbahn. |
| Material | Papier (DIN A2/DIN A1), Stifte, Aufgabenkärtchen, Bilder oder Fotos von Pferden. |

## 2. „DER PFERDEFLÜSTERER"
### Spielerische Anregungen zum Thema: Einfühlungsvermögen

Inspiriert durch den Roman „Der Pferdeflüsterer" von N. Evans, entstand die Idee für folgenden Spielentwurf. Im Roman wird eine fiktive Figur beschrieben, die sich in besonderer Weise mit Pferden verständigen kann. Ohne Hilfsmittel einsetzen zu müssen und ohne Kraft aufzuwenden gelingt es ihr, mit den unterschiedlichsten Pferden eine vertrauensvolle Beziehung aufzubauen. In der hier vorgestellten Einheit wird der Wunsch des Kindes nach einer solch vertrauensvollen Verbindung mit dem Pferd angesprochen. Mit Hilfe einer kurzen - fiktiven - Einstiegsgeschichte, oder der Schilderung einer erdachten Person, die über die besonderen Fähigkeiten des „pferdeflüsterns" verfügt, wird das Kind auf die Unterrichtsstunde eingestimmt. Der Aufbau der Geschichte sollte so gestaltet sein, daß das Kind motiviert wird, sich mit einer neuen Qualität der Kommunikation zwischen Mensch und Pferd auseinanderzusetzen.

„Wenn der Held, der Protagonist, alle Aufgaben, Prüfungen bestanden hat, kehrt er/sie am Schluß wieder in die Realität zurück. Allerdings nimmt er/sie häufig etwas aus der geheimnisvollen Märchenwelt mit: ein Geschenk, eine besondere Eigenschaft, eine neue Fähigkeit oder eine Erkenntnis. Die Zauberwelt hat einen wunderbaren, nachhaltigen Einfluß, die Realität vor Reiseantritt wird verändert, weicht einer Entwicklung" (C. Wirl: Es war einmal... über das Erfinden von Märchen und (therapeutischen) Geschichten, in: Vogt-Hillmann, Kinderleichte Lösungen, 1999, S. 50).

Das Vorstellungsbild bzw. die erfundene Geschichte spricht das Kind auf der mentalen Ebene seiner Verständigung mit dem Pferd an. Anreiz für eine neue Sichtweise kann die Vorstellung bilden, auch schwierigste Aufgaben gemeinsam mit dem Pferd zu bewältigen oder dem Pferd selbst in Konfliktsituationen gelassen gegenübertreten zu können. Die Ausgestaltung und der Verlauf der Geschichte können das Kind zu einem intuitiven Umgang mit dem Pferd ermutigen.

Aufmerksam geworden bin ich darauf in beeindruckender Weise bei der Arbeit mit kleinen Kindern und bei der Arbeit mit geistig behinderten Menschen.

Im Reitunterricht mit einer mongoloiden, jungen Frau, die selbständig reiten lernen wollte, war aufgrund ihrer geistigen Fähigkeiten keine Vermittlung von reiterlichen Aufgabenstellungen im herkömmlichen Sinne möglich. Sie konnte verbale Anweisungen, wie die abstrakte Erklärung einer Galopphilfe oder die Wirkungsweise des Zügels nicht verstehen und umsetzen. Gab man ihr jedoch ein Vorstellungsbild oder eine Metapher von dem, was sie mit ihrem Pferd errei-chen konnte, bewältigte sie erfolgreich schwierige Aufgabenstellungen.

Ohne daß diese junge Frau jemals etwas von reiterlicher Hilfengebung gehört hatte, nahm sie instinktiv in angemessener Weise den Zügel auf, führte ihn in die passende Richtung, spürte, wann sie Nachdruck verleihen mußte oder wann sie eher behutsam mit dem Pferd umgehen mußte. Ihr Pferd, das ansonsten auch recht eigenwillig sein konnte, nahm ihre Impulse bereitwillig auf und reagierte damit auf die starke mentale Verbindung zwischen den beiden. Es war ihr gelun-gen, sich intuitiv auf die Bewegungen und die Körperhaltung ihres Pferdes einzu-stellen und dadurch eine Verbindung auf mentaler Ebene zu schaffen. Aus dieser Verbindung heraus konnte sie sich, ohne Druck anzuwenden oder eine Technik beherrschen zu müssen, mit ihrem Pferd verständigen.

Nicht allen Kindern fällt es so leicht, Zugang zu dieser intuitiven Form der Ver-ständigung zu finden. Das Bild vom Pferdeflüsterer kann dabei helfen, eine Brük-ke zu der inneren Vorstellungskraft und dem Einfühlungsvermögen des Kindes zu schlagen. Gelingt es dem Kind sich darauf einzulassen, kann es erfahren, wie stark seine eigene Wirkung auf das Pferd sein kann. Bewertungen wie richtig und falsch, gut und schlecht treten in den Hintergrund. Erfolgreich wird das Kind dann sein, wenn es ihm gelingt, authentisch zu sein und auf seine individuelle Wirkung zu vertrauen.

### Einstieg

Zu Beginn der Einheit wird eine kleine Geschichte erzählt, in der von einem Menschen berichtet wird, der über eine ganz geheimnisvolle Sprache verfügt, in der er sich mit seinem Pferd verständigen kann. Das führt dazu, daß sein Pferd die interessantesten Dinge macht, ohne daß andere Menschen erkennen können wie das gelingt. Die Sprache ist nur dem „Pferdeflüsterer" selbst und seinem Pferd vertraut:

„Es lebte einst im bergigen Hochland des Nordens ein kluger, kleiner Junge (an dieser Stelle können Wesenszüge des Kindes oder seiner Vorbilder integriert werden. Dem Kind erleichtert das die Identifikation mit der Figur, denn indirekt wird dadurch eine Akzeptanz seiner eigenen Person zum Ausdruck gebracht). Er verfügte über eine besondere Gabe mit Pferden umzugehen, die schreckhaft und scheu waren (nun können aktuelle oder neu anstehende Themen aus dem Unterricht einfließen, die sich in der ausführlichen Beschreibung der Pferde niederschlagen). Von weit her kamen die Menschen, um sich mit ihren Pferden Rat zu holen. Ruhig und gelassen begann der Junge dann mit den Pferden zu arbeiten. Nach kürzester Zeit lauschten die Pferde interessiert, was der Junge ihnen mitzuteilen hatte (hier können Erfahrungen und Erlebnisqualitäten beschrieben werden, die das Kind im Verlauf der Einheit machen kann). Mit jedem Pferd ließ er sich viel Zeit, um genau herauszufinden, was seine besondere Gabe war. Zum Abschied gab er beiden, Mensch und Pferd ein Wort seiner geheimen Sprache mit auf den Weg (das Kind kann einen konkreten Anhaltspunkt, eine Idee für die Verständigung mit dem Pferd mitnehmen).“

Ich frage das Kind, ob es solch eine geheimnisvolle Sprache auch mit seinem Pferd zusammen entdecken will.

**Verlauf**

Wir gehen auf den Reitplatz, wo sich das Kind selbst verschiedene Aufgaben, Hindernisse oder Übungen aufbauen kann (Slalom, Cavaletti, Hütchen etc.). Nun hat das Kind Zeit, mit dem Pferd alleine zu sein. Dabei kann es ihm alles zeigen, mit ihm sprechen oder sich Zeichen und Worte überlegen, mit denen es sich verständigen will. Es kann sein, daß sich das Kind auf den Hals des Pferdes legt, um ihm etwas ins Ohr zu flüstern, vielleicht stellt es sich vor, daß es Gedanken übertragen kann oder es gibt ein kleines Zeichen mit Bein oder Zügel. Dabei ist nicht entscheidend, was das Kind im einzelnen tut. Wichtiger sind die Momente, in denen das Kind sich konzentriert, sich gedanklich auf das Pferd einstellt, bewußt oder unbewußt dessen Körpersignale beobachtet, um evtl. Reaktionen des Pferdes erkennen zu können.

Dieser Vorgang schafft eine große Präsenz und das Kind ist gedanklich und gefühlsmäßg auf das Pferd bezogen. Jeder der mit Pferden arbeitet weiß, wie stark

Pferde auf solch eine gedankliche Verbindung und mentale Präsenz reagieren. Ist diese Verbindung vorhanden, braucht es oft nur noch wenig mechanische Einwirkung, um gemeinsam mit dem Pferd eine Aufgabe bewältigen zu können.

Je nach reiterlichen Fähigkeiten der Kinder gestaltet sich der weitere Ablauf der Einheit. Entweder führe ich das Kind auf seinem Pferd durch die verschiedenen Übungen und lasse es dabei als „Pferdeflüsterer" mit seinem Pferd sprechen. Es kann das Pferd zum Schneller oder Langsamer werden auffordern, zum Anhalten oder Loslaufen oder zum Abbiegen nach rechts und links. Wichtig ist bei dieser Vorgehensweise, wirklich nur zur Sicherheit neben dem Pferd mitzulaufen ohne selbst Einfluß zu nehmen. Das Kind kann seine Vorstellungskraft und sein Einfühlungsvermögen nur entfalten, wenn es an seinem Pferd auch eine tatsächliche Reaktion, also einen Zusammenhang zwischen seiner Handlung und der Reaktion des Pferdes erkennen kann.

Reitet das Kind bereits selbständig, kann der Erfahrungsraum wesentlich größer gestaltet werden. Das Kind kann einzelne Übungssequenzen ganz alleine mit seinem Pferd bewältigen. Wenn es das Pferd zuläßt, kann dies sogar ohne Verwendung des Zügels geschehen. Vorbereitend dazu kann das Kind vom Boden aus versuchen, eine Verbindung zu seinem Pferd aufzubauen. Indem es das Pferd veranlaßt her zu kommen oder ihm zu folgen, kann es bereits ausprobieren, worauf das Pferd besonders gut anspricht. Der Aufbau verschiedener Übungen (Slalom u. ä.) hat an dieser Stelle lediglich die Funktion, dem Kind eine optische Orientierungshilfe zu geben. Es fällt leichter, die Vorstellungskraft darauf zu richten, an einem bestimmten Hindernis anzukommen oder ein Slalom zu durchqueren, als irgendeine fiktive Kurve zu reiten.

Die Geschichte vom Pferdeflüsterer läßt sich variieren, je nachdem an welchem reiterlichen Thema gerade gearbeitet wird. In vereinfachter Form kann die Idee auch in einzelne Unterrichtselemente einfließen. Lernt das Kind z. B. gerade mit seinem Pferd selbständig anzuhalten, kann es ermutigt werden, dafür ein geheimes Wort oder Zeichen zu finden.

Weiterhin kann auch die Einstiegsgeschichte aufgegriffen und als Rollenspiel oder therapeutische Geschichte fortgeführt werden. Die Kinder können dann

den Spielverlauf mitgestalten, indem sie selbst Ideen einbringen, was dem Pferdeflüsterer alles widerfahren könnte (z. B. in ein fremdes Land reisen zu müssen, oder zur Beratung bei einem berühmten Pferdezüchter gerufen zu werden). Dabei kann jedes Kind für sich entscheiden, ob es in der Rolle eines Pferdeflüsterers mitspielen oder eine andere Rolle auswählen möchte. Hinweise zur Vorgehensweise beim freien und angeleiteten Rollenspiel befinden sich im
4. Kapitel.

**Abschluß**

Die Einheit schließt ohne besondere Abschlußaktivität ab, da die wichtigsten Elemente, wie das „Flüstern" mit dem Pferd, in diesem Fall in den Verlauf der Übung integriert sind. Zur Vorführung ist die Aufgabenstellung nicht geeignet, da eine Bewertung oder Beurteilung von außen die Innenwahrnehmung des Kindes stören würde.

Die Aufgabe des Pädagogen besteht darin, dem Kind Raum für eigene Ideen und Erfahrungen zu ermöglichen. Er muß dem Kind die Sicherheit geben, daß seine Übungen mit dem Pferd nicht sogleich von außen beurteilt werden. Nur so kann das Kind lernen auf seine eigene Ausstrahlung zu vertrauen und seine Sprache mit dem Pferd zu finden. In Gruppen, in denen z. B. eine große Rivalität zwischen den Kindern herrscht, muß mit der beschriebenen Vorgehensweise sehr überlegt umgegangen werden, um einzelne Kinder nicht unnötig unter Druck zu setzen.

## „DER PFERDEFLÜSTERER"
Spielerische Anregungen zum Thema: Einfühlungsvermögen

| | |
|---|---|
| Aufgabenstellung | eine erdachte Geschichte, in der die Figur des „Pferde-flüsterers" im Mittelpunkt steht, spricht das Kind in seinem intuitiven Zugang zum Pferd und seinem Einfühlungsver-mögen an. |
| Geeignet für | Kinder, die bildhaft lernen.<br>Gruppen- und Einzelarbeit.<br>integrative Gruppen. |
| Weniger geeignet für | Kinder die handlungsorientiert, bewegungsorientiert lernen. |
| Zeitlicher Rahmen | vier bis fünf Unterrichtsstunden zu je 40/50 Min. |
| Räumliche Bedingungen | ruhig gelegener, sicher eingezäunter Reitplatz oder Ovalbahn, keine Zuschauer. |
| Material | - |

## 3. „DIE HERDE"
### Offener Spielentwurf zum Thema: Kommunikation in der Gruppe

Dieser Spielentwurf nutzt die Tatsache, daß das Pferd, genau wie der Mensch auf Kontakt zu seinesgleichen angewiesen ist. Das Pferd lebt in einem sozialen Gefüge, der Herde. Aufgrund dieser Tatsache gibt es zwischen der menschlichen Kommunikation und der Kommunikation von Pferden gewisse Parallelen. Innerhalb der Pferdeherde gelten bestimmte Umgangsregeln, Formen der Auseinandersetzung und der Kontaktaufnahme, an denen das Kind bis zu einem bestimmten Grad teilhaben kann. Indem es sich in der Herde bewegt oder zu einzelnen Tieren der Herde Kontakt aufnimmt, kann es unterschiedliche kommunikative Erfahrungen sammeln. Es kann seine Wahrnehmung schulen, es kann lernen, sich und seine Interessen zu behaupten, sich mit anderen Bedürfnissen auseinanderzusetzen oder mit ihnen zu arrangieren. All dies sind Erfahrungen, die dem Kind auch im Kontakt mit anderen Kindern zugute kommen können.

Eine Besonderheit in der Kommunikation mit dem Pferd besteht darin, daß das Kind durch die Pferdegruppe nicht auf eine besondere Position festgelegt wird. Innerhalb der Herde besteht zwar ein relativ stabiles hierarchisches Gefüge, das Kind ist in diese Hierarchie jedoch nicht fest eingebunden. Es hat die Freiheit, abwechselnd eine dominante (leitende) Rolle zu übernehmen, sich partnerschaftlich oder beobachtend zu verhalten. Es kann, entsprechend seiner aktuellen Thematik, mit unterschiedlichen Rollen experimentieren und damit sich selbst sowie seine Wirkung auf die Pferde genauer einschätzen lernen.

Dazu ein Beispiel: In einer Feriengruppe mit sechs Mädchen im Alter zwischen 10 und 15 Jahren bildete sich nach dem zweiten Tag die folgende spannungsreiche Situation:

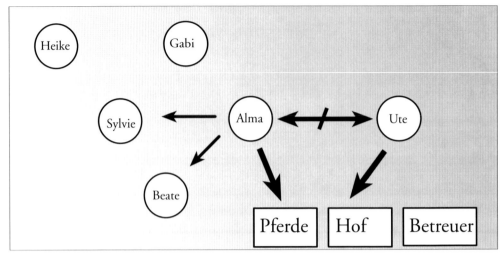

Freizeitgruppe mit 6 Mädchen vor der Spieleinheit

Alma und Ute hatten eine große Konkurrenz untereinander entwickelt. Beide wollten die wichtigste Rolle auf dem Hof übernehmen und zankten sich heftig über ihre Zuständigkeiten. Alma versuchte, einen Teil der Gruppe auf ihre Seite zu ziehen, um ihre Position zu stärken. Mit Sylvie und Beate gelang ihr dies auch. Heike und Gabi waren durch die spannungsvolle Situation so verunsichert, daß sie sich gar nicht in das Geschehen hinein wagten. Der Konflikt verhinderte, daß die Kinder mit ihren Pferden in Kontakt kommen konnten und er verhinderte ebenso, daß innerhalb der Gruppe eine konstruktive Dynamik entstehen konnte. Das Ziel der im folgenden beschriebenen Einheit bestand darin, den Kindern wieder mehr Bezug zu den Pferden zu ermöglichen und Bewegung in die festgefahrene Situation zu bringen.

### Einstieg

Die Einheit begann damit, daß jedes Kind den Auftrag erhielt, den Lieblingsplatz „seines" Pferdes im Offenstall/Auslauf herauszufinden. Stand es z. B. lieber unter dem Dach oder im Freien, lieber alleine oder bei anderen Pferden, vielleicht hatte es einen Freund, suchte es eher geschützte, sichere Plätze auf oder liebte es, alles überblicken zu können? Hatten sich die Kinder auf die Plätze geeinigt, konnten sie diese für das jeweilige Pferd vorbereiten: Ausmisten, mit Sägemehl oder Stroh versehen, Futter und Wasser bereitstellen, evtl. Material zum Knabbern oder Spielen bereitstellen.

### Verlauf

Als nächstes suchten sich die Kinder selbst einen Platz, von dem aus sie ihr Pferd gut beobachten konnten. Nun durften sie sich von uns wünschen, wie wir ihren Platz gemütlich machen sollten z. B. indem wir ihnen Strohballen zum Sitzen brachten oder etwas zu Trinken. Sie konnten sich auch wünschen, daß wir ihren Platz noch schützten, so daß sie sich wirklich sicher fühlen konnten.

Im Verlauf der Einheit war es spannend zu beobachten, wie sich die Dynamik innerhalb der Gruppe veränderte. Zuerst suchten sich alle Mädchen weit voneinander entfernt liegende Plätze aus, nachdem sie die Plätze für ihre Pferde eingerichtet hatten. Plötzlich stellten jedoch Alma und Sylvie fest, daß ihre beiden Pferde miteinander befreundet zu sein schienen. Eifrig räumten sie daraufhin beide ihr Lager um, um dichter bei ihren Pferden sein zu können. Beate schloß sich ihnen an, weil sie gerne einmal Sylvies Pferd reiten wollte. Sie konnten nun gemeinsam beobachten, wie die beiden Pferde miteinander umgingen, wer von beiden das Sagen hatte, wie sie sich untereinander verständigten und wo sie sich innerhalb der Herde aufhielten.

Für Gabi war es besonders überraschend festzustellen, daß ihr Pferd in der Herde viel dominanter auftrat als im Unterricht. Es versuchte den anderen Pferden das Futter wegzufressen, schubste sie und legte die Ohren an, wenn jemand in sein „Revier" trat. Immer wieder umkreiste es die Herde und verbreitete dadurch eine gewisse Unruhe. Zwischen Ute und Gabi entspann sich darüber eine heftige Diskussion, ob es nun besser sei stark und frech zu sein, oder lieb und nett. Gabi erzählte aus ihrem Kinderheimalltag und wie schwer es oft sei, sich gegen die älteren Jungen durchzusetzen. Gabi und Ute beschlossen, ihr Pferd zu ihrem Lagerplatz zu holen. Mit Hilfe von Karotten, Brot und großen Überredungskünsten gelang ihnen dieses Vorhaben auch.

Heike stand nach wie vor etwas abseits der Gruppe, hatte aber zu einem neuen Pferd Kontakt aufgenommen. Es gefiel ihr wegen seines zurückhaltenden Wesens. In den darauffolgenden Reitstunden entwickelte sie ein inniges Verhältnis zu diesem Pferd, was sie im Umgang mit den anderen Mädchen mutiger werden ließ.

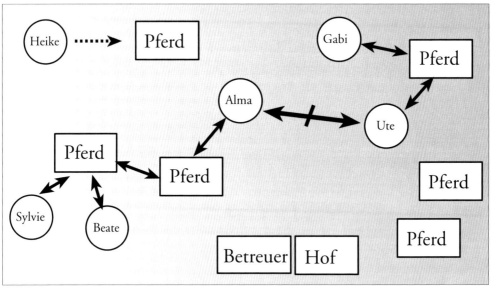

Freizeitgruppe nach der Spieleinheit "Die Herde"

→ Verbindung in eine Richtung

⟷ wechselseitige Verbindung

⟷/ Konflikt, Störung

➤ starke Verbindung

┈┈➤ schwache Verbindung

▌ ▌ Distanz zwischen den Beteiligten

Das wichtigste Ergebnis der Einheit ist darin zu sehen, daß die Gruppensituation nicht mehr so festgefahren war und wieder eine neue Dynamik zwischen den Mädchen entstehen konnte. Der Kontakt zwischen Alma und Ute war zwar nach wie vor spannungsvoll, sie hatten aber beide neue Handlungsmöglichkeiten für sich entdeckt. Dazu war es hilfreich, daß auch die Pferde wieder stärker in das Geschehen eingebunden waren. Sie konnten neue Impulse einbringen und den Mädchen einen offeneren Blickwinkel ermöglichen.

Die Beobachtungen aus der Einstiegssequenz können als Grundlage für die nachfolgenden Reitstunden dienen. In Form von Übungen oder spielerischen Aufgabenstellungen könnten sie  aufgegriffen und gemeinsam mit den Kindern bearbeitet werden. So z. B.: „Was könnten wir mit Atorka üben, damit sie mutiger wird?" „Wie können wir Kevin und Gejszar beibringen, ohne Streit nebeneinander her zu gehen?" „Was könnte Flocki dabei unterstützen, daß er auch einmal der Gruppe vorangeht?"

**Abschluß**
Die Einheit hat keinen offiziellen Abschluß, sondern sollte zu einer neuen Themenstellung überleiten.

| „DIE HERDE" Offener Spielentwurf zum Thema: Kommunikation in der Gruppe | |
|---|---|
| Aufgabenstellung | die Kinder der Gruppe können beobachtend und teilnehmend von der Kommunikation der Pferde untereinander lernen. Sie werden ermutigt, innerhalb der Gruppe (der Pferde, der Kinder) ihren Platz zu finden. |
| Geeignet für | Gruppen mit 4 bis 6 Kindern. integrative Gruppen. Kinder mit Grundsicherheit im Umgang mit dem Pferd. |
| Weniger geeignet für | Kinder mit einer starken körperlichen Behinderung Kinder, die enge Strukturen oder einen unmittelbaren, körperlichen Kontakt zum Pferd brauchen. |
| Zeitlicher Rahmen | 1. Stunde: 20 bis 30 Min. Die Dauer der Einheit hängt von der Thematik ab, die sich aus der ersten Stunde entwickelt. |
| Räumliche Bedingungen | Offenstall mit angrenzendem Auslauf, der vielfältige Aufenthaltsmöglichkeiten und Rückzugsmöglichkeiten für Kinder und Pferde bietet. |
| Material | Heu, Stroh (evtl. Strohballen), Pferdefutter, Essen/Trinken für die Kinder, evtl. Spiel- und Bastelmaterial. |

## 4. „DIE HILFENGEBUNG"
### Vorbereitende Übungen zum Thema: Kommunikation beim Reiten

Im heilpädagogischen Reitunterricht hat die Hilfengebung neben dem reiterlichen Umgang mit dem Pferd vor allem die Aufgabe, die Verbindung und die Kommunikation zwischen Kind und Pferd zu verbessern. In der hier beschriebenen Einheit geht es um vorbereitende Übungen zum selbständigen Reiten. Mit Hilfe der vorgestellten Wahrnehmungs- und Bewegungsübungen kann das Kind die eigenen Bewegungen sowie den Bewegungsablauf seines Pferdes differenzierter wahrnehmen (praktische Hinweise zur Vermittlung der Hilfengebung beim selbständigen Reiten befinden sich im fünften Kapitel). Das Kind lernt dabei die Bewegungen seines Pferdes als „Sprache" zu verstehen und sich mit Hilfe der eigenen Körpersprache mit dem Pferd zu verständigen.

Die folgenden Anregungen für den Unterricht sind unabhängig von verschiedenen Reitstilen nutzbar. Sie sind nicht als Übungen zu verstehen, die das Kind möglichst oft und gut durchführen soll, sie haben vielmehr den Zweck die Aufmerksamkeit des Kindes auf bestimmte Bereiche zu lenken, die uns für seine Verständigung mit dem Pferd wichtig erscheinen. Das Kind kann sich dadurch seiner Bewegungen und Handlungen bewußter werden und sie gezielter zur Verständigung mit dem Pferd nutzen.

**1. Den Kontakt zum Pferd über die Sitzfläche wahrnehmen**
Die folgende gelenkte Wahrnehmungsübung richtet die Aufmerksamkeit des Kindes in den Bereich, in dem es direkten körperlichen Kontakt zum Pferd hat: die Sitzfläche. Das Kind kann lernen, Veränderungen zwischen sich und dem Pferd an der Veränderung der Sitzfläche abzulesen. Da jedes Kind unterschiedlich auf visuelle, taktile oder auditive Reize anspricht ist es wichtig, bei der Anleitung auf eine ausgewogene Sprache zu achten. Dazu gehört es, ganz bewußt unterschiedliche Repräsentationssysteme anzusprechen („Sieh wie ..." oder „Fühle wie...").

- „Wie fühlt sich das Pferd an auf dem du sitzt?" „Fühlt sich sein Rücken hart oder weich an, warm oder kühl?" „Fühlst du die Knochen/ Wirbelsäule oder die Muskeln deines Pferdes?"

- „Wie groß ist die Fläche, mit der dein Po den Rücken deines Pferdes berührt?"
- „Wenn du auf deinem Pferd einen Abdruck hinterlassen könntest (so wie im Sand), wie würde der aussehen?" „Wo wären starke Vertiefungen zu sehen, wo nur leichte?"
- „Wie verändert sich dieser Abdruck auf deinem Pferd, wenn du schneller reitest, wenn du um die Kurve oder über ein Bodenhindernis reitest?"

**2. Sich der Bewegung des Pferdes überlassen können**

An dieser Stelle werden Visualisierungs- und Wahrnehmungsübungen vorgestellt, die die Losgelassenheit und die Balance des Reiters auf dem Pferd unterstützen. Im Mittelpunkt steht auch hier, das Kind für die Verständigung mit dem Pferd zu sensibilisieren. Unabhängig davon können die Übungen natürlich auch einfach zur Lockerung oder zur Verbesserung der Selbstwahrnehmung genutzt werden.

- „Beim Reiten bewegt das Pferd deinen ganzen Körper."
- „Lasse deine Hände los und lasse dich von deinem Pferd tragen."
- „Lege deine Hände auf die Kruppe/Schulter/den Hals/oder den Rücken deines Pferdes und sieh, wie sie vom Pferd bewegt werden."
- „Stütze dich mit beiden Händen auf der Kruppe deines Pferdes ab und fühle, wie das Pferd deine Arme und Schultern bewegt."
- „Strecke deinen linken Arm über den Kopf und stell dir vor, du könntest dich an einem beweglichen, unsichtbaren Haltegriff über dir festhalten. Das Pferd bewegt sich unter dir weiter, es bewegt dein Becken, deinen Rücken deinen Bauch und deine Beine."
- „Stell dir vor, ein unsichtbarer Helfer, stützt dich am Rücken mit seiner Hand und hält dir ganz behutsam den Kopf, so daß du deinen Rücken ganz locker

  lassen kannst (an dieser Stelle kann auch ein tatsächlicher Helfer unterstützend eingreifen)."
- „Stelle dir vor, ein unsichtbarer Helfer stützt dich an deinen Schultern, damit du sie entspannen kannst."
- „Stelle dir vor, ein unsichtbarer Helfer zieht ganz leicht an deinem rechten/ linken Bein, um dich ins Gleichgewicht zu bringen."

- „Lasse deinen Atem ruhig fließen."
- „Reite mit geschlossenen Augen und achte auf den Gang deines Pferdes."

### 3. Bewegungsimpulse des Pferdes mit dem eigenen Körper aufnehmen und verstehen lernen

Diese Übungen haben zum Ziel, das Kind für seinen individuellen Bewegungs-dialog mit dem Pferd zu sensibilisieren. Jedes Kind hat eine ihm entsprechende Art, sich zu bewegen. Verständigungsschwierigkeiten zwischen Kind und Pferd können also auch in ganz unterschiedlichen Bereichen auftreten. Einem Kind fällt es vielleicht schwer, das Beim locker zu lassen, was dazu führt, daß es die Bewegung des Pferdes schlecht aufnehmen kann. Ein anderes Kind kippt mit seinem Oberkörper leicht zur Seite, wodurch es seinem Pferd mißverständliche Hilfen vermitteln kann. Die folgende Ideensammlung enthält Vorschläge, wie das Kind in seiner Selbstwahrnehmung unterstützt werden kann. Für die Verbes-serung der Selbstwahrnehmung gibt es allerdings kein für alle Kinder in gleicher Weise gültiges Rezept. Die Begleitung des Kindes muß immer aus dem tatsäch-lichen Geschehen zwischen Kind und Pferd entwickelt werden, wenn wir dem Kind beim Entdecken seiner „Sprache" helfen wollen.

- „Sieh, wie das Pferd dich bewegt, deinen Bauch, deine Beine, deinen Rücken; du kannst dazu auch deine Hand auf das jeweilige Körperteil legen."
- „Kannst du fühlen, wie dein Pferd beim Gehen schwingt?" „Schwingt es dich stark hin und her, oder nur leicht?" „Hebt es dich auf und ab oder spürst du eher wie es dich vor und zurück schiebt?"
- „Kannst du erkennen, ob dein Pferd große, weite Schritte oder kurze, schnelle Schritte macht?"
- „Reite mit geschlossenen Augen und rate, wohin ich dich führe (nach rechts, nach links, geradeaus, rückwärts ...)." „Woran hast du es gemerkt? In welchem Bereich deines Körpers hast du die Richtungsänderung am deutlichsten gespürt?"
- „Zähle, wieviele Schritte dein Pferd von diesem bis zum nächsten Halt macht."
- „Höre mit geschlossenen Augen darauf, über welchen Boden wir reiten werden (Steinboden, Wiese, bergauf, bergab, naß, trocken, Sand, Kies ...)."

## 4. Die eigenen Bewegungen und deren Auswirkung auf das Pferd erkennen

Die hier beschriebenen Übungen dienen der Verbesserung von Balance und Gleichgewicht. Sie ermutigen das Kind, sich freier und vielfältiger zu bewegen. Indem ihm einzelne Bewegungen bewußter werden, kann es diese auch gezielter zur Verständigung mit dem Pferd einsetzen. Für die spätere Einwirkung beim selbständigen Reiten ist es darüber hinaus wichtig, daß das Kind einzelne Körperpartien unabhängig voneinander bewegen kann ohne dabei aus dem Gleichgewicht zu kommen.

- „Wie kannst du dich bewegen, um auf deinem Pferd genau in der Mitte zu sitzen?"
- „Was verändert sich bei dir und bei deinem Pferd wenn du dich mit deinem Oberkörper von dieser Mitte weg leicht nach vorne oder nach hinten neigst?"
- „Was verändert sich, wenn du mit deiner Sitzfläche etwas nach links oder nach rechts neben diese Mitte rutschst?"
- „Wie reagiert dein Pferd darauf, wenn du die Haltung deiner Beine veränderst?"
- „Drehe dich mit locker hängenden Armen langsam nach rechts hinten und nach links hinten, so daß du über deine Schulter zum Schweif deines Pferdes schauen kannst. Tue dies in einem Tempo, das sich nicht mit der Bewegung deines Pferdes stört."
- „Richte dich abwechselnd auf und sinke wieder zusammen. Beobachte wie dein Pferd auf diese Veränderung reagiert."

## 5. Aufrichtung und zügelunabhängiger Sitz

Um das Kind in seiner Aufrichtung auf dem Pferd zu unterstützen ist es günstig, Bewegungen und Körperhaltungen anzusprechen, die es gut und leicht verändern kann. Korrigieren wir hingegen eine bestimmte Körperhaltung, die - zumindest im Moment - nicht der bewußten Kontrolle des Kindes unterliegt, bestärken wir es eher in seinem Unvermögen. Neigt ein Kind aus Angst dazu, beim Reiten mit dem Oberkörper nach vorne zusammenzusinken, hilft es ihm im allgemeinen wenig, wenn wir diese Körperhaltung im Unterricht fortwährend korrigieren. Da die genannte Körperhaltung auf einen unbewußten Vorgang - das reflexartige Zusammenziehen der Schulter in Angstsituationen - zurückgeht, ist es dem

Kind schwer möglich, diese Körperbereiche bewußt anders zu bewegen. Im beschriebenen Beispiel könnte ihm jedoch die Vorstellung helfen, daß sich seine Beine lang und schwer anfühlen, daß sie gleichmäßig rechts und links neben dem Pferd hängen und daß es dadurch stabiler im Gleichgewicht sitzen kann.

- „Stell dir vor, wie das Pferd deinen Rücken (deine Wirbelsäule) bewegt und wie dein Kopf auf dem Ende der Wirbelsäule balancieren kann."
- „Stell dir vor, jemand würde - während du auf deinem Pferd sitzt - deinen Kopf mit beiden Händen ganz behutsam halten, so daß du deine Schultern, deinen Rücken, deinen Bauch ganz der Bewegung deines Pferdes überlassen kannst."
- „Lasse deinen Blick so weit schweifen, wie es dir gefällt. Du kannst den ganzen Platz (Reitplatz, Halle) für dich beanspruchen."
- „Stell dir vor, deine beiden Beine sind links und rechts an deinen Hüft-gelenken aufgehängt und können deshalb ganz locker mitschwingen."
- „Stell dir vor wie es wäre, wenn deine Füße/Fußsohlen auf warmem weichem Sand ruhen würden."

Noch einige abschließenden Gedanken zur Umsetzung der vorgestellten Übungen im Unterricht. Die Anleitungen stützen sich zum größten Teil auf eine verbale Form der Verständigung. Dieser Umstand ist nicht unproblematisch, da es gerade oft die verbale Kommunikation ist, die aufgrund einer Behinderung oder einer seelischen Belastung beeinträchtigt ist. Gelegentlich kann das sogar bedeuten, daß eine verbale Verständigung gar nicht mehr möglich ist. Ist das der Fall, kann die Anleitung auch durch Berührung erfolgen. Indem ich den Schüler z. B. an seinen Schultern berühre, richtet sich seine Aufmerksamkeit und seine Wahrnehmung auch dorthin. Bewege ich sein Bein auf eine bestimmte Art vor und zurück, mache ich ihm - ohne darüber sprechen zu müssen - einen Vorschlag, wie er sein Bein vielleicht noch halten könnte.

Die gleiche Behutsamkeit ist im Umgang mit Metaphern und Vorstellungs-bildern geboten. Um ihre Wirkung entfalten zu können, sollten sie zum einen sparsam eingesetzt werden, zum andern reagieren Kinder sehr empfindlich auf passende oder unpassende Vorstellungsbilder. Trifft ein Bild ihre Vorstellungswelt oder ihr Empfinden, kann es einen guten Zugang zu einer neuen Erfahrung bilden. Ebenso kann jedoch ein unpassend gewähltes Bild auf Ablehnung stoßen und das Kind sogar eher in Distanz zum Pferd bringen.

## „DIE HILFENGEBUNG"
Vorbereitende Übungen zum Thema: Kommunikation beim Reiten

| | |
|---|---|
| Aufgabenstellung | mit Hilfe von Wahrnehmungs- und Bewegungsübungen wird das Kind auf die Kommunikation beim selbständigen Reiten, die Hilfengebung, vorbereitet. Es lernt sein Körpergefühl zu verbessern, sein Gleichgewicht zu schulen und sich seiner eigenen Bewegungen bewußter zu werden. |
| Geeignet für | ältere Kinder und Jugendliche. Kinder, die bewegungs- und berührungsorientiert lernen. Kinder, die langfristig selbständig reiten lernen wollen. Einzelstunden, evtl. kleine Gruppen. |
| Weniger geeignet für | Kinder, die handlungsorientiert lernen. stark geistig behinderte Kinder. |
| Zeitlicher Rahmen | jeweils zu Beginn der Reitstunde 10/15 Min. |
| Räumliche Bedingungen | ruhig gelegener Reitplatz oder Halle, keine Zuschauer. |
| Material | - |

4. Kapitel

# DER WEG
# VOM ICH ZUM DU

„Alle Kinder
haben die märchenhafte Kraft,
sich in alles zu verwandeln,
was immer sie sich wünschen."

Jean Cocteau

# Der Wechsel in die Gruppe

Auf dem Weg zu einer eigenständigen Persönlichkeit ist für Kinder aller Altersgruppen der Schritt in die Gruppe eine wichtige Erfahrung. Sie können lernen, sich in der Auseinandersetzung mit anderen Kindern zu erproben, Rückmeldungen und Reaktionen bei den anderen Gruppenmitgliedern zu erkennen und auf ihr Verhalten zu beziehen. Durch die Übernahme verschiedener Aufgaben und Rollen innerhalb der Gruppe kann das Kind sich selbst auf eine neue Weise erleben.

Dieses Kapitel befaßt sich damit, wie auf die besondere Lernsituation in der Gruppe, im Unterschied zur Einzelarbeit, eingegangen werden kann. In diesem Zusammenhang geht es um Fragestellungen zum Thema Spiel und Rollenspiel, welches als zentrales methodisches Mittel in der Gruppenarbeit mit Kindern Bedeutung erhält.

In der eingangs vorgestellten Einzelarbeit befindet sich das Kind, anders als in der Gruppenarbeit, in einer herausgehobenen Situation. Es hat die Aufmerksamkeit eines Erwachsenen ganz auf sich alleine gerichtet, mit allen Vor- und Nachteilen und steht damit an zentraler Stelle im Beziehungsdreieck von Pferd, Kind und Pädagoge. Es hat Zeit und Raum, sich in seinem eigenen Tempo und Rhythmus mit der neuen Situation vertraut zu machen. Im Austausch mit dem Pferd kann es sich - in einem eher geschützten Rahmen - selbst erleben und ausprobieren.

In der Gruppe mit anderen Kindern entsteht nun eine veränderte Dynamik, vor allem durch die Interaktion der Kinder untereinander. Die Aufmerksamkeit des Pädagogen richtet sich auf mehrere Kinder und Pferde, was das einzelne Kind aus dem Mittelpunkt herausrückt. Wünsche und Bedürfnisse von anderen Kindern und Pferden gewinnen an Gewicht, womit das Kind sich auseinandersetzen muß. Kann es sich auf diese neue Gruppensituation einlassen, erhält es eine Vielzahl an Anregungen und Ideen durch die anderen Kinder der Gruppe. Im gemeinsamen Spiel und Erleben kann es sich selbst auf eine neue Weise erkennen und spüren lernen.

Je nachdem, um welches Thema es bei einem Kind in der Zeit der Einzelarbeit ging und, welche Bedürfnisse und Fähigkeiten ein Kind in sozialer Hinsicht mitbringt, wird der Schritt in die Gruppe unterschiedliche Aspekte deutlicher hervortreten lassen.

Es gibt Kinder, die sich ausgesprochen darauf freuen, mit anderen Kindern gemeinsam Neues zu erleben, die sich auf Anhieb gut verstehen und relativ rasch zu einer guten Ebene im gemeinsamen Umgang mit dem Pferd finden. Sie können ihre neu gewonnenen Fähigkeiten gut auf die Gruppensituation übertragen und gewinnen damit an Selbstvertrauen und Sicherheit. Kinder, bei denen es jedoch schon in der Einzelbetreuung um Themen wie mangelndes Selbstvertrauen, autistische Verhaltensweisen, stark regressive Bedürfnisse dem Pferd gegenüber ging, werden die neue Situation in der Gruppe als eine große Herausforderung erleben.

Es ist also wichtig, genau zu beobachten, ob und zu welchem Zeitpunkt das Thema Gruppe für das jeweilige Kind geeignet ist. Es gibt durchaus Situationen, in denen der Wechsel in die Gruppe das Kind überfordern kann. Bereits gewonnenes Vertrauen dem Pferd gegenüber kann dabei wieder Schaden erleiden und das Kind kann Erfahrungen, die es in der Einzelarbeit gemacht hat, nicht in die Gruppensituation übertragen. Das kann dazu führen, daß Kinder in alte, in der Einzelarbeit bereits überwundene Verhaltensmuster zurückfallen, indem sie ihre Unsicherheit durch überaktives, aggressives Verhalten oder durch herumalbern überspielen. Die Kraft, die sie eigentlich für die Auseinandersetzung mit den anderen Kindern brauchen würden, verschwendet sich in abwehrenden Aktivitäten, was den weiteren Prozeß unnötig erschweren kann.

So geschah es bei Werner, der nach einem Jahr Einzelarbeit, auf Ansinnen der Mutter, die sich eine Verbesserung seiner sozialen Kontakte erhoffte, nun in eine Gruppe wechseln sollte. In der Einzelarbeit mit dem Pferd war es vorwiegend um seine große motorische Unruhe und um seine Angst vor Körperkontakt gegangen. Zu Beginn der Arbeit reagierte er auf Berührung im körperlichen wie auch im emotionalen Sinne mit wilder Aktivität. Es konnte passieren, daß er minutenlang rannte, um sich schlug, stampfte oder strampelte oder sich einfach während des Reitens vom Pferd fallen ließ, wenn ihm etwas zu eng wurde. Mit Flocki, dem Islandwallach, hatte er im Laufe der Zeit Formen von Nähe und Kontakt gefunden, die er gut aushalten konnte, weil er dabei aktiv bleiben und über den Abstand zum Pferd auch jederzeit selbst entscheiden konnte.

In der Gruppe mit den beiden anderen Jungen ging er mit seinem Pferd sehr grob um, nannte es „den blöden Gaul", als es nicht gleich reagierte, rannte ständig weg, warf die Putzsachen fort und machte sich über die anderen Kinder lustig. Mit seinem Verhalten zeigte er uns, daß ihn die Situation im Moment noch überforderte, daß er die Vertrautheit, die er in der Einzelarbeit mit dem Pferd gewonnen hatte, noch nicht teilen konnte. Er war in seiner Entwicklung noch nicht an einem Punkt angelangt, an dem er mit dem Pferd oder über das Pferd den Weg in die Gruppe gehen konnte. Irgendwann wird es auch für Werner wichtig sein, mit eben den Möglichkeiten, die er hat, einen Platz in der Gruppe zu finden, aber er benötigt dafür erst ein höheres Maß an innerer Sicherheit, um sich dieser Herausforderung gewachsen zu fühlen.

Anders verhielt es sich bei Melanie, einem 13jährigen Mädchen, die auf den ersten Blick ganz ähnliche Verhaltensweisen beim Wechsel in die Gruppe zeigte. Auch sie wurde ihrem Pferd gegenüber grob und ungerecht, als sie gemeinsam mit zwei weiteren Mädchen in einer Gruppe reiten sollte: „Der kann das ja sowieso nie" oder: „Der ist immer so stur". Im Unterschied zu Werner war Melanie jedoch an einem Punkt in dem Prozeß mit ihrem Pferd angelangt, an dem sie die Auseinandersetzung mit den anderen Kindern brauchte, um sich selbst deutlicher wahrnehmen zu können.

Melanie neigte zu Depressionen und tat sich schwer, sich selbst und ihre Leistungen anzunehmen. Die Beziehung zu ihrem Pferd war auf der emotionalen Ebene sehr intensiv. Im gemeinsamen Umgang hatte sie jedoch oft Schwierigkeiten, die Auswirkungen ihres Handelns richtig einzuschätzen und zu erkennen, was zwischen ihr und dem Pferd tatsächlich passierte. Sie verarbeitete diese Situationen oft so, daß sie sich selbst übermäßig negativ bewertete: „Bei mir kann das ja auch nicht gehen, das macht der Gejszar bestimmt nur, um mich zu ärgern oder weil er mich nicht mehr mag."

In der Auseinandersetzung mit den anderen Kindern der Reitgruppe konnte sie nun beobachten, wie mit Konfliktsituationen auch anders umgegangen wurde, was es also für alternative Verhaltensmöglichkeiten gab. Außerdem erhielt sie von den anderen Kindern der Gruppe direkte und indirekte Rückmeldungen über ihre Fähigkeiten beim Reiten: Bewunderung wenn ihr etwas gelang, aber auch Kritik, wenn sie ihrem Pferd gegenüber ungerecht wurde und indirekte Anerkennung, indem ihr bestimmte Aufgaben innerhalb der Gruppe zugetraut wurden.

Diese Rückmeldungen und die daraus entstehende Dynamik innerhalb der Gruppe haben einen anderen Charakter als die Bestätigung und Rückmeldung durch den Erwachsenen. Für das Kind bedeutet die Auseinandersetzung mit anderen Kindern in der Gruppe, daß es eingebunden ist und daß es in Kontakt mit anderen Kindern steht. Ich denke, daß auch in der heilpädagogischen Arbeit mit dem Pferd, nach anfänglicher Einzelbetreuung, die Gruppe für das Kind das entscheidende Erfahrungsfeld ist. Hier erfährt es Zugehörigkeit, es lernt, sich zu behaupten und es kann über den gemeinsamen Umgang mit dem Pferd Kontakt zu Gleichaltrigen aufnehmen.

Im Unterschied zu den Themen der Einzelarbeit (Unterstützen, Stabilisieren, Nachbefriedigen, Vertrauen finden, regressiven Bedürfnissen nachgeben können) stehen in der Gruppenarbeit eher Themen im Vordergrund, die auf die Auseinandersetzung mit dem Gegenüber, sei es mit dem Pferd oder den Kindern der Gruppe ausgerichtet sind:

- Die eigenen Fähigkeiten und Grenzen innerhalb einer Gemeinschaft entdecken und leben können.
- Einen Platz in der Gruppe finden und damit Kooperationsfähigkeit, Durchsetzungsvermögen und Einfühlungsvermögen entwickeln.
- Als Einzelner ebenso wie als Gruppe Verbindung zu kollektiven Erfahrungen erhalten (sich als Teil der Natur, als Teil einer Gruppe fühlen).
- Spielregeln, Regeln des Zusammenseins in der Gruppe kennenlernen.
- Erfolgserlebnisse aus der Einzelarbeit in der Gruppensituation bewahren.
- Soziale Kompetenz entwickeln.

Im folgenden Teil des Kapitels wird es darum gehen, wie die hier beschriebenen Themen für Kinder mit unterschiedlicher sozialer Kompetenz und verschiedenen Fähigkeiten im Rahmen der Gruppenarbeit gestaltet werden können.

# Spiel und Rollenspiel

Methodisch steht in diesem Kapitel das Spiel, insbesondere das Rollenspiel im Vordergrund. Es erlaubt, vor allem in Gruppen mit sehr unterschiedlichen Kindern, eine an den Fähigkeiten der einzelnen orientierte Förderung. Da nicht die Leistung bzw. eine Leistungsunfähigkeit der jeweiligen Kinder im Mittelpunkt steht, sind Entwicklungen und Veränderungen auf ganz vielfältiger Ebene möglich. Im Spiel wird die sinnliche Erfahrung ebenso angesprochen, wie die Erfahrung des sozialen Umgangs mit Gleichaltrigen. Das Kind kann sich im Spiel gleichermaßen mit seiner inneren und äußeren Welt auseinandersetzen. Das gemeinsame Spielen, das spielerische Übernehmen unterschiedlicher Rollen, kann auch Kinder mit körperlichen oder seelischen Beeinträchtigungen motivieren, sich auf neue Erfahrungen einzulassen, neue Erlebnisse gemeinsam mit anderen Kindern zu haben und sich selbst auf eine neue Art zu erleben.

Das Spiel als methodisches Mittel fördert integrative und kooperative Aspekte innerhalb einer Gruppe. Merkmal des Spiels ist jedoch auch seine Zweckfreiheit sowie die Selbstbestimmtheit der Spielenden. So kann man ein Kind zum Üben oder Trainieren bestimmter Aufgaben anhalten, nicht jedoch zur Freude am Spiel zwingen. Dieser Aspekt wird im methodischen Teil des Kapitels nochmals näher betrachtet.

Für behinderte, kranke oder in ihrer Entwicklung beeinträchtigte Kinder ist der natürliche Spielraum oft schon von klein auf eingeschränkt. Je stärker ein Kind beeinträchtigt ist in seiner Beweglichkeit, in seiner Sprache, in seinen intellektuellen Fähigkeiten, in seiner Wahrnehmung, um so schwerer wird ihm in den meisten Fällen auch der Weg in verschiedene Gruppen gemacht (z. B. Schulklasse, Sportvereine, Cliquen ...). Die stützende Funktion des Pferdes, verbunden mit den spannenden oder lustigen Elementen des Spiels kann für das einzelne Kind in der Gruppe eine hilfreiche Brücke sein, um in Kontakt zu kommen.

Dabei kommt dem Pferd, das durch sein Wesen und sein Lebensumfeld neben der Symbolebene des Spiels die Realität einbringt, eine große Bedeutung zu. Durch sein Wesen, sein „nicht-intellektuelles" Verhalten und seine mögliche Präsenz kann es dem Kind immer wieder die nötige Erdung und die stützende Kraft der Verbindung gewähren. Das Kind muß neben der symbolischen Spielebene zusätzlich auf der realen Ebene mit seinem Pferd zurecht kommen können. Es muß in der Lage sein, das Pferd zu führen, mit ihm umzugehen und im Gelände ganz reale Situationen zu meistern. Dabei kann das Pferd Beeinträchtigungen teilweise kompensieren. Ein gehbehindertes Kind kann, auf dem Pferd reitend, an einem Reiterspiel teilnehmen, ein sprachbehindertes Kind kann durch Zeichen- und Körpersprache Verständigungsformen mit dem Pferd und dadurch auch mit der Gruppe finden. Darüber hinaus ermutigt die Rollenspielsituation das Kind oft zu eigenständigen Lösungsansätzen, wo wir anderenfalls als Erwachsene oft reglementierend eingreifen müßten.

So führt ein kleiner Junge sein Pferd ganz behutsam über einen steinigen Weg, weil er als Häuptling Winnetou seinem Stamm ein neues Pferd überbringen muß. Im Unterricht auf dem Reitplatz müssen wir ihn indessen immer wieder ermahnen, besser auf sein Pferd zu achten, wenn er ungeduldig am Zügel herumzieht oder das Pferd durch ständig treibende Hilfen beunruhigt.

Die Erfahrungen mit dem symbolischen Rollenspiel zeigen, daß Kinder sich einen anderen Weg der Heilung suchen, als Erwachsene dies meistens tun: „Unsere - erwachsene - Vorstellung von Heilung geht in der Regel von der Idee aus, daß gute und wirksame Medizin bitter schmecken muß und daß Entwicklung über Krise, Mühe und Leid geschieht." (A. Fryszer: Das Spiel bleibt Spaß, in: Psychodrama, Heft 2, 1995, S. 171)

Kinder aber wollen im Spiel ihre leidvolle Situation nicht noch einmal wiederholen, ihre Ohnmacht oder Verletzung nicht wieder erleben müssen. Im symbolischen Rollenspiel, in dem die Wirklichkeit und die erdachte Welt klar getrennt sind, können die Kinder im Rollentausch erleben, wie sie aktiv und handelnd die Geschehnisse selbst mitgestalten können. Anstatt sich als Opfer, als passives Wesen den Ereignissen gegenüber zu empfinden, können sie im Spielgeschehen hilfreiche Erfahrungen machen, die sie in ihr Selbstbild integrieren können: der Größte zu sein, beschützt zu sein oder über phantastische Fähigkeiten zu verfügen. Die Wirklichkeit im Spiel verändern und gestalten zu können, eröffnet dem Kind Zugang zu seinem inneren Potential und zu seiner Kreativität. Das Kind erlebt so, wie es handlungsfähiger und damit selbstbewußter werden kann. Diese Fähigkeiten helfen ihm wiederum bei der Bewältigung von Konfliktsituationen innerhalb seines Lebensalltags. In diesem Sinne kann das symbolische Rollen-spiel Veränderungsprozesse einleiten, die über die Gruppenspielsituation hinaus wirksam werden.

Das Kinderpsychodrama nach Aichinger/Holl (Psychodrama - Gruppentherapie mit Kindern, 1997) enthält dazu wertvolle Möglichkeiten, diese Veränderungs-prozesse für das Kind selbst sichtbar zu machen. Mit Hilfe von Interventions-techniken kann der Therapeut dem Kind Rückmeldung geben, es stützen, kon-frontieren, ihm Prozesse auf bildlicher Ebene verdeutlichen und ihm damit Wege aus scheinbar festgefahrenen Situationen zeigen. Diese Techniken im einzelnen zu vertiefen, würde den Rahmen dieses Buches sprengen. Ich verweise dazu auf die oben angeführte Literatur.

Zusammenfassend ist folgende Erkenntnis aus dem Kinderpsychodrama we-sentlich für die Arbeit mit Kindergruppen im heilpädagogischen Reiten: Kinder wollen nicht „Probleme spielen" sondern sie wollen Spaß haben beim Spielen und sie können das Spiel - unter entsprechender Anleitung - dazu nutzen, Ver-änderungen zu erproben. An dieser Stelle ergänzt sich die Vorgehensweise im Kinderpsychodrama in idealer Weise mit der Vorgehensweise im heilpädagogi-schen Reitunterricht. Denn auch das Reiten wird von den Kindern nicht als eine Form der Problembewältigung erlebt sondern als etwas, das sie aus Freude heraus machen. Aus Freude an der Bewegung, aus Lebensfreude oder aus Freude am Kontakt mit dem Pferd. Diese Verbindung zum Pferd kann das Kind einerseits ermutigen, sich auf neue, bis dahin ungewohnte, Spielsituationen einzulassen. Andererseits hilft das Element des Rollenspiels, dem Kind beim Reiten auch die spielerische und leichte Seite des Lernens zu erfahren.

Die praktischen Übungen, die im folgenden Teil beschrieben werden, sind vor diesem Erfahrungshintergrund entstanden. Für die Arbeit mit unterschiedlichen Personengruppen wird gezeigt, wie die Vorgehensweise im Rollenspiel bzw. im freien Spiel entsprechend modifiziert werden kann.

# Vorüberlegungen zu den praktischen Übungen

## Das Kind

In bezug auf den Umgang mit dem Pferd muß das Kind über eine Grundsicherheit verfügen. Die Körpersprache und das Ausdrucksverhalten des Pferdes sollten ihm vertraut sein und es muß in der Lage sein, sein Pferd selbständig zu führen. Diese Voraussetzungen sind wichtig, weil das Kind auch noch im Eifer des Spiels auf die Reaktionen des Pferdes zu achten hat.

Wie zu Beginn dieses Kapitels bereits angesprochen, ist es im Zusammenhang mit der Gruppenbildung wichtig zu berücksichtigen, welche Thematik die einzelnen Kinder mitbringen. Haben die Themen der Kinder tatsächlich mit „Gruppe" zu tun und lassen sie sich mit dem Thema der gesamten Gruppe vereinbaren?

Für das Spiel ist es von Vorteil, wenn sich die Fähigkeiten der beteiligten Kinder ergänzen, wenn also Kinder mit unterschiedlicher Auffassungsgabe und mit unterschiedlichen reiterlichen Fähigkeiten zusammenkommen. Es ist nicht sinnvoll, mehrere Kinder mit einer ähnlichen Schwierigkeit in einer Gruppe zusammenzufassen. Mehrere sehr schüchterne Kinder bremsen sich in der Entwicklung erfahrungsgemäß gegenseitig, ebenso wie eine Gruppe mit eher aggressiven, überaktiven Kindern sich gegenseitig den Raum zur Entfaltung nehmen können. Die Größe der Gruppe hängt von den Rahmenbedingungen und der Selbständigkeit der Kinder ab. Es muß auf jeden Fall gewährleistet sein, daß genügend Betreuer, die auch die Verantwortung für die Pferde übernehmen können, dabei sind. Eine Gruppengröße von 3 bis 4 Kindern, 2 bis 4 Pferden und 2 Helfern ermöglicht genug Dynamik zwischen den Kindern, bleibt aber zusammen mit den Pferden noch gut überschaubar.

Das Alter der mitspielenden Kinder sollte mindestens 6 Jahre betragen. In diesem Alter ist das gemeinsame Spiel/Rollenspiel schon Teil der sozialen Entwicklung. Die Altersobergrenze ist offen und hängt eher von der Spielfreude und dem Entwicklungsstand älterer Kinder ab. Ich habe gute Erfahrungen mit bis zu 15jährigen Jugendlichen gemacht, die sich auf die symbolische Spielebene noch gut einlassen konnten. Die Spielthematik muß dann allerdings auch der Altergruppe angepaßt sein.

**Das Pferd**

Innerhalb der Spielsituation kommt dem Pferd eine große Aufgabe und Bedeutung zu. Es ist „Mitspieler" und es kann sich gegenüber dem Kind offen verhalten. Darauf müssen wir das Pferd entsprechend vorbereiten. Teil dieser Vorbereitung kann sein, das Pferd gemeinsam mit den Kindern mit verschiedenen Spielmaterialien, die dann während des geplanten Spiels auftauchen, vertraut zu machen. Pferdegemäße Verhaltensweisen wie Herdentrieb und Bewegungsfreude können ebenso thematisch im Spiel aufgegriffen werden, wie individuelle Vorlieben und Ängste eines Pferdes. Die Belange des Pferdes können aber auch gut berücksichtigt werden, indem gemeinsam mit den Kindern vor Spielbeginn überlegt wird, wie und unter welchen Bedingungen das Pferd mitspielen könnte bzw. welche Unterstützung es jeweils benötigt. Hat es ausreichend Platz, braucht es ein zweites beteiligtes Pferd oder kann es bestimmte Spielutensilien nicht vertragen.

Das verlangt von den Kindern schon ein hohes Maß an Einfühlung für die Bedürfnislage des Pferdes. Es ist ein erster Schritt dahin, sich über die beteiligten Mitspieler, in diesem Fall das Pferd, Gedanken zu machen. Dabei wird deutlich, daß das Spielen nur miteinander funktionieren und Spaß machen kann.

Bei der Auswahl des Pferdes für ein Spiel gilt es noch zu berücksichtigen, daß das Pferd selbst auch ganz unterschiedliche Spielfähigkeiten hat. So gibt es Pferde, die mit großem Eifer auf abenteuerliche Aktionen in möglichst unwegsamem Gelände einsteigen, andere lassen sich von bestimmten Spielmaterialien begeistern (einem großen Ball) und wieder andere sind für Spiele mit Tempo und Bewegung zu haben.

Pferde können aber auch gut zwischen Spiel und Arbeit unterscheiden: so hat unsere Islandstute beim Reiten immer eine panische Angst vor Tüchern, Planen und allen flatternden Gegenständen. Während eines Spiels, in dem diese Stute ein Zauberpferd sein sollte, wollten die Kinder sie natürlich auch dementsprechend „verkleiden" und hatten sich vor allem schöne glitzernde Tücher und Bänder ausgesucht. Die Stute ließ sich - ohne daß sie angebunden war - von den Kindern schmücken und mit flatternden Tüchern behängen und schritt dann stolzen Hauptes mit ihnen los. Ihre Abneigung gegenüber Flattergegenständen in anderen Situationen behielt sie allerdings bei!

Im Unterschied zur Einzelarbeit, in der das Pferd eher für das Kind da ist und ihm gewissermaßen einen Vertrauensvorschuß gewährt, wird es in der Gruppenarbeit zunehmend wichtiger, dem Pferd Raum zum Mitmachen zu lassen, seine Reaktionen einzubeziehen und sie zu thematisieren. Auf diese Weise kann sich dem Kind der Weg zum Gegenüber zu öffnen.

In diesem Zusammenhang spielen auch der Ausbildungsstand und das Wesen des Pferdes eine wichtige Rolle für eine gelungene Spielsituation. Vergleichbar den Voraussetzungen bei den mitspielenden Kindern sollte auch das Pferd Interesse und Fähigkeit zur Kontaktaufnahme mitbringen. Dazu sollten ihm die Regeln des Umgangs und der Hilfengebung beim Reiten vertraut sein: Stimmkommandos, reiterliche Hilfen, Körpersprache. Die reiterliche Grundausbildung muß eine feine Verständigung zwischen Kind und Pferd ermöglichen. Eine gute Kontrolle über Tempo, Richtung und Grad an Aufmerksamkeit des Pferdes, gewährleistet die Sicherheit von Kind und Pferd.

Hierzu ist nicht entscheidend, welcher reiterlichen Richtung (Western, Klassisch, leichte Reitweise ...) diese Ausbildung entstammt. Wichtiger ist die Reaktionsfähigkeit des Pferdes auf eine feine Hilfengebung und ein selbständiges und waches Mitarbeiten.

### Der Pädagoge

Vom Pädagogen verlangt das symbolische Rollenspiel, daß er über ein großes Spektrum an unterschiedlichen Interventionsformen verfügt. Die Interventionen können wichtig werden beim Umgang der Kinder mit dem Pferd, im allgemeinen Spielverlauf und auch in bezug auf das Verhalten der Kinder untereinander. Er kann als Spielleiter eher außerhalb stehen und von außen eingreifen, er kann Regeln vorgeben oder bei der gemeinsamen Absprache von Regeln unterstützend begleiten. Er kann aber auch als Mitspieler selbst Teil des Spielgeschehens werden und muß dann aus dieser Rolle heraus Möglichkeiten finden, zu intervenieren. Versieht er sich mit einer Rolle, die weniger leitenden, sondern eher beratenden Charakter hat, kann er dadurch die Spielinitiative besser an die Kinder der Gruppe abgeben.

In der Rollenspieleinheit einer Kindergruppe entstand die Situation, daß wir - zwei Gruppenleiter - uns die Rolle der pferdeunkundigen Stallburschen gaben. Indem wir den unsicheren und unwissenden Part übernahmen, hatten die Kinder mehr Raum um die Verantwortlichkeit in ihren Rollen auszufüllen. Im Spiel waren sie königliche Herrschaften mit Pferden. Wir konnten jedoch aus unserer Rolle heraus notfalls helfend eingreifen, wenn sie mit den Pferden überfordert waren. Diese Kinder befanden sich in einer Entwicklungsphase, in der es zunehmend wichtiger wurde, Verantwortung für die eigenen Ideen und Gestaltungsmöglichkeiten zu übernehmen.

Beim Beenden des Rollenspiels kommt dem Pädagogen eine weitere wichtige Aufgabe zu. Er begleitet die Kinder, wenn sie aus ihrer Rollenspielebene wieder zurück in die Ebene der Realität kehren. Dabei können wichtige Geschehnisse aus dem Spielverlauf nochmals angesprochen und festgehalten werden, so daß sie für das Kind nicht verloren gehen.

### Die Rahmenbedingungen

Da das Spiel im Verlauf oft eine eigene Dynamik bekommt, ist es von großer Bedeutung, die äußeren Rahmenbedingungen für Kinder und Pferde vor Spielbeginn klar abzusprechen. Es ist dann leichter, während des Spielverlaufs kurz daran zu erinnern was gemeinsam verabredet war. Kinder und Pferde erhalten Sicherheit und Orientierung, wenn ihnen von Anfang an deutlich ist, welche Regeln für das Spiel gelten. Dazu gehört abzusprechen, welche Räume, Plätze, Wege oder Stallteile benutzt werden können, welche Utensilien Bestandteil des Spiels sein können und welchen Raum das Pferd für sich braucht.

Vor Beginn sollte noch geklärt werden, wie offen, bzw. wie strukturiert das Spiel beginnen soll und in welcher Weise die Kinder in die Gestaltung des Spieles einbezogen werden können. Die Rahmenbedingungen des Spielverlaufes in Kürze:
- Die Dauer einer Spielstunde beträgt, inklusive Vorbesprechung, 60 Minuten.
- Eine Spieleinheit kann sich über 6 bis 10 Unterrichtsstunden erstrecken.
- Zu Beginn und zum Ende der Stunde muß ausreichend Zeit für den Wechsel in die Rolle bzw. von der Rolle zurück in die Realebene sein.
- Jedes Kind kann für sich selbst entscheiden, in welcher Rolle es mitspielt.

## Auswertung

Da es bei dieser Einheit in erster Linie um soziale Prozesse geht ist es sinnvoll, im Zusammenhang mit der Auswertung den Blick auf die Gruppe und den Einzelnen innerhalb des Gruppengefüges zu richten. In Anlehnung an eine Methode aus der Psychodramaarbeit, die Arbeit mit dem sozialen Atom, stelle ich hier eine etwas abgewandelte Form des sozialen Atoms vor. Sie erlaubt eine gute Analyse der Interaktion, des Grades an Eigenständigkeit und des Integrationsvermögens innerhalb des Gruppengeschehens. „Man kann das soziale Atom als ein auf eine einzelne Person zentriertes Soziogramm betrachten, das ein eher plastisches Bild der handelnden Personen, ihrer gegenseitigen Beziehungen und der enthaltenen Verhaltenstendenzen zeigt" (M. Kulenkampff: Das ‚social network inventory', in: Psychodrama, Heft 2, 1991, S. 174)

Im Unterschied zur Erstellung des sozialen Atoms in der therapeutischen Anwendung, wobei der Patient sich selbst als ein soziales Atom mit allen ihm wichtig erscheinenden Beziehungen zeichnet (diagnostische Funktion), dient diese Form der Betrachtung hier eher der Auswertung und Analyse von sozialen Prozessen innerhalb der Gruppe.

Der Pädagoge erstellt vor Beginn der Einheit ein soziales Atom für eines der Kinder aus der Gruppe. Er versucht dazu, sich in die Wahrnehmung des Kindes hineinzuversetzen und beschreibt auf graphische Weise die sozialen Verbindungen des Kindes zu seinem Pferd, zu den anderen Gruppenmitgliedern, zum Gruppenleiter und zu eventuellen weiteren Faktoren, die auf das Geschehen wirken könnten: z. B. andere Tiere auf dem Hof, Eltern, Betreuungspersonen, Geländegegebenheiten.

Je stärker eine Linie gezeichnet ist, um so intensiver ist die beschriebene Beziehung zwischen den Personen. Eine gestrichelte Linie steht für einen wenig ausgeprägten Kontakt. Querstriche über einer Linie bedeuten eine Störung in dieser Beziehung. Je näher der Querstrich an einer Person steht, desto stärker geht die Störung von dieser Person aus.

Nach Abschluß der Einheit wird über dasselbe Kind (dieselben Kinder) wieder ein soziales Atom erstellt. In der Auswertung dieser beiden Graphiken können Veränderungen im Gruppenprozeß analysiert werden, Entwicklungsschritte einzelner Kinder ausgewertet, Veränderungen in der Gruppendynamik veranschaulicht und Themen für die weitere Vorgehensweise herausgearbeitet werden.

Beispiel: Hanna reitet gemeinsam mit Sabina in einer Gruppe. Von ihr gehen zwar viele Impulse zur Kontaktaufnahme aus, diese werden jedoch lediglich vom Pädagogen aufgegriffen. Innerhalb der Gruppe steht sie isoliert (siehe Abb.1a), da Sabina, die eine starke Verbindung zu ihrem Pferd hat, ihrerseits kaum Kontakt zu Hanna aufnimmt. Hannas Pferd zieht sich zurück und reagiert auf Hannas unruhiges Verhalten zunehmend abweisend (nähere Informationen zu diesem Fallbeispiel finden sich im Übungsvorschlag „der schwarze Blitz").

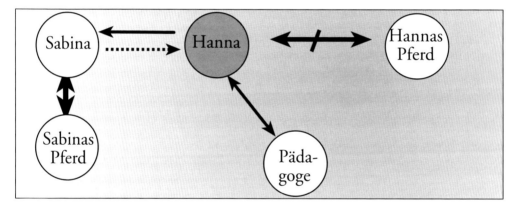

Abb. 1a: Hannas soziales Atom zu Beginn der Rollenspieleinheit

Im Verlauf der Rollenspieleinheit „der schwarze Blitz" harmonisiert sich die Situation für Hanna. Die Graphik (Abb. 1b) zeigt, daß Hanna wesentlich stärker in das Geschehen eingebunden und die Verständigung innerhalb der Gruppe vielfältiger geworden ist. Sabina ist vom äußeren Rand der Gruppenkonstellation in die Mitte der Gruppe gerückt. Die Aufgabenstellung der Einheit, die Hanna ein großes Maß an Verantwortung für ihr Pferd übertrug, hatte dazu beigetragen daß sie ihre sozialen Fähigkeiten besser entfalten und einbringen konnte.

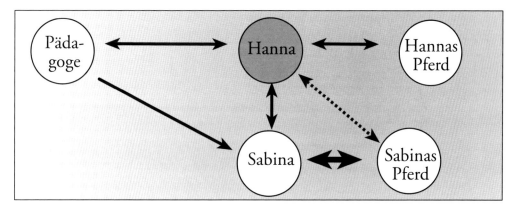

Abb. 1b: Hannas soziales Atom im Anschluß an die Rollenspieleinheit

157

# Praktische Übungsvorschläge

## 1. „DIE REISE INS LAND DER AUFGEHENDEN SONNE"
### Anregungen zum Thema: Einstieg in eine neue Gruppe finden

Die folgenden Anregungen eignen sich besonders für neu zusammengesetzte Gruppen und Gruppen, in denen eine Veränderung oder ein Entwicklungsschritt anstehen. Der Spielentwurf beschreibt die Gruppensituation metaphorisch. Eine „Reise" steht als Bild dafür, sich auf den Weg zu machen, eine „Prüfung" oder „Mutprobe" kann einen Abschluß bzw. einen Neubeginn symbolisieren, ein „Stammestreffen der Indianer" steht als Bild für die Zusammengehörigkeit einer neuen Gruppe. Auf diese Weise können Gruppenprozesse bildhaft angesprochen und auf spielerische Art bearbeitet werden.

Die Spielidee „Reise ins Land der aufgehenden Sonne" gibt den Mitspielern eine klar strukturierte Form vor. Dadurch eignet sie sich auch für Kinder, die einen festen Rahmen brauchen. Für das Kind ist überschaubar, worum es geht, wieviel Zeit zur Verfügung steht und welche Regeln gelten. Vor allem jedoch bieten die besonders hervorgehobenen Aufgabenstellungen und die Rollenwahl dem Kind einen Schutzraum, innerhalb dessen es spielerisch neue Handlungsmöglichkeiten ausprobieren kann. Festgefahrene Rollenmuster/ Verhaltensmuster wie „der kann das doch nicht" oder „der macht ja immer nur" können durch eine neue Erfahrungsebene in Bewegung gebracht werden. Die eigene Erfahrung oder Veränderung wird für das Kind unmittelbar sichtbar. Wenn sich zum Beispiel ein schüchternes Kind zutraut, das erste Mal die Rolle des „Kartenlesers" oder „Spähers" für eine Gruppe zu übernehmen, kann es die damit verbundene Wirkung auf sich selbst und auf die anderen Kinder der Gruppe direkt erkennen. Eine Erfahrung, an die es in anderen Situationen anknüpfen kann.

Die klaren Strukturen und Spielregeln geben den Kindern ein größeres Maß an Sicherheit und Orientierung. Ich nenne diese Spielform „Spiele mit rituellem Charakter", da sie - ähnlich einem Ritual - einen festgeschriebenen Inhalt, einen festgelegten Anfang und ein eben solches Ende haben.

Im Alltag unseres Kulturkreises sind Rituale oder rituelle Formen für eine Veränderung sehr selten geworden. Wie mit der Weiterentwicklung und dem Wandel in bestimmten Lebensabschnitten umgegangen wird, steht weitgehend in der Verantwortung eines jeden Einzelnen. Häufig vollziehen sich wichtige Veränderungen nur unbewußt oder schleichend. Im rituellen Rollenspiel können, stellvertretend für tatsächliche Rituale, Veränderungen und Wandlungen veranschaulicht und damit bewußt gemacht werden. Wie in einem Ritual geht es bei diesen Spielen darum, als Gruppe oder als Einzelner innerhalb der Gruppe zu einem neuen Erfahrungshorizont zu gelangen, gemeinsame Regeln zu festigen, eine innere oder äußere Veränderung/Entwicklung zu vollziehen und einer Gruppe zugehörig zu sein. Die an der Geschichte beteiligten Figuren sind vorgegeben aber in ihren Wesenszügen nicht ausgestaltet (der Clown, der König, der Hirte). Sie spiegeln modellhaft menschliche Verhaltensmöglichkeiten wider und ermutigen das Kind, neue Handlungsweisen im Spiel zu erproben.

Der Handlungsaufbau der rituellen Spiele steht in wesentlichen Elementen dem der Märchen nahe. In der Märchenforschung sind dazu folgende Erkenntnisse beschrieben:

„Die Grundkonstellation von Märchenhandlungen besteht in der Opposition von Spannung und Lösung, Aufbruch und Rückkehr, Kampf und Sieg, Erwartung und Erfüllung, Verzauberung und Erlösung. In ihrer einfachsten Form vollzieht sich die Handlung als Sequenz dreier Handlungsschritte:
- Trennung/ Verwandlung/ Vereinigung oder
- Mangelsituation/ dreifacher Versuch einer Veränderung der Ausgangssituation/ durch Erfolg gekennzeichnete Endsituation.
Die Abfolge der Handlung realisiert sich als Steigerung, die zum Höhepunkt zum Schluß hin zielt. Jede Aufgabe ist schwieriger als die vorausgegangene, bis die Lösung gelingt". (M. Schrader: Epische Kurzformen, Theorie und Didaktik, 1980, S. 63)

„Märchen können den Weg einer Persönlichkeitsentwicklung versinnbildlichen: Im ersten Teil löst sich der kindliche oder jugendliche Held - der Protagonist also - von den Eltern, um sich dann auf seinem Weg mit verschiedenen Problemen und Herausforderungen auseinanderzusetzen; so erreicht er letztlich ein höheres Entwicklungsniveau und eine damit verbundene Unabhängigkeit bzw.

Autonomie. Je nach Märchen finden wir unterschiedliche Entwicklungs- und Lebenskonflikte akzentuiert, die einmal mehr aus weiblicher, dann wieder aus männlicher Sicht erfolgen. Diese Lebensschicksale sind aber keine Einzelschicksale, sondern haben überindividuellen Charakter. Sie können als archetypische Konstellationen betrachtet werden, die über verschiedene Kulturen hinweg gleiche bzw. ähnliche Muster zeigen und eine tiefe bildhafte Ebene in uns ansprechen." (K. Weber: Märchen im Kinderpsychodrama, in: Psychodrama, Heft 2, 1995, S. 255)

Spiele mit rituellem Charakter sind besonders als Einstieg in das symbolische Rollenspiel geeignet, weil die Kinder mit den Regeln und den Möglichkeiten des Spielens mit dem Pferd vertraut gemacht werden können. Der im folgenden dargestellte Spielverlauf wird am Beispiel zweier Kinder dargestellt, die nach einem halben Jahr Einzelarbeit nun zu zweit kommen.

Sven, ein 7jähriger Junge, ist im sozialen Umgang sehr sicher, umsichtig und mutig. Er ist dem Pferd zugewandt aber noch unsicher betreffs seiner eigenen Fähigkeiten und Grenzen sowie seiner Wirkung auf das Pferd. Katrin, das Mädchen ist 9 Jahre alt und ein Einzelkind. Sie hat wenig Verbindung zum Pferd, ist aber sehr aktiv und verfügt über eine hohe Auffassungsgabe.

### Einstieg

Zur Vorbereitung der Spieleinheit teilen wir beiden Kindern die Idee des folgenden Rollenspiels mit. Wir schlagen ihnen vor, sich mit uns gemeinsam auf eine Reise begeben, während deren Verlauf wir uns gegenseitig besser kennenlernen können. Wir können auf dieser Reise auch herausfinden, was wir und was unsere Pferde besonders gut können. Am Ende unserer Reise soll ein feierliches Ritual der Namensverleihung stehen. Jedem Kind und jedem Pferd wird dabei ein Name verliehen, der die besonderen Taten und Leistungen während unserer Reise beschreibt. Zum Beispiel: „mutiger Späher", „wilder Ritter", „wissender Häuptling" oder „kluge Seherin".

Der Spielentwurf erstreckt sich über 5 Stunden (je 60 Min.) und wird von zwei Gruppenleiterinnen begleitet. Zur Einstimmung erzählen wir den Kindern folgende Geschichte: „Wir, zwei Reisende, wollen uns gerne zu Fuß auf den Weg machen, in das „Land der aufgehenden Sonne". Wir haben aber gehört, daß es sehr schwer ist, dorthin zu gelangen. Das Gelände ist unwegsam und manche Gebiete konnten zu Fuß noch nie durchquert werden. Nun haben wir gehört, daß hier zwei Kinder leben, die sich recht gut im Wald auskennen und die vor allem gut mit Pferden umgehen können. Ob sie uns wohl mit ihren Pferden auf dieser gewiß spannenden Reise begleiten wollen?"

Wir unterbrechen die Geschichte, um die Kinder zu fragen, ob und in welchen Rollen sie gerne mitspielen würden. Sie entscheiden sich für die Rolle einer reisenden Prinzessin und für die Rolle eines Cowboys. Nachdem sich alle Mitspieler verkleidet und ihre Pferde für die Reise vorbereitet haben, können wir uns als Gruppe auf den Weg machen.

Auf dem Weg in das „Land der aufgehenden Sonne" müssen verschiedene, als „Länder" markierte, Wegstrecken durchquert werden:
- Das „Schlaraffenland":
  hier müssen wir unterschiedliche eßbare Dinge für uns und die Pferde finden.
- Das „Land der Schnellen Läufer":
  dieses Land können wir nur in einem hohen Tempo und ohne eine einzige Pause durchqueren.
- Das „Land der Irrwege":
  hier müssen wir uns völlig auf den Orientierungssinn unserer Pferde verlassen. Wir halten die Augen geschlossen, bis wir das Ende dieses Landes erreicht haben.
- Das „Land der dunklen Bäume":
  dieses Land ist über und über voll mit umgestürzten Baumstämmen, es ist kaum ein Weg zu erkennen und ein Späher muß voraus geschickt werden, um einen begehbaren Weg für alle auszukundschaften.
- Das „Land der Stille":
  hier müssen wir nach Möglichkeiten suchen, uns so lautlos wie nur irgend möglich fortzubewegen.
- Das „Land der aufgehenden Sonne":
  erreichen wir schließlich durch ein Tor. Eine sonnenbeschienene Waldlichtung mit Futter für die Pferde und eine kleine Überraschung für die Reisenden erwartet uns dort. Umgeben von besonderen Steinen und Pflanzen liegt der feierlich vorbereitete Platz für die Namensverleihung.

**Abschluß**

Das Spiel endet mit der letzten Station, der Ankunft im „Land der aufgehenden Sonne" und der Namensverleihung. So wie die gemeinsame Reise das Ritual für den Einstieg in die neue Gruppe darstellt, veranschaulicht die Ankunft im „Land der aufgehenden Sonne" das Ankommen in der Gruppe.

Der Abschluß der Spieleinheit, der als Höhepunkt des Spielverlaufs gestaltet ist, hat die Funktion, Erlebnisse zusammenzuführen und in die Erfahrungswelt des Kindes einzugliedern. Zusätzliches Gewicht erhält diese Erfahrung durch das Ritual der Namensverleihung. Das Kind hat die Möglichkeit, auf symbolischer Ebene bleibend, seine neu gewonnenen Fähigkeiten öffentlich zu machen und in die Gruppe einzubringen. Denn erst im Erkennen und in der Auseinandersetzung mit anderen Kindern kann das Kind die eigene Leistung einordnen und in seine Lebenszusammenhänge integrieren.

Bereits bei der Gestaltung des Spielverlaufs kann darauf geachtet werden, daß die Auswahl und die Beschreibung der einzelnen „Länder" unterschiedliche Herausforderungen beinhaltet (Wechsel von schnell und langsam, Anforderungen auf körperlicher und emotionaler Ebene). Fähigkeiten, über die die Kinder im Umgang mit dem Pferd bereits verfügen, können in die Aufgabenstellungen einfließen. So erhalten sie Bestätigung in ihrer Kompetenz und werden ermutigt, Aufgaben für die Gruppe zu übernehmen.

Der Spielentwurf bietet außerdem gute Gelegenheiten, die Bedürfnisse und Fähigkeiten der Pferde ins Blickfeld des Kindes zu rücken. Das Kind überlegt, welches Pferd wohl lieber voraus oder hinterhergeht, welches Pferd sich in sehr unwegsamem Gelände schwer tut und welches ganz unerschrocken ist. Es ist wichtig, immer wieder Zeiträume zu schaffen, in denen diese Überlegungen bezüglich der Pferde angestellt werden können. Im Eifer des Spiels passiert es leicht, daß die Kinder vergessen auf das Pferd zu achten. Ich habe allerdings beobachtet, daß die Rücksichtnahme auf das Pferd relativ schnell zur Selbstverständlichkeit werden kann, wenn der Pädagoge die Perspektive des Pferdes immer wieder anspricht. So sagte ein sonst sehr ich-bezogener kleiner Junge auf dem Heimweg plötzlich: „Ich führe den Flocki jetzt aber lieber, das ist ja heute so heiß, da soll er nicht auch noch jemand tragen müssen."

Der Pädagoge kann die Rolle eines Geschichtenerzählers, eines Reisenden oder etwas Vergleichbares übernehmen und so in die jeweiligen Aufgabenstellungen einführen: „Ich habe gehört...". Übernimmt der Pädagoge selbst eine Rolle im Spiel, wird er zum einen von den Kindern weniger als Beobachter erlebt, was sie freier spielen läßt, zum anderen hat er aus seiner Rolle heraus wertvolle Interventionsmöglichkeiten. Für seine Rollenwahl sollte er in der Vorbereitungsphase antizipieren können, welche Form der Unterstützung die Kinder im Spiel von ihm brauchen.

Die Gestaltung der Geschichte, also die Beschreibung der „Länder", ebenso wie Art und Umfang der Reise ergeben sich natürlich auch aus den Gegebenheiten vor Ort. Wald, Wiesen oder Feldlandschaften können entsprechend integriert und beschrieben werden. Mit der Phantasie der Kinder kann durch eine Geschichte plötzlich auch das langweiligste Gelände spannend werden. Aus einer alten Baustelle wird vielleicht der Ausgrabungsort eines verschollen geglaubten Schatzes, aus Kreidemarkierungen der Waldarbeiter an verschiedenen Baumstämmen werden geheimnisvolle Symbole einer unbekannten Sprache. Für die Verleihung von „Auszeichnungen" oder für die symbolische „Aufnahme" in eine Gruppe, eignen sich auch besondere Plätze in der Natur. Ein hoher Berg, ein geheimnisvolles Tal oder ein beeindruckender Felsvorsprung können dem Spielverlauf eine besondere Bedeutung verleihen.

„DIE REISE INS LAND DER AUFGEHENDEN SONNE"
Anregungen zum Thema: Einstieg in eine neue Gruppe finden

| | |
|---|---|
| Aufgabenstellung | der Spielverlauf und die zu bewältigenden Aufgaben sind vor Spielbeginn festgelegt. Die Aufgabenstellung stärkt das Kind in seiner Kompetenz. Über die Rollenwahl kann das Kind entscheiden, auf welche Weise es in das Spielgeschehen einsteigen will. |
| Geeignet für | neu zusammengesetzte Gruppen. Gruppen, in denen äußere Veränderungen bevorstehen. integrative Gruppen. Kinder, die enge Strukturen brauchen. |
| Weniger geeignet für | - |
| Zeitlicher Rahmen | fünf bis sechs Unterrichtsstunden zu je 50/60 Min. |
| räumliche Bedingungen | unterschiedliche Geländegegebenheiten in der näheren Umgebung des Hofes. |
| Material | evtl. einfache Materialen zum Schmücken und Verkleiden, wie Tücher, Bänder, Stoffe. |

## 2. „DER SCHWARZE BLITZ"
### Rollenspiel zum Thema: Das Pferd als Partner behandeln

Der folgende Spielentwurf stellt die Aufmerksamkeit und Rücksichtnahme dem Pferd gegenüber in den Mittelpunkt. Im Rahmen einer Geschichte soll das Kind unterschiedliche Rollen übernehmen, aus denen heraus es Verantwortung für das Pferd übernehmen kann.

Im folgenden Beispiel geht es um eine Zweiergruppe von 10jährigen Mädchen, in der sich im Verlauf der letzten Stunden diese Dynamik entwickelt hat: Hanna, eines der Mädchen ist schon von Anfang an sehr dominant und bestimmend dem anderen Kind sowie den Pferden gegenüber. Sie leidet unter sensorischen Integrationsstörungen, was im Umgang mit dem Pferd dazu führt, daß sie oft unruhig und unkonzentriert wirkt. Reagiert das Pferd nicht in ihrem Sinne, kann sie ihm gegenüber auch leicht grob oder heftig werden.

Bis vor kurzem hatte Sabina, ein Mädchen mit leichter geistiger Behinderung, sich immer eher untergeordnet und schnell die Rolle oder Aufgabe übernommen, die Hanna ihr zuwies. In den vergangenen Stunden jedoch war sie etwas selbstbewußter geworden, was vermutlich auch mit ihrem sehr guten und intuitiven Zugang zum Pferd zu tun hatte. Immer wieder entscheidet sie nun selbst, welche Aufgabe sie übernehmen will und wie sie eine Rolle gestalten möchte. Das hat zur Folge, daß Hanna immer massiver versucht, das Pferd mit Gewalt zur Stärkung ihrer Position zu benutzen. Es scheint so, daß ihr durch Sabinas veränderte Position ein guter Zugang zu ihrem Pferd eher noch versperrt bzw. erschwert ist und sie selbst aus ihrem Verhalten auch keinen rechten Ausweg findet. Verbale Unterstützung oder Kritik an ihrem Umgang verschlimmern die Lage erst recht.

Mit dem Spielvorschlag für die nächste Einheit wollen wir beide Mädchen anregen, sich etwas neues zuzutrauen. Die Übernahme einer Rolle kann grundsätzlich dazu motivieren, neue Umgangsformen mit dem Pferd auszuprobieren. Dadurch, daß die beiden Mädchen über eine Grundsicherheit im Umgang mit dem Pferd verfügen, können sie sich auch Rollen auswählen, in denen sie die tatsächliche Verantwortung für das Pferd erhalten und erfolgreich sein können.

### Einstieg

Wir erzählen den Kindern folgende Geschichte: „Wir, zwei alte Rennpferdezüchter haben ein ganz berühmtes schwarzes Pferd, alle nennen es nur den „schwarzen Blitz", weil er alle Rennen die er je gelaufen ist, gewonnen hat. Aber eines Tages passierte etwas Sonderbares: der „schwarze Blitz "war gerade wieder auf der Rennbahn, führte das Feld an, als er plötzlich einfach stehenblieb, kehrt machte und mitten durch die Zuschauer aus der Rennbahn herausspazierte. Seit diesem Tag macht er keinen einzigen Schritt mehr. Wir müssen ihm das Futter genau vor die Nase legen, sonst kommt er nicht einmal zum Fressen. Nun sind wir auf der Suche nach einem klugen Menschen mit Pferdeverstand, der unser Pferd wieder zum Laufen bewegen kann."

Der Einstieg in das Spiel wird also darüber gefunden, eine Geschichte zu erzählen, den Schauplatz zu beschreiben und dabei die Aufgabenstellung zu verdeutlichen. Die beteiligten Figuren können in groben Wesenzügen vorgegeben oder von den Kindern selbst entwickelt werden.

### Verlauf

Im nächsten Schritt wird die Spielidee entfaltet und es werden die Rollen und Aufgaben der Kinder und Gruppenleiter ausgestaltet. In unserem Beispiel reden die Mädchen gleich wild drauflos, was wir wahrscheinlich alles falsch gemacht haben könnten und wollen sofort anfangen, zu spielen. Wir wollen uns jedoch noch etwas Zeit nehmen, um zu schauen, wie ihre Rollen genauer aussehen könnten. Hanna entscheidet, daß sie nicht nur Scheich, sondern auch noch ein berühmter Tierarzt wäre, der bis Amerika fliegen muß, um kranke Tiere zu behandeln. Außerdem hätte sie überhaupt keine Angst, auch nicht vor wilden Hengsten. Sabina ist zuerst noch unschlüssig, überlegt, ob sie dann auch Tierarzt sein soll oder die Frau vom Tierarzt, wogegen Hanna sich aber vehement wehrt. Sabina macht daraufhin sofort einen Rückzieher. Dann hat sie die Idee, daß sie als Scheich die Pferde einreiten und auf die Rennen vorbereiten könnte, manchmal würde sie auch als Jockey selbst Rennen reiten. Beide sind einverstanden, woraufhin das Spiel beginnt.

Ohne nun den ganzen Spielverlauf im einzelnen zu beschreiben, möchte ich kurz auf die Ausgestaltung der Rollen von Sabina und Hanna eingehen. Sabina hat für sich einen Weg gefunden ihren, guten Umgang mit dem Pferd einzubringen und darüber auch mit Hanna kooperieren zu können. Sie bringt die Pferde vom Stall in die „Klinik" und ist für das Reiten der Pferde zuständig. Hanna kann es sich durch die stark aufgewertete Rolle als Tierärztin leisten, nach dem Pferd zu schauen, ohne daß sie befürchten muß, dann nicht mehr am Geschehen beteiligt zu sein. Sie kann aus ihrer Rolle heraus ihre Dominanz und Stärke ausspielen (von uns als „unwissende Pferdebesitzer" werden beide natürlich gebührend bewundert), sie kann aber auch erkennen, wo sie kooperieren muß, um im Spiel bleiben zu können. Für beide Mädchen gibt es auch viel aneinander zu entdecken. So ist Hanna sehr beeindruckt, daß die Pferde bei Sabina immer gleich mitkommen, selbst wenn sie gerade auf der Wiese zum Fressen sind. Andererseits erfährt Sabina, wie Hanna ihre Rolle kreativ und sehr autonom ausgestaltet, was ihr viele spannende Handlungsmöglichkeiten bietet.

**Abschluß**
Die Spielphase wird von uns als Gruppenleiter offiziell beendet. Die Kinder werden beim Übergang von ihren Rollen zurück in die Realebene begleitet. Den Kindern gegenüber können auch noch Anmerkungen zum Spiel gemacht werden, darüber, was heute gut war, wie es nächstes Mal weiter gehen könnte oder wie es den einzelnen Kindern im Spiel ergangen ist.

**Weitere Vorschläge**

     „Stationenspiel"
Auf dem Reitplatz oder im Gelände sind mehrere Stationen aufgebaut, zu denen die Kinder mit ihrem Pferd hin reiten können. An jeder Station befindet sich eine Aufgabe, eine Frage oder ein Rätsel zum Thema Pferd, das die Kinder lösen können.

     „Pferdeschlaraffenland"
Ein Spaziergang mit den Pferden durch den Wald wird als eine Reise durch das Schlaraffenland für Pferde gestaltet. Unterwegs können die Kinder verschiedene Dinge für ihr Pferd finden, die zuvor dort versteckt wurden: Äpfel und Karotten, die an den Bäumen hängen, Hafer in einer Schüssel, ein Massagestriegel, ein

Hufkratzer usw. Die Aufmerksamkeit des Kindes kann in spielerischer Weise auf die Bedürfnisse des Pferdes gelenkt werden.

 „Pferdehotel"

Eine Rollenspieleinheit wird unter dem Motto: Pferdehotel oder Pferdekur gestaltet. Die Kinder können sich die Rollen auswählen, in denen sie mitspielen wollen (Arzt, Pferdepfleger, Gast, Tierarzt, Reitlehrer...). Im Verlauf des Spiels können sie mit Ideen experimentieren, womit sie ihre Pferde verwöhnen wollen.

 „Suchspiel"

Im Gelände, auf dem Hof oder auf dem Reitplatz sind Gegenstände versteckt, die das Pferd braucht, um sich wohlzufühlen (verschiedenes Futter, Massagestriegel, Hufkratzer, Heu, Stroh...), und die die Kinder in einem Suchspiel finden können. Das Spiel eignet sich als Einstieg in eine Einheit zum Thema: „Die Bedürfnisse des Pferdes kennenlernen".

 „Indianerprüfung"

Auf einer Reise durch den Wald können die Kinder verschiedene Aufgaben für das Pferd übernehmen: eßbare Pflanzen suchen, einen guten Platz suchen, an dem das Pferd schlafen könnte, einen regensicheren Platz oder einen schönen Aussichtsplatz für das Pferd entdecken.

## „DER SCHWARZE BLITZ"
Rollenspiel zum Thema: das Pferd als Partner behandeln

| | |
|---|---|
| Aufgabenstellung | im Mittelpunkt der Aufgabenstellung steht, die Aufmerksamkeit und das Einfühlungsvermögen des Kindes für das Pferd als Partner zu fördern. Den Impuls dazu gibt eine einleitende Geschichte oder eine entsprechende Rahmenaufgabe. |
| Geeignet für | Kinder mit einer Grundsicherheit im Umgang mit dem Pferd. integrative Gruppen. Gruppen mit 2 bis 5 Kindern. |
| Weniger geeignet für | - |
| Zeitlicher Rahmen | sechs bis acht Unterrichtsstunden zu je 60 Min. |
| Räumliche Bedingungen | Aufenthaltsraum, überschaubares Hofgelände, nahegelegenes Wald- oder Wiesengelände. |
| Material | einfaches Verkleidungsmaterial, wie Tücher Umhänge, Bänder und Gegenstände, die als rollen- typische Utensilien verwendet werden können. |

## 3. „ICH SEHE WAS, WAS DU NICHT SIEHST"
### Spiele erfinden zum Thema: Kooperation innerhalb der Gruppe

Beim gemeinsamen Erfinden und Entwickeln von Spielen mit dem Pferd
können die Kinder in der Gruppe Kreativität und Kooperationsbereitschaft
lernen. Offene Spielformen, in denen bezüglich des Spielverlaufs wenig Vorgaben
gemacht werden, fordern das einzelne Kind stärker heraus, seine Fähigkeiten
und Bedürfnisse in die Gruppe einzubringen. Häufig orientieren sich die
Kinder bei solch offenen Aufgabenstellungen an vorhandenen Spielen, die dann
kreativ abgewandelt und auf die neue Spielsituation übertragen werden können.
Indem die Kinder sich gemeinsam auf den Ablauf und die Regeln des Spiels
einigen müssen, können sie erleben, was dadurch an neuen Möglichkeiten des
Zusammenspiels entsteht.

Im anschließenden Beispiel wird eine Gruppe vorgestellt, die über das gemeinsame Entwickeln eines Spiels kooperativer und lebendiger werden konnte. In
der Gruppe reiten vier Kinder im Alter von 9 bis 13 Jahren. Es kommt, auch
nach einem Jahr gemeinsamen Reitens, zu keiner wechselseitigen Kooperation.
Die Kinder reiten, eher nebeneinander als miteinander. Es zeigt sich seitens
der einzelnen Kinder zwar immer wieder ein Bedürfnis nach Austausch, eine
Interaktion kommt jedoch nicht zustande.

**Einstieg**
Wir schlagen den Kindern vor, sich und den Pferden einmal eine Pause vom
Unterricht zu gönnen und für die nächsten 5 Stunden nur zu spielen. Wir
vermuten, daß den Pferden eine kleine Abwechslung vom vertrauten Reiten auf
der Reitbahn auch Spaß machen könnte und fragen die Kinder, was sie denn
für Spiele kennen bzw. gerne machen würden. Die Kinder sind zunächst etwas
irritiert, zwei von ihnen wollen lieber doch reiten, die anderen beiden schlagen
schon ein paar Ideen vor. Allmählich animiert das die zwei anderen Kinder auch,
sie haben „viel bessere Ideen", und so kommt langsam eine stattliche Sammlung
an Spielideen zustande.

### Verlauf

Nachdem die gemeinsamen Spielbedingungen und Spielregeln für Kinder und Pferde ausgehandelt und festgelegt sind, werden die Aufgaben und Zuständigkeiten verteilt sowie eventuell erforderliches Material besorgt. Im nächsten Schritt geht es nun darum, ob sich die Kinder vorstellen können, was ihre Pferde gerne spielen würden. Gemeinsam überlegen wir, ob das jeweilige Pferd eher Spaß an abenteuerlichen und wilden Spielen haben könnte, ob es gerne Unsinn macht oder ob es Überraschungen liebt. Die Kinder sind voller Eifer dabei, überlegen, verhandeln und beraten gemeinsam, welches Spiel für alle geeignet wäre.

Es kristallisiert sich die Idee heraus, mit zwei sehr aufgeweckten und neugierigen Pferden das Spiel „Topfschlagen" als Reiterspiel umzufunktionieren. Das Kind, das zuvor lieber reiten als spielen wollte, schlägt vor, zur Erschwernis noch verschiedene Hindernisse und Stangen aufzubauen, die dann zu umreiten sind. Und so sieht der Spielverlauf aus: ein Kind führt das Pferd (evtl. mit Unterstützung) und ein anderes Kind sitzt auf dem Pferd mit einem langen Stock in der Hand. Beide Kinder haben verbundene Augen. Das dritte dirigiert als Sehender die beiden Kinder durch das Labyrinth in Richtung Topf, unter dem etwas für Kind und Pferd versteckt ist. Anschließend kann die Aufgabenverteilung gewechselt werden.

Der Spielverlauf gliedert sich in diesem Beispiel in zwei Teile: das Üben und Proben einzelner Spielsequenzen und die abschließende Durchführung des Spiels. Zur Übungsphase gehören alle reiterlichen Elemente des Spiels wie das Labyrinth zu durchreiten, mit einem langen Stab in der Hand oder mit geschlossenen Augen zu reiten bzw. geführt zu werden. In der Spielphase werden die Aufgaben verteilt und organisatorische Vorbereitungen getroffen: Labyrinth aufbauen, Überraschung für den „Topf" besorgen, den Platz, auf dem das Spiel stattfinden soll, abgrenzen oder sichern, so daß die „Blinden" nirgends anstoßen.

### Abschluß

Den Höhepunkt der Einheit bildet die Durchführung des gemeinsam vorbereiteten Spiels. Dazu können auch Eltern, Geschwister oder Betreuer zum Zuschauen oder Mitspielen eingeladen werden.

Die Vorbereitung, ebenso wie die Durchführung, bietet den Kindern der oben genannten Gruppe ganz neue Möglichkeiten der Gemeinsamkeit. Da nur zwei der vier Pferde am Spiel beteiligt sind, müssen sich die Kinder schon von Anfang an zusammentun. Sie haben viel Anlaß zum Austausch: „Wie machst du das mit deinem Pferd?" „Wer führt und wer reitet zuerst?" „Wie könnten wir Atorka beibringen, daß sie keine Angst mehr vor dem Topf hat?". Auf diese Weise erleben die Kinder, welche neuen Möglichkeiten sich aus einer Zusammenarbeit heraus ergeben können.

**Weitere Vorschläge**

    „Ich sehe was, was du nicht siehst"

Ein Kind sitzt auf dem geführten Pferd, ein zweites Kind führt das Pferd oder läuft neben dem Pädagogen mit. Abwechselnd stellt eines der Kinder den anderen die Frage: „Ich sehe was, was du nicht siehst, das hat die Farbe rot (gelb, blau etc.). Es befindet sich am Pferd oder an dir." Die Mitspieler suchen nun einen Gegenstand, der sich am Pferd befindet oder Teil des Pferdes ist und die Farbe rot hat. Die Wahrnehmung wird dadurch in spielerischer Weise auf das Pferd und die beteiligten Kinder gelenkt.

    „Machet auf das Tor"

Zwei Kinder bilden mit oder ohne Pferd ein Tor. Dazu können Stäbe, Tücher oder Bänder verwendet werden. Das dritte Kind oder auch weitere Kinder durchreiten das Tor, was je nach reiterlichen Fähigkeiten auf unterschiedliche Art und Weise möglich ist. Dazu singen die Kinder den Reim: „Machet auf das Tor, machet auf das Tor, es kommt ein goldner Wagen, wer sitzt darin, wer sitzt darin, es ist ein Mann mit Kragen. Was will er denn, was will er denn, er will die ...(Name eines der Kinder)... haben." Die Kinder senken das Tuch oder die Bänder über das reitende Kind, um es symbolisch zu fangen. Bevor es weiterreiten darf, muß es ein Rätsel zu seinem Pferd oder eine reiterliche Aufgabe lösen. Das Spiel stellt vorwiegend reiterliche Anforderungen wie: mit dem Pferd still zu stehen, ein Tor zu durchreiten und hintereinander oder nebeneinander zu reiten. In kleineren Gruppen kann das Spiel auch mit dem geführten Pferd durchgeführt werden.

„Ochs am Berg"

Auf einem umgrenzten Platz stellt sich eines der Kinder an das eine Ende des Platzes. Die anderen Kinder stehen mit ihren Pferden am anderen Ende. Während das einzelne Kind von den anderen wegschauend den Satz „Ochs am Berg" ruft, versuchen sich die Kinder der Gruppe möglichst leise mit ihrem Pferd vorwärts zu bewegen. In dem Moment, in dem der Satz zu Ende gesprochen ist, darf das Kind sich umdrehen und das Kind, dessen Pferd dann noch läuft, wieder zum Start zurückschicken. Sieger ist, wer mit seinem Pferd unbemerkt am anderen Ende des Platzes ankommt. Das Spiel ist auch mit dem geführten Pferd möglich. Geritten verlangt es von den Kindern ein hohes Maß an Konzentration und Geduld.

 „Feuer, Wasser, Erde, Luft"

Die Kinder der Gruppe werden auf ihren Pferden geführt. Der Spielleiter begleitet das Spiel mit einem Rhythmusinstrument, wie z. B. dem Tamburin. Hört der Schlag des Tamburins auf, ruft er eines der Signale: Feuer, Wasser, Erde oder Luft. Die Kinder steigen oder springen von ihren Pferden. Zu jedem der ausgerufenen Elemente müssen sie dann eine spezielle Aufgabe bewältigen. Wird das Element Feuer ausgerufen, müssen sich alle Kinder außerhalb des Reitplatzes in Sicherheit bringen. Das Element Wasser veranlaßt die Kinder, auf etwas hinaufzuklettern, so daß ihre Füße den Boden nicht mehr berühren. Bei dem Ausruf „Erde", bringt jedes Kind sein Pferd auf einen vorher festgelegten evtl. mit Sägemehl markierten Platz. Wird das Element Luft ausgerufen, verstecken sich alle Kinder gemeinsam unter einem großen Tuch. Das Spiel ist sehr dynamisch und kann durch das Rhythmusinstrument und den schnellen Wechsel bei den Pferden u. U. eine gewisse Aufregung oder Unruhe verursachen.

Der Phantasie sind keine Grenzen gesetzt, was das Erfinden und Abwandeln von Spielideen für das Pferd betrifft. Wichtig ist dabei nur, das Pferd als Mitspieler immer ernst zu nehmen. Jedes Pferd kann sich auf Situationen unterschiedlich gut einlassen. Wird es mit seinen Bedürfnissen in den Vorbereitungsprozeß einbezogen, dann können die Kinder, außer dem Spaß am Spielen auch etwas voneinander und miteinander lernen. Sie erfahren, wie die Bedürfnisse der beteiligten Mitspieler ernst genommen werden, wie das Pferd als Gegenüber zum Mitspieler werden kann und wie dadurch eine neue Form des miteinander Spielens möglich wird.

Im obigen Beispiel entstand die Gemeinsamkeit zwischen den Kindern oft gerade über die Impulse, die vom Pferd ausgingen. Eines der Pferde hatte sofort durchschaut, daß es unter dem Topf etwas zu fressen gab. Von da ab wollte es am liebsten immer den direkten Weg nehmen. Die zuständige Kindergruppe war gefordert, für diese Situation eine Lösung zu finden, was sie voller Stolz bewältigten. Das zweite Pferd fand zur Erheiterung aller Kinder Gefallen daran, kreuz und quer über den Platz zu marschieren und seine Reiter mit immer neuen und unerwarteten Kehrtwendungen zu überraschen. Diese Erfahrungen verbündeten die Kinder untereinander und motivierten sie, Herausforderungen gemeinsam zu bewältigen.

Zum Abschluß möchte ich nochmals auf die wichtige Bedeutung der passenden und sicheren Rahmenbedingungen aufmerksam machen. Der Platz muß so gestaltet sein, daß sich Kind und Pferd sicher fühlen können. Das bedeutet, daß sie nirgends anstoßen oder stolpern können. Der Sicherheit dient auch das vorherige Abklären und Festlegen der Spielregeln und des Spielverlaufs.

175

**„ICH SEHE WAS, WAS DU NICHT SIEHST"**
Spiele erfinden zum Thema: Kooperation innerhalb der Gruppe

| | |
|---|---|
| Aufgabenstellung | die Gruppe entwickelt eigenständig ein für sie und ihre Pferde passendes Spiel. Im Mittelpunkt des Spielgeschehens steht der Einigungsprozeß der Kinder über den Spielablauf und dessen Vorbereitung. Die offene Problemstellung fördert Kooperation und Kreativität. |
| Geeignet für | Kinder mit einer Grundsicherheit im Umgang mit dem Pferd. Kinder, die mit offenen Lernsituationen vertraut sind. Gruppen, in denen Eigeninitiative gefördert werden soll. Gruppen mit integrativer Zusammensetzung. Gruppen mit 4 bis 8 Kindern. |
| Weniger geeignet für | Kinder, die engere Strukturen brauchen. sehr ängstliche Kinder. |
| Zeitlicher Rahmen | vier bis fünf Unterrichtsstunden zu je 40/50 Min. |
| Räumliche Bedingungen | Aufenthaltsraum, sicher eingezäunter Reitplatz. |
| Material | je nach Spiel. Für Topfschlagen z. B. Topf, Stab, Süßigkeiten, Tuch. |

## 4. „KOMM SPIEL MIT MIR"

### Freies Spielen zum Thema: die Verbindung zum Pferd vertiefen

Noch einen Schritt offener ist die im folgenden beschriebene Spielform. Im Unterschied zu den vorangegangenen Spielvorschlägen geht es jetzt wieder stärker um die Verbindung der einzelnen Kinder zu ihren Pferden. Das Spiel hat hier die Funktion, neue Erfahrungen zwischen Kind und Pferd zu ermöglichen.

Über das „freie Spielen" mit dem Pferd kann das Kind sich selbst in neuen Situationen erleben und es kann sich und sein Pferd unter einem anderen, bisher nicht gekannten Blickwinkel kennenlernen. Es gibt keinen festgelegten Spielverlauf und die Spielregeln beziehen sich nur auf den Umgang mit dem Pferd. Vom Kind verlangt das „freie Spielen" ein sehr hohes Maß an Beobachtungsfähigkeit. Es muß erkennen können, was das Pferd dem Menschen mitteilt bzw. zeigt, und es braucht bereits für die erste Phase des Beobachtens Geduld und Ausdauer.

**Einstieg**

Zu Beginn werden gemeinsam die äußeren Rahmenbedingungen abgesprochen. Das Pferd steht auf einem abgegrenzten Platz, wie einer Ovalbahn oder dem abgetrennten Teil eines Reitplatzes. Materialien, die zum Spielen geeignet sind, stehen auf dem Platz bereit: große/ kleine Bälle, Stangen zum Springen, Gegenstände, in oder hinter denen man sich verstecken kann, Gegenstände, die sich bewegen oder Geräusche von sich geben. Dabei ist es wichtig, die Situation nicht mit Material zu überladen, sondern nur für einzelne Impulse zu sorgen. Das eigentliche Geschehen entsteht aus der Begegnung zwischen Kind und Pferd heraus.

**Verlauf**

Die Spielphase beginnt mit dem Beobachten der freistehenden/ laufenden Pferde. Dabei können folgende Beobachtungsvorschläge genutzt werden:

- „In welcher Stimmung befinden sich die Pferde?"
- „Zeigen sie schon von sich aus irgendwelche Ideen?"
- „Wie spielen Pferde eigentlich miteinander?"
- „Beobachten die Pferde vielleicht ihrerseits die Kinder?"

In einer Reitgruppe mit Jugendlichen begann ein Pferd gleich am Anfang der Spieleinheit ganz erfreut über seine unverhoffte Freiheit, die Nase in alles hineinzustecken. Wir befanden uns in einer neuen Reithalle und das Pferd inspizierte sämtliche Ecken, schnüffelte hinter den Spiegel, unter eine alte Plastikplane und jagte zwischendurch in wilden Sprüngen quer durch die ganze Halle. Man muß dazu sagen, daß eben dieses Pferd im Reitunterricht nur sehr mühsam zu irgendetwas zu motivieren war. Sylvia die junge Reiterin konnte ihr Pferd kaum wiedererkennen.

Der weitere Verlauf ist eine Synthese aus den Impulsen aller Beteiligten. Der Pädagoge hat die Aufgabe, Kind und Pferd auf ihrem Weg zu unterstützen, so kann aus diesen vielseitigen Impulsen ein gemeinsames Spiel entstehen kann. Indem er nachfragt, aufmerksam macht und Vorschläge einbringt, werden die Kinder ermutigt, eigene Ideen umzusetzen, Ideen von ihrem Pferd aufzugreifen und - vielleicht ganz unkonventionelle - Wege im Umgang miteinander auszuprobieren. Innerhalb der Gruppe können sich Kinder und Pferde gegenseitig mit Ideen inspirieren. Die Kinder können erkennen, daß das Pferd, ebenso wie sie selbst, ganz individuelle Vorlieben und Fähigkeiten hat.

Die Anregung für Sylvia, das Mädchen aus der o. g. Reitgruppe lautete z. B.: „Versuche, dein Pferd auf seiner Entdeckungsreise einmal nur zu begleiten. So kannst du die Entdeckungen deines Pferdes aus dessen Sicht wahrnehmen. Nach und nach, wenn darüber eine Verbindung zwischen euch entsteht, könntest du dazu übergehen, eigene Spielvorschläge einzubringen: z. B. dem Pferd selbst etwas zeigen, etwas Interessantes für das Pferd verstecken."

Mit dieser Anregung wollte ich Sylvia Mut machen, ihr Pferd aus der augenblicklichen Situation heraus wahrzunehmen, eine Seite an ihm zu entdecken, die ihr bis dahin noch nie aufgefallen war und diese mit ihm zu teilen. Dabei können Konfliktsituationen aus dem Unterricht einmal außen vor gelassen werden. Das ist eine Chance, die im Spiel als solchem begründet liegt. Beim gemeinsamen Spielen können alle Beteiligten ohne „Gesichtsverlust" althergebrachte Rollenmuster verlassen, sich von einer ganz anderen Seite zeigen und unabhängig von ihrer Vorgeschichte handeln. Es ist ja „nur" im Spiel! Hier, wo die Gesetze von Leistung, von Erfolg oder Mißerfolg nicht gelten, fällt es vielen Kindern leichter, den Mut zu finden, etwas neues auszuprobieren. So kann das Kind sich selbst, unter einer neuen Perspektive wahrnehmen und sein Handlungsspektrum vergrößern. Bei Sylvia hatte das in den folgenden Reitstunden dazu geführt, daß sie Konfliktsituationen zwischen sich und dem Pferd öfter mit Humor nehmen konnte: „Ja, ja ich weiß schon, du willst wieder auf Expedition gehen, aber heute sag' ich mal wieder, was wir machen!" Zuvor konnte sich Sylvia regelrecht an einem Problem „festbeißen", wenn eine Aufgabenstellung nicht auf Anhieb klappen wollte. Damit hatte sie sich eine einvernehmliche Lösung mit ihrem Pferd schon oft verbaut.

In einer anderen Situation war das betreffende Pferd zu Beginn der Spielsituation völlig inaktiv. Manuela, ebenfalls ein Mädchen aus der Reitgruppe, zeigte ihrem Pferd alle Spielsachen, wie den Ball, die Stangen, verschiedene Flattertücher, aber das Pferd wurde nicht aktiv. Es beobachtete Manuela zwar sehr genau und folgte jeder ihrer Bewegungen mit dem Blick, ließ sich aber nicht zum Mitspielen motivieren. Manuela hatte daraufhin von sich aus die Idee, die gute Beobachtungsfähigkeit des Pferdes zu nutzen und begann, sich selbst zu verstecken. Zuerst hinter einem anderen Pferd, dann am anderen Ende des Platzes oder sie versuchte sich ganz klein zu machen. Zwischendurch zeigte sie sich dem Pferd immer wieder und ging auch dabei in ungewöhnliche Positionen (in die Hocke, hüpfte ums Pferd herum) bis das Pferd plötzlich begann, ihr zu folgen. Interessiert beobachtete es, wo sich Manuela überall versteckte und wurde dabei immer beweglicher und wacher. Nach einiger Zeit sah es tatsächlich so aus, als würde es Manuela in der Reithalle zwischen all den anderen Kindern und Pferden suchen. Es war beeindruckend zu sehen, welche Intensität zwischen Manuela und ihrem Pferd dabei entstanden war.

In Manuelas Fall beschränkte sich meine Aufgabe darauf, die entsprechenden Rahmenbedingungen zur Verfügung zu stellen, unter denen eine Kontaktaufnahme zwischen Kind und Pferd möglich werden kann. Während des Spielverlaufs ist es wichtig, eine Verbindung zu ihr und zu ihrem Pferd zu halten, um notfalls sichernd oder unterstützend eingreifen zu können.

Noch ein letztes Beispiel aus einer anderen Gruppe: Hanno, ein 15jähriger Junge entdeckte im Verlauf der Spieleinheit, daß sein Pferd am liebsten sprang und galoppierte. Es sprang freiwillig über Hindernisse, galoppierte ohne weiteres Zutun mehrere Runden auf dem Hufschlag und überraschte uns alle, als es dabei unvorhergesehene Kehrtwendungen einlegte. Hanno war außerordentlich fasziniert vom Temperament und der Lebensfreude seines Pferdes, konnte sich aber nicht so recht vorstellen, in welcher Art er als Mensch daran teilhaben könnte. Wir ermunterten ihn, sich zu überlegen, ob oder wie er mitspielen könnte: z. B. indem er versucht, das Pferd zu überholen, ihm den Weg abzuschneiden oder ihm Hindernisse in den Weg zu stellen. Erst als Hanno jedoch das Gefühl, beim Spielen mit seinem Pferd beobachtet zu werden, langsam ablegen konnte, wurde er freier und mutiger. Geholfen hatte ihm dabei zu sehen, wie auch die anderen Kinder der Gruppe, jedes mit seinem Pferd auf unterschiedlichste Weise beschäftigt war. Interessant war in diesem Fall, daß Hanno durch die Temperamentsausbrüche seines Pferdes eine ganz neue, wilde Seite in sich selbst entdeckte, die er nun mit seinem Pferd gemeinsam erleben konnte.

**Abschluß**

Das freie Spielen hat innerhalb einer Einheit keinen formalen Abschluß. Die Erfahrungen, die die Kinder während des Spiels machen sind sehr individuell und nicht zur Verallgemeinerung geeignet. Es ist in diesem Fall auch nicht sinnvoll, am Ende der Einheit Öffentlichkeit in Form von Zuschauern einzubeziehen, weil dadurch der Schutzraum, die Freiheit und Unbeschwertheit des Spiels verloren gehen kann.

An dieser Stelle taucht im Rahmen von Fortbildungen oder Praxisanleitungen immer wieder die Frage auf, ob denn so eine Form des Spiels die Dominanzposition des Menschen nicht untergräbt und damit auch für das Kind zur Gefahr werden könnte. In diesem Punkt habe ich die Erfahrung gemacht, daß Pferde sehr genau zwischen Spiel und Ernst unterscheiden können. Voraussetzung ist natürlich, daß zwischen Pferd und Pädagoge als Hauptbezugsperson das Dominanzverhältnis eindeutig geklärt ist. Das Pferd muß jederzeit wenn ich eingreife aus der Spielsituation wieder aussteigen können und mich als Bezugsperson akzeptieren. Ist diese Frage auch nur annähernd ungeklärt kann es passieren, daß das Pferd das Spiel als Rangordnungskampf und die Impulse der Kinder als Provokation in seiner Position versteht. Keine Frage, daß das unvertretbar wäre. Es ist natürlich darüber hinaus auch wichtig, seine Pferde für diese Spielform wirklich sehr gut zu kennen, ähnliche Situationen bereits selbst schon mit ihnen erlebt zu haben und sicher sein zu können, daß sie im Umgang mit dem Kind weder böswillig noch hysterisch werden.

Aber nicht nur die Pferde, auch die Kinder müssen gut auf die Spielphase vorbereitet werden. Im Gespräch und evtl. durch vorbereitende Übungen kann die Achtsamkeit des Kindes auf das Ausdrucksverhalten des Pferdes gelenkt werden. Mit der Zeit kann das Kind lernen, kritische Situationen auch selbst zu erkennen. Es sollte in der Lage sein, sich, zumindest teilweise, so weit in das Pferd hineinzuversetzen, daß es wahrnimmt, wann das Pferd nicht mehr kann oder nicht mehr will. Diese Spielform eignet sich also besonders für Kinder, die bereits über fortgeschrittene Kenntnisse im Umgang mit dem Pferd, und eine gute Auffassungsgabe verfügen.

Wie schon zu Beginn erwähnt, geht es in diesem Fall weniger um die Interaktion zwischen den Gruppenmitgliedern, sondern eher um die Kommunikation des Einzelnen mit seinem Pferd innerhalb der Gruppe. Das Pferd hat die Aufgabe, die Kinder vor eine gleichwertige Ausgangssituation zu stellen. Sollte sich allerdings aus der Dynamik der Pferde untereinander eine zu hektische oder chaotische Atmosphäre entwickeln, kann es auch sinnvoll sein, die Kinder mit ihren Pferden einzeln auf den Platz gehen zu lassen.

Die Kinder erleben durch die Unterschiedlichkeit der Pferde und die Unterschiedlichkeit der Spielverläufe, daß es nicht auf eine richtige oder gute Leistung ankommt, sondern darauf, seiner eigenen Wahrnehmung zu trauen und zu folgen. Ein Spiel macht Spaß oder eine Idee kann gelingen, wenn das Kind seine „Sprache" mit dem Pferd findet und wenn es den Mut hat, sich in dieser „Sprache" auch auszudrücken. Deshalb möchte ich in diesem Zusammenhang nochmals daran erinnern, wie entscheidend es ist, die Selbstbestimmtheit und Freiwilligkeit des Kindes im Spiel zu achten. Diese Selbstbestimmtheit des Kindes ist Voraussetzung dafür, daß es etwas von sich selbst entdecken kann und nicht nur einer vorgegebenen Spielregel folgt.

Abschließend noch einige Überlegungen zum Pädagogen, der hier eine recht komplexe Situation vorfindet. Er muß zum einen mit seiner ganzen Konzentration bei den Pferden sein, immer eine Verbindung zu ihnen halten und notfalls rasch eingreifen können, wenn das Kind durch eine Situation überfordert wird. Dann muß er in der Lage sein, sehr behutsam und umsichtig zu intervenieren, wenn das Spiel ins Stocken gerät und das Kind die Situation nicht selbst wieder lösen kann. Um dem Kind zu seinem Spiel zu verhelfen ist es wichtig, ihm nicht eine Lösung oder ein eigenes Bild von „schön spielen" zu geben, sondern ihm lediglich Anregungen und Ideen zu zeigen, die es aufgreifen kann oder auch nicht.

Diese Spielform stellt gewiß sehr hohe Anforderungen an alle Beteiligten, aber ich habe in sehr unterschiedlichen Gruppen immer wieder ganz verblüffende Erfahrungen gemacht, die für die Beteiligten oft eine Wende einleiten konnten.

## „KOMM SPIEL MIT MIR"
### Freies Spielen zum Thema: die Verbindung zum Pferd vertiefen

| | |
|---|---|
| Aufgabenstellung | beim „freien Spielen" mit dem Pferd kann das Kind, lediglich von einer Rahmenaufgabe ausgehend, seine eigene Kommunikationsform, seine Vorstellung vom Spiel mit dem Pferd entwickeln. Es lernt dabei, auf seine Wahrnehmung und seine Fähigkeiten zu vertrauen. |
| Geeignet für | ältere Kinder und Jugendliche. Kinder mit Grundsicherheit im Umgang mit dem Pferd. Kinder, denen offene Lernformen vertraut sind. Einzelstunden und Kleingruppen. |
| Weniger geeignet für | Kinder mit starker, körperlicher Behinderung. sehr ängstliche, unsichere Kinder. |
| Zeitlicher Rahmen | zwei bis drei Unterrichtsstunden zu je 20/30 Min. |
| Räumliche Bedingungen | sicher eingezäunter Platz, keine Zuschauer. |
| Material | Gegenstände, die die Phantasie zum gemeinsamen Spiel anregen: Bälle, Reifen, Bänder, Hindernisstangen. Gegenstände hinter denen man sich verstecken kann. |

## 5. "DIE REISE NACH PHANTASIEN"
### Rollenspiel zum Thema: den eigenen Weg finden

Diese offen angelegte Spielform steht der „Psychodrama - Gruppentherapie mit Kindern" methodisch am nächsten. Eine kurze Einstiegsszene hat die Aufgabe, der Gruppe einen Spielimpuls zu geben. Die Dynamik des Geschehens entwickelt sich dann aus der Gruppe heraus. Welche Einstiegsszene für die Gruppe gewählt wird, hängt von der aktuellen Situation der Kinder ab.

- Sind bereits Vorerfahrungen im Spielen mit Pferden vorhanden?
- Kennen die einzelnen Gruppenmitglieder sich untereinander?
- Steht innerhalb der Gruppendynamik ein bestimmtes Thema an?

Die Einstiegsszene kann Gruppenthemen oder Problemstellungen einzelner Kinder in Form einer Metapher aufgreifen. In einer Gruppe mit sehr unterschiedlichen Kindern kann die Einstiegsgeschichte so beginnen, daß die Kinder ihre Reise von verschiedenen Inseln, Kontinenten oder landschaftlichen Regionen aus starten. Ebenso können bestimmte Kenntnisse oder Fertigkeiten der Gruppe in die Rollen- und Spielbeschreibung einfließen. Entdecken die Kinder, daß in dem Spielentwurf eine Rollenmöglichkeit für sie enthalten ist und daß vertraute Elemente darin auftauchen, fällt es ihnen leichter, ins Spiel zu kommen.

Für das Thema „den eigenen Weg finden" ist das freie Rollenspiel besonders geeignet, da jedes Kind seinen Platz in bezug zum Pferd und in Beziehung zur Gruppe selbst finden muß. Es kann bereits bei der Rollenwahl und dann im Verlauf des Spiels erfahren, welche Möglichkeiten es gemeinsam mit seinem Pferd in der Gruppe hat. Es kann ausprobieren, wie selbständig es mit seinem Pferd sein kann bzw. wo es noch Unterstützung beim Umgang mit dem Pferd und beim Umgang mit den anderen Kindern braucht. Sinnvoll ist diese Vorgehensweise dann, wenn die Kinder der Gruppe bereits einen Prozeß mit ihrem Pferd gemacht, Erfahrungen im spielerischen Umgang mit dem Pferd besitzen und mit den anderen Kindern und den Pferden soweit vertraut sind, daß sie auch selbständig, ohne erwachsene Begleitung mit dem Pferd umgehen können.

**Einstieg**

Das Spiel beginnt mit einer kurzen Geschichte oder Beschreibung der Szenerie:
„In einem fernen Land lebten einst 5 Kinder (Zahl der aktuellen Gruppengröße
anpassen), die sich eine große Reise vorgenommen hatten (an dieser Stelle
kann die Situation der Kinder auch weiter ausgemalt werden). Sie wollten
„Phanta-sien" das Land der Zauberer, Feen und sprechenden Tiere bereisen. Sie
hatten gehört, daß alle Lebewesen in "Phantasien" - eingeschlossen der Bäume
und Blumen - eine eigene, ganz besondere Sprache hatten, in der sie sich alle
miteinander verständigen konnten. Doch „Phantasien" war weit entfernt und die
Reisenden waren sich noch nicht ganz sicher, welche Route sie wohl einschlagen
würden. Zum Glück hatten sie eine Karte, auf der zumindest einige der Wege
nach „Phantasien" vermerkt waren. Die Reisenden hofften, in diesem besonderen
Land hinter das Geheimnis zwischen den Menschen und den Tieren zu kommen
und vielleicht sogar selbst etwas von der geheimnisvollen Sprache, die alle
miteinander verband, zu lernen."

Abb. 1: Landkarte von „Phantasien"

Das Bild vom Land „Phantasien" (Abb. 1) bietet den Kindern Raum für eigene Phantasien und Hoffnungen. Die Idee der verbindenden, geheimnisvollen Sprache, die die Reisenden kennenlernen wollen, bringt den Spannungsbogen in den Spielablauf.

## Rollenwahl

Nach dieser Beschreibung der Szenerie wählt jedes Kind eine Rolle, in der es am Spiel teilnehmen möchte. Ist es ein Reisender nach „Phantasien" und wenn ja, was für einer, oder lebt es bereits in diesem Land und wenn ja, in welcher Rolle? In dieser wichtigen Phase der Rollenfindung muß darauf geachtet werden, daß wirklich jedes Kind für sich selbst entscheidet. Die Spielregel dazu lautet: Kein Kind kann über die Rolle eines anderen bestimmen und jeder Mitspieler entscheidet selbst, in welcher Weise er am Spiel teilnimmt. Anschließend können die Rollen noch ausgestaltet werden: „Bist du als Waldgnom groß oder klein?" „Bist du gefährlich oder ängstlich?" „Seid ihr gemeinsam unterwegs oder alleine?" „Wenn ihr im Land „Phantasien" lebt, wo wohnt ihr dann dort und was macht ihr?" „Wie seid ihr mit eurem Pferd zusammen?" „Wie gut könntet ihr reiten?"

## Rollenwahl für die Pferde

Nun werden die Rollen für die Pferde gewählt. Dabei wird beachtet, wie das jeweilige Pferd am besten mitspielen kann, was es evtl. noch braucht, um mitspielen zu können (z. B. einen Pferdeführer, ein anderes Pferd, einen ruhigen Platz zum Ausruhen). Gemeinsam wird besprochen, was das Pferd gut kann und was es auf keinen Fall machen kann. Könnte es wohl eher die Rolle eines tapferen Ritterpferdes oder eines klugen, weisen Wesens übernehmen, das bereits in „Phantasien" lebt? Vielleicht wäre es auch als mutiges Späherpferd geeignet, das in der Gruppe vorangehen kann.

## Die Kinder beschreiben die Rollen der Gruppenleiter

Die Gruppe entscheidet, welche Rollen von den Gruppenleitern übernommen werden sollen. Dieser Prozeß ist wichtig, weil dabei deutlich werden kann, wo die einzelnen Kinder noch am ehesten Unterstützung benötigen. Vielleicht brauchen sie einen Erwachsenen in ihrer Nähe, als Unterstützung in ihrer

Rolle, als Helfer für ihr Pferd oder als Mitspieler. So entstand in einer Gruppenstunde die Situation, daß alle Kinder Reisende seien, und nur ein Mädchen bereits in „Phantasien" wohnen wollte. Sie wünschte sich daraufhin einen der Gruppenleiter als Mitbewohner in ihrem Land. Auch die Rollen der Gruppenleiter werden ausgestaltet, indem die Kinder gefragt werden: „Wie wären wir als Zauberer, Tier, Pferdeführer etc.?" „Wären wir zurückhaltend, stark und mutig?" „Wann kämen wir ins Spiel?"

## Spielvereinbarung

Gemeinsam einigen sich die Kinder auf einen Spielverlauf. Die wesentlichen Ereignisse müssen vorbesprochen und mit allen Kindern abgestimmt werden. So müssen die Beteiligten zustimmen, ob sie wirklich überfallen werden wollen oder mitentscheiden, wie die Geschichte nach einem Überfall weitergehen könnte. Diese Phase bietet große Chancen für die einzelnen Kinder sich durchzusetzen, zu arrangieren und ihren Weg zu finden. Deshalb sollte sie nicht im Sinne einer raschen Einigung vorschnell abgebrochen werden.

Ergeben sich während des Spielverlaufs Unstimmigkeiten, die von den Kindern nicht selbstständig innerhalb der Rollen geklärt werden können, muß einer der Spielleiter einen kurzen „Schnitt" machen und den weiteren Verlauf mit den Kindern absprechen. Er muß also aus der Spielebene aussteigen und auf der Realebene klären: „Was würde denn der Reisende machen, wenn er überfallen wird?" „Wo würden die Reisenden die Bewohner von „Phantasien" treffen?"

## Aufbauphase

In der Aufbauphase wird festgelegt, an welcher Stelle im Gelände sich das Land „Phantasien" befindet und wer wo seinen Platz für sich und sein Pferd hat. Gegebenenfalls stehen Utensilien zur Gestaltung zur Verfügung, wie zum Aufbau einer Höhle, zum Schmücken für Reiter und Pferd. Die Anfertigung einer Landkarte ist dann sinnvoll, wenn die Kinder mit dem Gelände noch nicht so vertraut sind oder wenn man der Gruppe durch die Ausgestaltung der Landkarte noch weitere Spielimpulse und Anregungen mitgeben will.

**Spielphase**

Das Spiel beginnt: „Es wird langsam Tag und die 5 ... sehen „Phantasien" schon vor sich liegen."

**Abschlußphase**

Der Spielleiter beendet nach etwa einer Stunde das Spiel. Er hilft den Kindern beim Übergang von den Rollen zurück in die reale Situation. In einer kurzen Abschlußrunde kann noch besprochen werden, wie es den Kindern in ihren Rollen ging und daß sie in der nächsten Woche weiterspielen können.

Für die folgenden Stunden gibt es von seiten der Gruppenleiter keine weiteren Vorgaben für den Spielverlauf. Die Kinder einigen sich jeweils zu Beginn der Stunde, im Rahmen der Spielvereinbarung, wie das Spiel weitergehen könnte und welche Rollen sie darin bekleiden wollen.

**Auswertung**

Für die Auswertung dieser Spieleinheit, die sich über 6 bis 10 Einheiten erstrecken kann, empfiehlt es sich, regelmäßige Protokolle der Gruppenstunden anzufertigen. So können Veränderungen der einzelnen Kinder sowie der Gruppe als Gesamtes besser erkannt und reflektiert werden. In der Dynamik und Komplexität der Spielsituation können kleine Veränderungen oder neue Impulse ansonsten leicht untergehen. Auf die folgenden Aspekte kann dabei das Augenmerk gelenkt werden:
- Welche Art Rollen wählen die Kinder für sich selbst?
- Welche Rollen wählen sie für ihre Pferde?
- Was fällt im Prozeß der Rollenfindung auf?
- Wie gestalten die einzelnen Kinder ihre Rollen im Spielverlauf aus?
- Wie einigen sich die Kindern untereinander über die Rollenverteilung?

Die Art, in der die Gruppe mit der Wahl und Ausgestaltung der Rollen umgeht, kann uns wichtige Hinweise über innerpsychische Prozesse und Veränderungen einzelner Kinder geben. Dazu ein Beispiel aus einer integrativen Mädchengruppe: Beate, ein 8jähriges Mädchen spielt über zehn Gruppenstunden immer die Prinzessin an der Seite eines Prinzen mit eigenem Pferdegestüt. Eine Veränderung tritt ein, als sie sich das erste Mal einen neuen Namen gibt; bisher wählte sie jede Stunde den gleichen Namen für sich. Im nächsten Schritt verändert sie ihre Rolle als Prinzessin. Sie will nun gerne eine Prinzessin sein, die auch als Tierärztin arbeiten könnte. In der folgenden Stunde wechselt sie zwischen ihrer Rolle als Prinzessin und ihrer Rolle als Tierärztin. In der Abschlußstunde dieser Spieleinheit wählt sie für sich dann noch eine ganz neue Rolle: sie spielt die Hotelbesitzerin eines Reiterhotels, in das viele berühmte Leute zum Reiterurlaub kommen.

Allein in der Betrachtung der Rollenwahl wird schon deutlich, wie Beate nach und nach versucht, eine eigene Position innerhalb des Geschehens und innerhalb der Gruppe zu finden. Obwohl sie noch auf die Sicherheit und das Vertraute der alten Rolle angewiesen ist, kann sie doch schon spielerisch Neuland beschreiten. Sie probiert aus, was sie als Tierärztin oder als Hotelbesitzerin im Spiel mit den anderen Kindern für Möglichkeiten zur Verfügung hat. Parallel dazu veränderte sich auch ihre Rolle dem Pferd gegenüber. Sie wird autonomer und selbstbewußter. Aus der „Frau an der Seite des Prinzen" ist eine „Tierärztin/ Hotelbesitzerin" geworden.

Neben der Auswertung der Rollenwahl erhalten wir durch die Auswertung des Spielverhaltens wichtige Informationen über die Dynamik innerhalb der Gruppe und die Entwicklungsfähigkeit der einzelnen Kinder:
- Wie kann sich das Kind auf die symbolische Spielebene einlassen?
- Wieviel Kontinuität ist dem Kind im Spielverlauf möglich?
- Wie weit kann es bereits mit den anderen Kinder der Gruppe kooperieren?

Die Auswertung der Gruppendynamik gibt Aufschluß über die Interaktion der Kinder untereinander. Dazu können folgende Aspekte von Interesse sein:
- Welche Kinder übernehmen Aufgaben für die Gruppe?
- Welche Kinder verhalten sich eher reaktiv?
- Wie werden Spielideen von einzelnen eingebracht und aufgegriffen?
- Was drückt die Themenwahl, die Symbolik der Handlung aus?
Über die Symbolik der Handlung können uns die Kindern etwas über ihre Verfassung und ihre Anliegen mitteilen.

Auch dazu noch ein kurzes Beispiel: Melanie, ein 14jähriges Mädchen mit leicht autistischen Zügen, wünscht sich Kontakt zu den anderen Kinder der Gruppe, findet aber von sich aus den Zugang nicht. Auf der Symbolebene drückt sie dieses Bedürfnis in folgendem Bild aus: Sie wohnt in einem königlichen Pferdegestüt, das umgeben ist von hohen Mauern und tiefen Gräben. Einzig eine Zugbrücke bietet Zugang zu diesem Gestüt. Sie ist eine reiche Prinzessin, die ohne ihre Eltern, nur mit einem Bediensteten zusammen auf diesem Gestüt wohnt. Täglich schickt sie nun ihren Angestellten mit einem Pferd los mit dem Auftrag, er solle unten in der Stadt Kinder holen, die dann mit dem Pferd auf ihr Schloß kommen dürfen, um mit ihr zu spielen. Zu diesem Zweck wird dann auch die Zugbrücke heruntergelassen.

Nachdem die Kinder der Gruppe zweimal mit auf Melanies Schloß gekommen waren, hatten sie keine Lust mehr, nur im Schloß zu sitzen bei Saft und Keksen. Die meisten der Kinder hatten für sich Rollenentwürfe gewählt, mit denen sie ihre wilde Seite ausleben konnten (Indianer, Wolfsjunge, Herr des Dschungels). In der 5. Stunde der Spieleinheit ergab es sich, daß die zwei Kinder „aus dem Dschungel" die Prinzessin abholen wollten, um mit ihrem Pferd ein besonders heimtückisches Waldstück zu durchqueren. Zum ersten Mal seit fünf Spielstunden gelang es „der Prinzessin", sich aus ihrem Schloß herauszuwagen und mit den zwei Kindern ein Waldgebiet zu erkunden. Auf dem ersten Ausflug mußte ihr Angestellter sie noch begleiten, auf dem zweiten Ausflug schickte sie ihn schon zurück ins Schloß, wo er auf sie warten sollte. Melanies Spielidee für die darauffolgende Stunde sah vor, daß sie nun nicht mehr im königlichen Gestüt wohnen würde, sondern in einer Kutsche, die als Wohnmöglichkeit umgebaut wäre. Mit dieser Kutsche könnte sie, gemeinsam mit ihrem Angestellten, die anderen Kinder im Dschungel besuchen und dort auch einmal übernachten.

Melanie zeigt uns über ihr Spiel, daß sie den Kontakt zu den anderen Kindern wünscht, selbst aber nur wenig dazu beitragen kann. Sie schickt ihren Angestellten mit dem Pferd als Lockmittel, um die Kinder zu ihr zu holen. Gleichzeitig merkt sie aber auch, daß ihr dieser Weg die anderen Kinder nicht wirklich näher bringt, die durch ihre Rollenwahl einen viel größeren Handlungsradius besitzen. Da sie aber selbst noch sehr viel Schutz braucht - die tiefen Gräben und hohen Mauern um das Schloß symbolisieren das - wählt sie im folgenden Spiel ein Hilfsmittel, mit dem sie geschützt und zugleich beweglich sein kann: die bewohnbare Kutsche. Über den veränderten Spielverlauf teilt sie uns mit, daß sie nun selbst ein bißchen mehr Verantwortung für den Kontakt zu den anderen Kindern übernehmen kann, aber immer noch viel Unterstützung und Sicherheit benötigt. Sie möchte beweglicher werden, aber gleichzeitig auch noch geschützt sein.

Zuletzt zeigt uns die Auswertung des Umgangs mit dem Pferd, auf welche Weise sich das Kind ins Spielgeschehen einbringen kann, welche Formen der Unterstützung es durch das Pferd sucht und wie seine kommunikative Kompetenz entwickelt ist. Die Auswertung kann unter der Fragestellung erfolgen:

- Welche Bedeutung hat das Pferd für das Kind zu Beginn und zum Abschluß der Einheit?
- Wie kann das Kind seine Bedürfnisse dem Pferd gegenüber in das Gruppengeschehen integrieren?
- Wie kann das Kind während des Spielverlaufs die Bedürfnisse des Pferdes berücksichtigen?

## Auswertungebogen

| Kind | Ausgangs-situation | 1. Std. | 2. Std. | 3. Std. | 4. Std. | Abschluß |
|------|------|------|------|------|------|------|
| Rollenwahl | | | | | | |
| Spiel-verhalten | | | | | | |
| Gruppen-dynamik | | | | | | |
| Umgang mit dem Pferd | | | | | | |

**Abschließende Überlegungen**

Der Ablauf des Rollenspiels sollte mit den Eltern ebenso wie mit den Kindern vor Beginn der Einheit abgesprochen werden. Entscheidend ist, daß sich alle Beteiligten für einen bestimmten Zeitraum auf die symbolische Spielebene einlassen können und wollen. Es geht in dieser Zeit weniger zielgerichtet um das Reiten. Ist den Eltern die Intention der Rollenspieleinheit einsichtig, können Unklarheiten oder evtl. Unzufriedenheit über zu geringe reiterliche Anforderungen im Vorfeld vermieden werden. Eine überraschende Erfahrung mache ich in diesem Zusammenhang übrigens immer wieder: das sind Kinder, die nach einer Rollenspieleinheit, selbst wenn in dieser Zeit weniger zielgerichtet geritten wurde, in ihrer reiterlichen Entwicklung einen großen Sprung nach vorne machen. Über welchen Zeitraum sich eine Spieleinheit tatsächlich erstrecken soll, muß letztendlich immer vor Ort, abhängig von äußeren und thematischen Bedingungen, entschieden werden.

## „DIE REISE NACH PHANTASIEN"
Rollenspiel zum Thema: den eigenen Weg finden

| | |
|---|---|
| Aufgabenstellung | die offene Spielform unterstützt die einzelnen Kinder, ihre Position innerhalb der Gruppe, sowie dem Pferd gegenüber zu finden. Der Verlauf des Spielgeschehens orientiert sich an den Kindern der Gruppe. Dabei können die Kinder sich in ihrer Selbständigkeit und sozialen Kompetenz erproben. |
| Geeignet für | Kinder, die über eine Grundsicherheit im Umgang mit dem Pferd verfügen. Gruppen mit 4 bis 6 Kindern. integrative Gruppen. |
| Weniger geeignet für | Kinder, die ein höheres Maß an Struktur brauchen. Kinder, die noch einen besonders engen Kontakt zu ihrem Pferd benötigen. |
| Zeitlicher Rahmen | sechs bis acht Unterrichtseinheiten zu je 60 Min. |
| Räumliche Bedingungen | Aufenthaltsraum, überschaubares, nahe am Hof gelegenes Gelände. |
| Material | sparsam eingesetzte Requisiten zum Schmücken oder Verkleiden der Kinder oder Pferde, einfach gezeichneter Lageplan. |

## 6. „STAMMESTREFFEN DER INDIANER"
### Ferienmaßnahme für integrativ zusammengesetzte Gruppen

Der folgende Spielvorschlag entstand vor dem Hintergrund eines Ferienlagers, an dem Kinder mit sehr unterschiedlichem Entwicklungsstand und unterschiedlichen reiterlichen Fähigkeiten teilnahmen. Er ist, auch in abgewandelter Form, als Rahmenthema für integrative Maßnahmen oder Projekte geeignet, in denen behinderte und nichtbehinderte Kinder teilnehmen. Das hier beschriebene Beispiel erstreckte sich über die Dauer von drei Tagen und es nahmen 15 Kinder und Jugendliche teil. Das Spiel war so angelegt, daß die Kinder die ganze Freizeit über in einer Rolle bleiben konnten und die einzelnen Spiele in das Rahmenthema eingebunden waren.

**Einstieg**
Über eine Einstiegsgeschichte wurden die Kinder auf das Thema der Freizeit eingestimmt. Sie erhielten die Möglichkeit, ihre Rollen zu wählen und sich einen Platz innerhalb der Gruppe zu suchen: „Es geschah einmal vor langer, langer Zeit, in einem Land, in dem noch viele Indianer lebten, daß die Friedenspfeife der fünf größten Indianerstämme des nördlichen Hochlands von einem kriegerischen Stamm, der versteckt in Höhlen und Felsen wohnte, gestohlen wurde. Da die Indianerstämme diese Pfeife alljährlich zu ihrer großen Versammlung brauchten, kam helle Aufregung auf als bekannt wurde, daß gerade jetzt, kurz vor der großen Versammlung diese besondere Friedenspfeife gestohlen worden war. Die fünf Stämme beschlossen, sich ein paar Tage vor dem großen Versammlungsfest zu treffen, um gemeinsam einen Plan vorzubereiten, mit dem sie die Friedenspfeife zurückerobern konnten. Rechtzeitig zum Abschlußfest wollten sie dann wieder am Treffpunkt zurück sein."

**Aufbauphase**
In der Aufbau- und Vorbereitungsphase hatte zunächst jeder „Stamm" Zeit, sich einzurichten. Dazu mußten Zelte aufgebaut werden, ein Stammessymbol gebastelt, passende Namen ausgedacht und erste Vorbereitungen für die gemeinsame Suchaktion getroffen werden. Wir, d. h. fünf Betreuer, waren in dieser Phase auch durch Rollen in das Spiel integriert, über die wir notfalls

helfend eingreifen konnten. So waren wir z. B. eine „alte weise Frau", ein „Medizinmann", ein „Hüter der geheimen Sprache und Zeichen" (Abb.1)

**Verlauf**

Das Spiel erstreckte sich über drei Tage. Dabei wechselten ruhige und aktive Phasen ab. Die einzelnen Spielsequenzen standen in engem Zusammenhang miteinander und waren immer in das Rahmenthema eingebunden.

- Das Bauen verschiedener Stammesflaggen.
- Basteln und sammeln für einen Überlebensbeutel.
- Das Trainieren der Pferde für unwegsames Gelände.
- Mit und ohne Pferd das Gelände erforschen.
- Das Erlernen von Indianergesängen und Tänzen.
- Geschichten erzählen am Lagerfeuer.
- Zeichensprache erlernen.

Das Spiel begann abends am Lagerfeuer, wo sich alle Stämme versammelten, um im Rahmen einer feierlichen Zeremonie vorzustellen, was ihr Stamm, und vor allem ihr Pferd, am besten zur Suche beitragen könnte. Jeder Stamm besaß ein Pferd und führte eine herausragende Fähigkeit seines Pferdes vor. Die Stammesmitglieder mußten sich entscheiden, welche Fähigkeit ihr Pferd besonders auszeichnete, ob es sicher und unerschrocken fremdes Gelände durchreiten kann, wachsam vorwegreitet, mehrere Reiter oder schweres Gepäck tragen kann oder gut in unwegsamem Gelände zurechtkommt.

Am darauffolgenden Tag fand dann der große Ritt zur Suche der Friedenspfeife statt. Den Weg dorthin mußten die Stämme anhand von verschlüsselten Symbolen und Richtungszeichen, von Aufgaben, Fragen und Rätseln, die sie unterwegs entdeckten, herausfinden. Jeder Stamm konnte so mit seinen besonderen Fähigkeiten und denen seines Pferdes zur Lösung der Aufgaben beitragen. Auf der Anhöhe eines kleinen Hügels befand sich ein als „heiliger Krahl" gekennzeichneter Platz, der von zwei „Kriegern" trommelnd und wild tanzend bewacht wurde, da hier die geraubte Friedenspfeife aufbewahrt wurde. Die „Krieger" wurden von zwei Betreuern gespielt. Ein großer „Bannkreis" aus Steinen und Ästen erschwerte zusätzlich das Eintreten in den Kreis. Nach langen Beratungen zwischen den fünf „Stammesältesten" wagten sich die drei mutigsten

„Indianer" in den „Bannkreis", um die Friedenspfeife zurückzuerobern, was von den anderen Stammesmitgliedern mit wildem Geschrei und Getrommel unterstützt wurde.

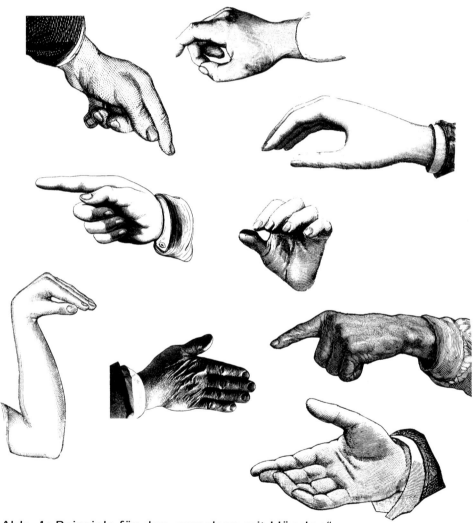

Abb. 1: Beispiele für das „sprechen mit Händen"

**Abschluß**

Der Abschluß des Spiels bestand aus einem großen Fest mit allen 5 Stämmen. Bei Essen und Trinken, mit Trommeln und Gesang wurde in einer feierlichen Zeremonie gemeinsam die Friedenspfeife geraucht.

Über mehrere Tage innerhalb einer Geschichte und damit verbunden in einer Rolle zu bleiben, ermöglicht den Kindern ein großes Spektrum an neuen Erfahrungen. So entdeckte ein 12jähriger Junge, der in der Schule große Probleme hatte, plötzlich, daß er ausgesprochen gut basteln konnte und die anderen Kinder alle den selben Kopfschmuck haben wollten wie er. Ein anderes Kind, das kein Interesse am Basteln hatte, übernahm die Versorgung des Pferdes, ein weiteres Kind innerhalb des Stammes wollte lieber die Zeichensprache lernen und ein spastisch gelähmtes Mädchen konnte so gut reiten, daß sie von den anderen bei Reitangelegenheiten immer vorgeschickt wurde.

All das sind Erfahrungen, die für Kinder mit Behinderungen oder seelischen Beeinträchtigungen in anderen Lebenszusammenhängen nur schwer zu machen sind. Ein gehbehindertes Mädchen würde da wohl kaum die mutige Vorgeherin sein können und die taubstummen Gruppenmitglieder könnten nicht die Erfahrung machen, daß sie gerade mit ihrer Sprache im Mittelpunkt des Interesses stehen und so auf ganz selbstverständliche Art und Weise zur Gruppe dazugehören können.

Die integrative Wirkung dieses Gruppenspiels beruht auf der Verbindung von reiterlichen Themen mit einer Spielidee auf der symbolischen Ebene. Der Kontakt zum Pferd ermöglicht den Kindern einerseits, Behinderungen oder Beeinträchtigungen zu kompensieren, sich also in ihrer kompetenten Seite zu erleben. Die Spielidee andererseits ermutigt die Kinder, sich mit ihrer individuellen Art und mit ihrer Unterschiedlichkeit ins Gruppengeschehen einzubringen. Da die Spielidee keine Anforderungen im leistungssportlichen Sinne enthält, entfällt der Anpassungsdruck für ängstliche, unsichere Kinder oder für Kinder, die noch nicht so gut reiten können.

Bei der Auswahl des Rahmenthemas ist es also wichtig darauf zu achten, daß für die teilnehmenden Kinder ausreichend Identifikationsmöglichkeiten über unterschiedliche Rollen gegeben sind. Des weiteren sollte das Rahmenthema auch Aktivitäten zu vielseitigen Fähigkeiten ermöglichen. Also Aktivitäten, wie Basteln, Bauen, Schmücken, die vorwiegend die Phantasie und Geschicklichkeit ansprechen. Für Kinder mit großem Bewegungsdrang und viel Energie sollten Spielelemente enthalten sein, die Kraft und Beweglichkeit erfordern. Für Kinder, die sich über den Umgang mit dem Pferd, über das Reiten einbringen ist es hilfreich, wenn sie über reiterliche Anforderungen zum Mitmachen ermutigt werden können.

**Weitere Vorschläge**

 „Ronja Räubertochter"

Eine Freizeit mit gestalterischen Elementen wie : Höhlenbau, Mutprobe, Geländespiel, Räuberfest mit Räuberessen, Lagerfeuer, Pferdezähmung.

 „Steinzeit"

Wanderritt mit mehreren Stationen. Dabei kann stattfinden: eine Lagerplatzsuche, eigenständige Proviantversorgung, selbst am Feuer kochen, Werkzeug bauen, Höhlenbilder malen.

 „Fest der Klänge"

Freizeit oder Tagesaktion, bei der das Reiten in Verbindung mit Klang und Rhythmus gebracht wird. Die Kinder können einfache Instrumente, wie Trommeln, selbst bauen und spielen. Sie können zur Musik reiten, eine Choreographie mit Pferden zur Vorführung vorbereiten, Reiterspiele zur Musik erfinden, Ratespiele zu den Themen Musik und Pferd lösen, singen, tanzen, reiten.

## „STAMMESTREFFEN DER INDIANER"
Ferienmaßnahme für integrativ zusammengesetzte Gruppen

| | |
|---|---|
| Aufgabenstellung | die Ferienmaßnahme findet unter einem vorher festgelegten Rahmenthema statt. Das Rahmenthema wird so gewählt, daß möglichst vielfältige Aktivitäten für Kinder mit unterschiedlichen Begabungen in den Spielablauf integriert werden können. |
| Geeignet für | Kinder im Alter zwischen 8 und 14 Jahren. Gruppen, die integrativ zusammengesetzt sind. Gruppen mit 10 bis 15 Teilnehmern. |
| Weniger geeignet | - |
| Zeitlicher Rahmen | drei bis fünf Tage. |
| Räumliche Bedingungen | gut geschützter Lagerplatz, vielseitiges Wald- und Wiesengelände, sanitäre Möglichkeiten, geschützter Aufhaltsort (Hütte, großes Zelt, Tipi). |
| Material | Bastelmaterial, Indianerschmuck, „Friedenspfeife", Verkleidungsmaterial. |

## 5. Kapitel

# DAS WAGNIS
# DER DOMINANZ

„Gegenwart ist die Zeit in der wir leben,
und von allem das wichtigste ist,
was wir mit unserem gegenwärtigen Selbst tun."

Moshé Feldenkrais

# Die Bedeutung der Selbständigkeit im Entwicklungsprozeß behinderter und nicht behinderter Kinder

Meine Erfahrungen mit Reitschülern in den vergangenen Jahren und nebenbei auch meine ganz eigenen Erfahrungen als Reiterin haben mir gezeigt, daß in dem Wunsch, mit Pferden zu tun zu haben, in irgendeiner Weise fast immer auch der Wunsch nach selbständigem Reiten enthalten ist. Das Pferd selbständig zu lenken, in harmonischer Weise seine Geschwindigkeit und seine Bewegungen kontrollieren zu können und die gemeinsame Freude an der Bewegung zu entdecken, kann einem für Momente das Gefühl geben, mit der Natur und damit auch mit sich selbst im Einklang zu sein. Dieses Gefühl, das in Verbindung zu der Erfahrung von Freiheit, Beweglichkeit und Stärke steht, übt eine große Faszination aus. Das gilt für junge Reiter genauso wie für ältere, für ängstliche ebenso wie für mutige, für Kinder mit leichten oder schweren Behinderungen, für gesunde wie für kranke Menschen.

Diese Beobachtung gilt auch für Hela, eine junge Frau mit Down Syndrom, die seit einigen Jahren in einer unserer integrativen Reitgruppen reitet. Für Hela war von Anfang an klar, daß sie „richtig reiten" lernen wollte, wie ihre Freundin, bei der sie im nahe gelegenen Reitstall schon öfter zugesehen hatte. Zum „richtigen Reiten" gehören für Hela, neben dem selbständigen Lenken mit Hilfe des Zügels, ein schöner Sattel ebenso wie ihre echten, eigenen Reithandschuhe. Auf dem anfangs noch geführten Pferd sitzt Hela erstaunlich aufrecht mit einem in die Ferne gerichteten Blick und bedeutet mir immer wieder, auf ihre gute Körperhaltung zu achten. Als eine damals noch neue Praktikantin Hela beim gemeinsamen Ausritt am Führstrick führen will, weint sie voller Empörung und ist erst wieder zu beruhigen, als ich das Mißverständnis aufkläre und die Praktikantin Hela beim selbständigen Reiten gebührend bewundert.

Für Hela ist die Selbständigkeit, die sie beim Reiten erlangen kann, von großer Bedeutung. Für sie selbst und für die Menschen, mit denen sie zusammen ist wird sichtbar, daß sie trotz ihrer Behinderung in der Lage ist, eigenständig Verantwortung zu übernehmen. Ähnliche Erfahrungen wie die mit Hela, habe ich auch mit anderen Reitschülern in zahlreichen und unterschiedlichsten Zusammenhängen gemacht. Dies ließ mich in den Jahren meiner Tätigkeit als Pädagogin und als Lehrerin zu der Überzeugung gelangen, daß das Bedürfnis nach Eigenverantwortung und nach Selbstbestimmtheit bei Kindern mit und ohne Behinderungen gleichermaßen intensiv ausgeprägt ist. Unabhängig davon, ob ein Kind in seinen Möglichkeiten durch eine Behinderung eingeschränkt ist oder nicht, folgt es bereits von klein auf einem starken Impuls, die Dinge selbst in die Hand zu nehmen.

Wer kennt sie nicht, die Bilder vom Dreijährigen, der unbedingt seine Schuhe selbst binden will, obwohl es noch so mühsam ist, das Schnürband richtig zu halten, der Säugling, der bereits nach wenigen Monaten unter Einsatz aller seiner Kräfte versucht, sich alleine auf den Bauch zu drehen, sich zu setzen oder aufzurichten, oder der Jugendliche, der das erste Mal ohne seine Eltern in Urlaub fahren will.

Das sind Eindrücke, die spürbar werden lassen, wie tief das Bestreben nach Selbständigkeit und autonomer Bewegung im menschlichen Wesen verankert sind, trotz der manchmal damit verbundenen Mühsamkeit. Das Kind, das die Selbständigkeit will und wagt, ist motiviert, sich auf ein bis dahin unbekanntes Terrain zu begeben. Es zeigt, daß es mutig genug ist, etwas neues auszuprobieren und daß es bereit ist, das Risiko des Nichtgelingens in Kauf zu nehmen. Verwehren wir dem Kind im entscheidenden Augenblick diese Erfahrung, also alleine für Dinge zuständig sein zu können, kann es geschehen, daß wir es in seiner Entwicklung zum Stillstand zwingen. Denn der Impuls zur Selbständigkeit drückt, wie wir gesehen haben, immer ein starkes Bedürfnis nach Weiterbewegung und Weiterentwicklung aus.

Es ist eine Herausforderung jungen Menschen und Kindern, die aufgrund einer körperlichen oder seelischen Beeinträchtigung zum heilpädagogischen Reitunterricht kommen, Selbständigkeit im Umgang mit dem Pferd und beim Reiten zu ermöglichen. Der Lebensalltag von Kindern, die pflegebedürftig sind, die sich nicht selbständig fortbewegen können oder ansonsten einer besonderen Zuwendung bedürfen, vermittelt ihnen zunächst einmal andere Erfahrungen. Abhängigkeit, Bedürftigkeit oder Unselbständigkeit werden in vielen großen und kleinen Handlungen des alltäglichen Lebens mehr oder weniger bewußt erlebt. Behandelt zu werden ist nun einmal eine andere Erfahrung als selbst Handelnder zu sein, geführt oder gefahren zu werden fühlt sich anders an, als selbst zu führen, und auf einem vom Lehrer geführten Pferd zu sitzen, weckt andere Gefühle als einem großen und starken Tier mit Hilfe der eigene Stimme oder Körpersprache Tempo und Richtung vorzugeben.

Deshalb bin ich der Überzeugung, daß der Selbständigkeit beim Reiten gerade bei diesen Kindern eine besonders große Bedeutung zukommt: im Umgang mit dem Pferd, auf dem Pferd sitzend, können sie eine Erfahrung machen, die weit über den Reitunterricht hinaus Bedeutung erhält. Sie übernehmen Verantwortung für ein anderes Wesen, sie selbst sind es, die die Handlung, den Ablauf, vorgeben und auf das Pferd einwirken. Und für alle Beteiligten wird offensichtlich, daß sie in der Lage sind, diese Position tatsächlich einnehmen zu können. Auf diese Weise stellen sich manchmal sehr festgefahrene Muster im Umgang miteinander („Laß nur, ich mach das schon für dich." Oder: „Ich kümmere mich lieber selbst darum") plötzlich in einem anderen Licht dar. Indem das Pferd Bewegungseinschränkungen kompensieren kann, hat das Kind im selbständigen Umgang die Chance, sich mit dem Pferd wieder als vollständiger oder heiler zu erleben. Es kann sich fortbewegen wie die anderen Kinder, es kann Reiter sein, wie die anderen Kinder, es kann sich verständlich machen, auch ohne die vielleicht fehlende Sprache.

Der Wunsch, selbständig zu reiten, ist nicht immer zwingende Folge eines Entwicklungsprozesses im heilpädagogischen Reitunterricht. So gibt es Kinder, die den Schritt in die Autonomie dem Pferd gegenüber überhaupt nicht machen können oder nicht machen wollen. Das kann daran liegen, daß ihr Bedürfnis nach Geborgenheit, Getragen-sein oder Ich-Stärkung größer ist, als der Wunsch nach Selbständigkeit. Möglicherweise befinden sie sich in einer psychisch besonders instabilen Verfassung oder sind aufgrund einer körperlichen Behinderung so stark eingeschränkt, daß nur in sehr bedingter Form an eine Selbständigkeit im Reiten zu denken ist. Allerdings ist es für mich immer wieder beeindruckend zu beobachten, wie selbst Schüler mit geistigen und körperlichen Behinderungen oder anfangs sehr unsichere Kinder über das Erlebnis des selbständigen Reitens ihre vorhandenen Möglichkeiten der Selbstbestimmung in beeindruckender Weise ausschöpfen können. Grundsätzlich halte ich es daher für wichtig, daß jedem Kind, das zum heilpädagogischen Reitunterricht kommt, diese Tür zum selbständigen Reiten als Möglichkeit offen steht. Wann und wie es diese dann nutzen wird hängt davon ab, inwieweit das Thema Selbständigkeit in seiner Entwicklung eine Rolle spielen wird. Dabei muß man berücksichtigen, daß Entwicklungen im allgemeinen in Stufen mit unterschiedlich großen Fortschritten, Stillstand oder auch Rückschritten verlaufen.

Nun ist mir jedoch wichtig, an dieser Stelle auch auf die Probleme und Risiken zu verweisen, die mit dem Weg zum selbständigen Reiten verbunden sind. Überforderung der Kinder, unklare Absprachen oder fehlende Übersicht und Kompetenz seitens des Lehrers können im ungünstigsten Fall genau das Gegenteil von dem bewirken, was wir vielleicht beabsichtigen wollen. Stürzt ein Kind vom Pferd oder kann es sich dem Pferd gegenüber überhaupt nicht mehr durchsetzen, erlebt es sich selbst nicht mehr in seiner Kompetenz sondern in seiner Begrenzung und dem Gefühl des Ausgeliefertseins. Gerade bei sehr ängstlichen Kindern besteht die Gefahr der Wechselwirkung zwischen der Angespanntheit des Kindes und der Unruhe oder Schreckhaftigkeit des Pferdes.

Daher bedarf es der allergrößten Sorgfalt in der Planung, Vorbereitung und Anleitung, um tiefgreifende Enttäuschungen und schwere Angstsituationen weitgehend auszuschließen. Vor allem in der Übergangsphase zur Selbständigkeit müssen die Entwicklungsmöglichkeiten des Kindes gut antizipiert werden. Der Unterrichtsverlauf, die Gestaltung der Rahmenbedingungen und die Anleitung müssen auf die Möglichkeiten des Kindes angemessen abgestimmt werden. Selbständigkeit passiert natürlich auch nicht plötzlich von heute auf morgen, sie entwickelt sich vielmehr im Laufe eines längeren Prozesses, innerhalb dessen das Kind seine Fähigkeiten in unterschiedlichen Situationen erproben und erfahren kann.

Bereits in den ersten Kapiteln dieses Buches werden daher auch schon Übungen und Spiele vorgestellt, die es dem Kind erlauben, Verantwortung für sich und für das Pferd zu übernehmen. Nur so kann das Kind Schritt für Schritt Souveränität und Kompetenz entwickeln und es kann sich, indem es schwierige Situationen nun alleine bewältigt, stärker und selbstbewußter fühlen.

Im Unterschied zum geführten Sitzen auf dem Pferd, bei dem das Kind das Pferd in erster Linie genießen, wahrnehmen und seine Bewegungsabläufe aufnehmen kann, also dem Pferd gegenüber eine eher passive Rolle einnimmt, muß das Kind beim selbständigen Reiten aus sich heraus treten und initiativ werden. Um sich beim Reiten dem Pferd gegenüber verständlich machen zu können, muß es einen aktiven Part übernehmen und stärker auf die Belange des Pferdes eingehen können. Es lernt, selbst Forderungen zu stellen und gemeinsam mit dem Pferd Ziele zu erreichen, die nicht mehr nur seiner unmittelbaren Bedürfnisbefriedigung dienen. Indem der Lehrer das Kind in die Hilfengebung einweiht hilft er ihm herauszufinden, was es selbst kann und will. Nun gibt es natürlich beim Reiten ganz unterschiedliche Grade an Selbständigkeit und das damit verbundene, größere Maß an Verantwortung für das Kind kann unterschiedlich starkes Gewicht haben. Es können 4 Formen der Selbständigkeit im heilpädagogischen Reitunterricht unterschieden werden:

1. Das Kind übernimmt nur einen kleinen Ausschnitt der Verantwortung für das Pferd. Der Pädagoge bleibt Hauptbezugsperson für das Kind und das Pferd, zum Beispiel indem er den Führstrick abhängt, aber dicht beim Pferd bleibt.

2. Das Kind übernimmt innerhalb eines vom Pädagogen vorgegebenen, eng strukturierten, Rahmens die volle Verantwortung für das Pferd. Der Pädagoge greift möglichst wenig gestaltend ein, er übernimmt eher die Funktion, vorab günstige Bedingungen für die Lernsituation zu organisieren.

3. Der Pädagoge gibt dem Kind ein Rahmenthema, eine Aufgabenstellung vor. Der Lösungsweg und die Art der Ausgestaltung bleiben dem Kind überlassen. Der Pädagoge steht beratend zur Verfügung. Die Aufgabenstellungen können eng, halboffen oder offen angelegt sein.

4. Die Themenwahl der Stunde wird dem Kind überlassen. Der Pädagoge behält den Prozeß als Gesamtes im Blick und unterstützt das Kind durch Vorschläge und Rückmeldungen, die er aus der Beobachtung des Kindes beim Reiten gewinnt. Er benötigt dazu ein großes Maß an Präsenz.

Wie bereits in den vorangegangenen Kapiteln geht es jedoch auch hier nicht um eine chronologische Abfolge der einzelnen Schritte. Die Entscheidung, wieviel

Selbständigkeit oder Verantwortung dem Kind zugetraut werden kann, orientiert sich an dem augenblicklichen Entwicklungsstand des Kindes. Beobachten wir den Entwicklungsprozeß des Kindes und seinen Umgang mit dem Pferd kontinuierlich über einen längeren Zeitraum, können wir meist gut erkennen, wie das jeweilige Kind sein Bedürfnis nach Selbständigkeit zum Ausdruck bringt.

## Die Dynamik innerhalb des Kommunikationsdreiecks beim selbständigen Reiten

Beim selbständigen Reiten verändert sich die Dynamik zwischen Schüler, Lehrer und Pferd grundlegend. Die positive Wirkung beim selbständigen Reiten geht von der direkten Interaktion zwischen Kind und Pferd aus. Das bedeutet, daß der Pädagoge weniger direkt auf das Pferd oder auf das Kind einwirkt, sondern eher die Verständigung zwischen Kind und Pferd im Blick hat. Er läßt dem Kind mehr Raum für die eigenständige Gestaltung der Beziehung zum Pferd, setzt es damit aber auch stärker der Interaktion mit dem Pferd aus. Für das Kind hat das zur Folge, daß es Konflikte selbständiger bewältigen muß.

Das sei an einem Beispiel erläutert: Ein Kind möchte auf dem Reitplatz reitend sein Pferd antraben. Das Pferd jedoch kommt anstatt anzutraben immer wieder in die Mitte. Nun könnte der Lehrer auf das Pferd einwirken, indem er es mit der Gerte unterstützend treibt, indem er das Pferd ein Stück führt oder durch Stimme und Körpersprache wieder auf den Hufschlag zurückbewegt. Direkt auf das Kind einzuwirken würde in diesem Fall heißen, ihm Anweisungen zu geben, was es machen soll, um das Pferd auf dem Hufschlag anzutraben: „Zieh am äußeren Zügel, treib mit dem inneren Bein!" Beide Formen der Intervention können in bestimmten Situationen angebracht sein, z. B. dann, wenn es darum geht, Sicherheit zu gewährleisten, Erfolgserlebnisse zu ermöglichen oder große Frustrationserlebnisse zu vermeiden. Beide Formen tragen jedoch nicht unbedingt dazu bei, das Kind auf seinem Weg zu mehr Selbständigkeit zu unterstützen oder ihm eine bessere Einschätzung seiner eigenen Konfliktlösungspotentiale zu ermöglichen.

Die Verständigung zwischen Kind und Pferd im Blick zu haben, heißt, auf dieses Beispiel bezogen, gemeinsam mit dem Kind herauszufinden, warum das Pferd sich im Augenblick widersetzt und welche Möglichkeiten und Ideen das Kind selbst einbringt, um die Situation zu bewältigen. Vielleicht wird es für sich und das Pferd die Aufgabenstellung verändern, vielleicht braucht es Zeit, um im Üben mit dem Pferd eine Lösung zu finden, möglicherweise erkennt es auch, daß es noch gar nicht traben kann oder will. Auf diese Weise kann das Kind seinen eigenen Beweggründen oder Ängsten auf die Spur kommen. Es kann lernen, sich ins Pferd hineinzuversetzen und nachzuvollziehen, was dessen Beweggründe für ein bestimmtes Verhalten sind. Es ist also mit all dem konfrontiert, was auch in der Kommunikation zwischen Menschen eine bedeutende Rolle spielt.

Die Erfahrungsmöglichkeiten, die alleine in diesem Aspekt des selbständigen Reitens enthalten sind, bieten dem Kind beeindruckende Möglichkeiten der Weiterentwicklung und des Lernens. Es geht dabei nicht um das korrekte Erledigen einer reiterliche Aufgabe sondern darum, das Kind anhand der reiterlichen Aufgabenstellung in seiner Autonomie, in seinen Möglichkeiten mit der Situation zurechtzukommen, zu fördern und zu bestärken. In dem Maß, in dem der Schüler zu einem eigenständigen Gegenüber des Pferdes wird, kann er auch innerhalb des Kommunikationsdreiecks autonomer werden.

Aber nicht nur der Schüler, auch wir als Pädagogen oder Lehrer verändern durch die zunehmende Selbständigkeit des Reitschülers unsere Rolle innerhalb des Beziehungsdreiecks. Zum Prozeß der Verselbständigung gehört, daß zu der Begleitung und Unterstützung, die wir dem Kind gewähren, die Rolle des Gegenübers tritt. Das Kind muß sich auf seinem Weg in die Selbständigkeit mit der Person des Pädagogen auseinandersetzen können, sich vergleichen, aber auch reiben oder messen können. Dazu müssen wir ihm tatsächlich eigene Bereiche mit dem Pferd überlassen. Das kann dazu führen, daß das Kind andere Seiten an unserem Pferd wahrnimmt und andere Dinge mit ihm erlebt als wir selbst. Es mag sein, daß es eine andere Art findet, Herausforderungen mit dem Pferd zu bewältigen, als wir selbst es tun würden. Dessen sollten wir uns bewußt sein, wenn wir die Entscheidung treffen, einen Schüler mit unserem eigenen Pferd selbständig werden zu lassen.

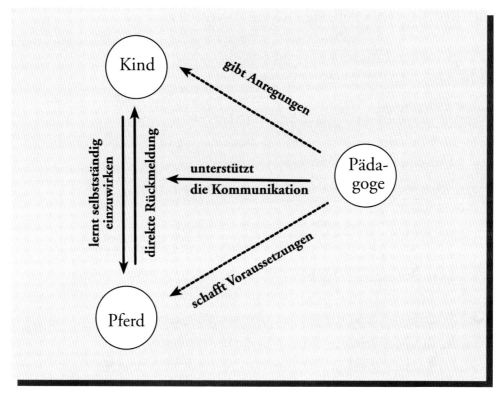

Abb. 1: Das Kommunikationsdreieck beim selbstständigen Reiten

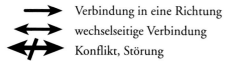

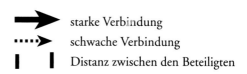

# Merkmale des selbständigen Reitens

- Über Stimme, Körpersprache und evtl. Hilfsmittel wirkt das Kind selbständig, ohne die Einwirkung des Pädagogen, auf das Pferd ein.

- Der Pädagoge gibt Verantwortung für das Pferd an das Kind ab. Das kann auch schrittweise oder teilweise der Fall sein. Als Gegenüber für das Kind bleibt er indessen präsent, ebenso als Begleiter, um in kritischen Situationen sichernd eingreifen zu können.

- Das Kind muß selbst aktiv werden und eine verantwortliche Rolle übernehmen.

- Das Kind übernimmt mehr Verantwortung für sich und das Pferd, es tritt - bildlich gesprochen - dem Pferd gegenüber. Das erfordert von ihm, komplexere Zusammenhänge zu erkennen, sich in das Pferd hineinzuversetzen, adäquat und manchmal sehr schnell zu reagieren.

- Auch das Pferd ist stärker mit dem Kind und dessen Verhalten konfrontiert, da der Pädagoge weniger steuernd in die Verständigung eingreift.

- Die methodische Gestaltung ist zu Beginn der Einheit zeitweise enger gefaßt. Ziel ist jedoch eine methodische Öffnung innerhalb des Reitunterrichts.

- Die Themenstellungen und Übungen in der Einheit „Selbständig reiten" orientieren sich neben den persönlichen Entwicklungsthemen des Kindes, zunehmend an reiterlichen Fragestellungen.

# Vorüberlegungen zu den praktischen Übungen

### Das Kind

Die Voraussetzung für das selbständige Reiten besteht darin, daß das Kind in der Lage ist, sicher ausbalanciert auf dem Pferd zu sitzen, daß es die Bewegung des Pferderückens gut aufnehmen kann und mit dem Charakter, dem Ausdrucksverhalten des Pferdes im wesentlichen vertraut ist. Da das Kind beim selbständigen Reiten den Reaktionen des Pferdes stärker ausgesetzt wird, ist es weiterhin wichtig, daß es über ein gewisses Maß an Selbst- und Fremdeinschätzung verfügt. Das kann in einer Situation, in der das Pferd zum Beispiel sehr aufgeregt ist, bedeuten, daß das Kind dies wahrnimmt und nicht zusätzlich treibend oder beunruhigend auf das Pferd einwirkt. Das Kind muß also auch in der Lage sein, eigene Bedürfnisse zurückzustecken, weil die Verfassung und die Möglichkeiten des Pferdes mehr in den Blickpunkt rücken. Darüber hinaus spielt die psychische Verfassung des Kindes eine große Rolle für die Fähigkeit, selbständig mit dem Pferd umzugehen. Eine grundsätzlich oder phasenweise fehlende Ich-Struktur oder die Belastung durch eine akute Krisensituation machen dem Kind diesen Perspektivwechsel nahezu unmöglich.

### Das Pferd

Beim selbständigen Reiten ist auch das Pferd auf eine neue Weise gefordert. Es muß sich mit der veränderten Konstellation innerhalb des Beziehungsdreiecks zurechtfinden, die ihm einerseits mehr eigenen Spielraum läßt, die es andererseits aber auch mit neuen, ungewohnten und manchmal auch unangenehmen Handlungen seitens des Kindes konfrontiert (z. B. unruhiger Sitz, widersprüchliche Hilfen). Das Pferd ist also ebenso wie das Kind in seiner Selbständigkeit gefordert.

Stärker als beim geführten Sitzen auf dem Pferd oder der Arbeit vom Boden aus ist das Pferd beim selbständigen Reiten in seiner Freiheit und Freiwilligkeit an dem Beziehungsprozeß beteiligt. Es begegnet dem Kind deutlicher als Persönlichkeit mit eigenen Bedürfnissen, Ideen, Instinkten und Verhaltensmustern. Es kann stärker über Nähe und Distanz entscheiden, eigene Lust oder Unlust einbringen, Zuwendung oder Ablehnung ausdrücken. In der ersten Phase der Verselbständigung kann das manchmal sogar zu einer vorübergehenden Distanzierung zwischen Kind und Pferd führen, was mit der Neuordnung des ganzen Beziehungsgefüges verbunden ist.

In diesem Zusammenhang soll noch auf einige grundsätzliche Gedanken zur Pferdeausbildung und Haltung hingewiesen werden. Je stärker das Pferd sich in die Lernsituation mit dem Kind einbringen kann, umso schwerer wiegt auch, wie es sich im Umgang mit Menschen und mit anderen Pferden verhält. So kann es sein, daß ein sehr ranghohes Tier, von mir als Lehrer geführt, dem Kind durchaus wichtige Bewegungserfahrungen vermitteln kann, ohne es in Gefahr zu bringen. Das gleiche Pferd kann aber unter Umständen ungeeignet sein, dem Kind auf seinem Weg zum selbständigen Reiten zu helfen, da dem Pferd dann die Sicherheit einer ranghöheren Person fehlt. Das heißt natürlich nicht, daß alle ranghohen Pferde zum selbständigen Reiten ungeeignet sind, aber es muß sichergestellt sein, daß das Pferd, auch wenn ich mich als Lehrer vorübergehend oder teilweise zurückziehe, bestimmte Umgangsregeln weiterhin akzeptiert. Dazu gehört, daß es nicht aggressiv gegenüber Kindern oder anderen Pferden reagiert und daß es nicht steigt oder durchgeht.

Zur Ausgeglichenheit und Nervenstärke der Pferde, können wir viel beitragen, wenn wir ihnen ein artgemäßes Umfeld bieten. Dazu gehören Herden- und Auslaufhaltung, große, abwechslungsreiche Weiden, Bewegungsmöglichkeiten und die Möglichkeit für unterschiedliche Sozialkontakte. Was das Pferd einmal im Umgang mit dem Kind leisten soll, das muß es von klein auf im Umgang mit anderen Pferden gelernt haben. Ich habe die Erfahrung gemacht, daß es viele Dinge gibt, die das Pferd auch im Laufe der Jahre noch lernen kann. Hat es jedoch, weil es alleine aufgewachsen ist, nie die Verständigung mit anderen Pferden gelernt, ist das ein nur sehr schwer aufzuholender Mangel.

Die wichtigsten Ziele in der Grundausbildung des Pferdes sind daher ein eindeutig geklärtes Dominanzverhältnis des Lehrers gegenüber dem Pferd, ruhige, gleichmäßige Gänge des Pferdes und die Sensibilisierung auf eine sehr feine Hilfengebung. Es spielt dabei keine Rolle, welcher Reitrichtung (Klassisch, Western, Isländisch) diese Grundausbildung entstammt. Wichtig ist nur, daß sie dem Pferd ebenso wie dem Lehrer als Reiter entspricht.

Über diese Grundausbildung hinaus braucht ein Pferd im heilpädagogischen oder therapeutischen Reiten allerdings noch eine weitere, sehr wichtige Qualität: um in einem Heilungsprozeß oder in einem pädagogischen Lernprozeß mitwirken zu können, muß das Pferd die Fähigkeit und die Freude zur Kooperation mitbringen. Wie oben erwähnt, entsteht die positive Wirkung beim selbständigen Reiten aus der Interaktion zwischen Kind und Pferd. Das kann natürlich nur geschehen, wenn auch das Pferd als Gegenüber mit seiner ganzen Persönlichkeit beteiligt ist. Dazu reicht es nicht aus, wenn das Pferd gehorcht, sich unterordnet oder einfach funktioniert. Es muß in den jeweiligen Situationen mit dem Kind differenziert wahrnehmen können, was vom Kind ausgeht, es muß in der Lage sein, eigene Ideen einzubringen und dennoch den Menschen (in diesem Fall den Lehrer) als ranghöheres Wesen akzeptieren.

Viel davon bringt ein Pferd von Natur aus mit. Es ist neugierig, es ist als Herdentier an Kontakt interessiert und ist ein Lebewesen, das sich gerne bewegt. Wie aber kann ich die Kooperationsbereitschaft und Präsenz des Pferdes fördern und im Umgang mit dem Schüler erhalten und damit Kind und Pferd neue Erfahrungen ermöglichen?

Im Rahmen der Ausbildung, besonders in der Phase der Bodenarbeit, wird das Pferd mit dem Menschen als ranghöherem Gegenüber konfrontiert. Verschiedene Aufgabenstellungen dienen dabei der Klärung des Dominanzverhältnisses zwischen Mensch (Ausbilder) und Pferd. So muß das Pferd lernen, daß es, am Führstrick gehend, den Ausbilder nicht überholen, geschweige denn umrennen oder anrempeln darf. Es muß lernen, vor bestimmten Signalen seitens des Ausbilders auszuweichen und damit zu signalisieren, daß es sich dem Menschen als ranghöherem Gegenüber unterordnet.

Soweit betrifft das die Grundausbildung eigentlich eines jeden Reitpferdes. Darüber hinaus ist ein Pferd, das im heilpädagogischen Reiten arbeitet, gefordert, nicht nur korrekt in einer bestimmten Führposition zu bleiben, sondern in unterschiedlichen Situationen und Positionen immer gleichermaßen auf den Mensch bezogen zu bleiben. Unabhängig davon, ob wir neben, vor oder hinter dem Pferd gehen, muß es seine Aufmerksamkeit auf uns gerichtet halten. Um das Pferd für diese Art Wahrnehmung und Kooperation zu sensibilisieren, eignet sich das Dominanztraining im Round Pen, die Arbeit mit dem Langseil nach Pat Parelli oder das freie Training nach Freddy Knie.

Neben der gezielten Grundausbildung bieten aber auch alltägliche Situationen beste Gelegenheiten zum Lernen. Erziehung geschieht zum erheblichen Teil in eben diesen Alltagssituationen, dort wo sich entscheidet, wie wir konkret mit bestimmten Konflikten umgehen, wie wir in Auseinandersetzungen reagieren oder welche Aspekte uns im Umgang mit unserem Pferd wichtig sind.

Mit dem folgenden Beispiel möchte ich zeigen, wie diese Überlegungen in die Unterrichtsgestaltung einfließen können: im Unterricht mit der 15jährigen Judith widersetzt sich der Norwegerwallach Kevin ständig dem Zügel. Es ist deutlich, daß er als ranghohes Pferd nicht bereit ist, die von Judith geforderten Zügelhilfen anzunehmen, also in die von ihr gewünschte Richtung zu gehen. In anderen Situationen kann es sein, daß er auf die kleinste Andeutung sofort abbiegt. Judith, die zwar einen sehr vorsichtigen aber guten Zugang zum Pferd besitzt, hat die Idee, Kevin auf andere Weise zu überzeugen. Sie will nicht mit ihm kämpfen, aber sie möchte doch ganz gerne etwas mit ihm machen. Sie weiß, daß er sehr gerne trabt und immer Freude an Abwechslung und Spannung hat. Sie fragt, ob sie einmal den Zügel über den Hals legen darf, was sie aus anderen Reitstunden bei uns schon kennt, um Kevin den Weg selbst wählen zu lassen.

Kevin wird sofort wach und munter, trabt, schlägt Haken und dreht kleine Kreise. Zwischendurch sieht er sich immer wieder fragend um, und als Judith ihn durch leichtes Antreiben ermuntert weiter zu machen, legt er wieder los. Nach und nach kann Judith eigene Impulse in die Situation einbringen. Wenn Kevin nach rechts schaut, macht sie daraus einen kleinen Kreis, richtet er sich auf, treibt sie ihn etwas an. So entsteht zwischen beiden ein „Gespräch", innerhalb dessen sich Judith wieder mehr Gehör bei Kevin verschaffen kann. Am Ende der Stunde reitet Judith mit Kevin ohne, den Zügel wesentlich einsetzen zu müssen, auf dem Hufschlag außen herum.

In dieser Stunde hat nicht nur Judith etwas gelernt, sondern auch Kevin. Er hat Kooperation erlebt, hat erlebt, wie es Spaß machen kann, mit dem Reiter gemeinsam etwas zu machen. Er konnte etwas tun, das er gerne macht, nämlich sich zu bewegen und er hat erfahren, daß er mitarbeiten kann. Hätte nun im Vordergrund der Stunde gestanden, daß Kevin in jedem Fall dem Zügel folgen muß, wäre es zu der beschriebenen Erfahrung zwischen Kevin und Judith nicht gekommen. Ich hätte als Lehrerin eingreifen und die Konfliktsituation an Judiths Stelle lösen müssen. Vergleichbar dieser Situation gibt es innerhalb des Unterrichtsgeschehens oder im alltäglichen Umgang mit dem Pferd oft sehr viele Möglichkeiten die Kooperationsbereitschaft, die Sensibilität und Eigenständigkeit des Pferdes zu fördern und aufrecht zu erhalten.

Wichtig ist noch zu bedenken, daß nicht jedem Pferd diese Arbeit liegt und nicht jedes Pferd Interesse und Bereitschaft für die Arbeit mit Kindern mitbringt. Soll jedoch ein Dialog zwischen Kind und Pferd möglich werden ist es notwendig, auch die Impulse, Möglichkeiten und Grenzen seitens des Pferdes ernst zu nehmen. Die Anforderungen, die in dieser Arbeit an das Pferd gestellt werden, sind sehr hoch. Ist ein Pferd grundsätzlich nicht bereit und in der Lage, sich auf das Kind einzustellen, sollten wir es auch nicht gewaltsam damit konfrontieren, da dies, ähnlich der Situation zwischen Menschen, nur zu Widerstand und Aggression führt.

### Der Pädagoge

Im Laufe des Prozesses überläßt der Pädagoge dem Kind immer mehr Raum, das heißt im tatsächlich räumlichen Sinne, aber auch im Sinne von mehr Spielraum für eigene Ideen, Vorstellungen und Wünsche, die das Kind in Verbindung mit dem Pferd hat. Das kann durch offenere Aufgabenstellungen geschehen, bei denen vom Kind selbst Lösungswege gesucht werden müssen, oder durch späteres Eingreifen seitens des Lehrers in Konfliktsituationen. Das Kind wird dabei unterstützt, eigene Lösungsstrategien zu entwickeln. Ein größerer Spielraum für das Kind kann sich auch darin ausdrücken, daß wir möglichst wenig wertende Interventionen (auch positive wie Lob!) einbringen. Für das Kind geht es ja nicht in erster Linie darum, etwas gut und richtig zu machen, sondern darum, Gespür für den eigenen Weg zu entwickeln.

Das erfordert von uns als Pädagogen, als Lehrer, sehr viel Sensibilität hinsichtlich unserer Interventionen. Wir müssen in jeder Situation neu abwägen, was das Kind an Hilfestellung im Hinblick auf seinen Weg benötigt. Dabei muß der vom

Kind gewählte Weg nicht unbedingt dem Weg entsprechen, den wir als Lehrer für richtig oder angemessenen halten.

### Die Rahmenbedingungen

Der Schonraum - im räumlichen ebenso wie im pädagogischen Sinne - wird langsam abgebaut. Das Kind kann das Pferd eigenverantwortlich aus dem Stall holen, füttern oder für die Reitstunde vorbereiten. Der geschützte Raum (Reitplatz, Halle, vertraute Wege) kann nach und nach erweitert bzw. verlassen werden.

Für die ersten selbständigen Schritte gilt jedoch, wie auch oben erwähnt, zuerst noch einmal einen ganz klar umgrenzten, sicheren Rahmen zu schaffen, wie z. B. einen eingezäunten Reitplatz, eine abgesteckte Ovalbahn oder strukturierte Aufgabenstellungen. Denn selbst Kinder, die beim geführten Reiten schon sehr selbstbewußt und mutig waren, könnten von der neuen, freien Situation mit dem Pferd, in der sie auf so viel achten müssen, schnell überfordert und frustriert werden.

### Die Auswertung

Auch die Form der Auswertung paßt sich dem Prozeß der Verselbständigung des Schülers an. Der Schüler erhält zunehmend Einblick in die planerischen und auswertenden Überlegungen des Unterrichtsablaufes. Je selbständiger er wird, umso eher kann er seine eigenen Leistungen und Grenzen erkennen und einschätzen. Diese Fähigkeit ist für das selbständige Reiten von großer Bedeutung. Kann der Schüler sich selbst in seinen Möglichkeiten wahrnehmen, kann er auch aus seiner augenblicklichen Situation heraus Ziele und Wünsche entwickeln. Die Auswertungsvorschläge in diesem Kapitel haben daher zum Ziel, die Selbstwahrnehmung und Selbsteinschätzung des Schülers zu fördern. Geeignet sind hierzu vor allem Formen, in denen der Schüler ganz konkret anhand einer Aufgabenstellung feststellen kann, was ihm gelingt und womit er noch Schwierigkeiten hat. Je nach reiterlichen Fertigkeiten kann die Aufgabenstellung spielerisch, leistungsorientiert oder sportlich gestellt sein:

- Durchführung einer Reiterpaßprüfung im Gelände.
- Vorführung einer leichten Dressuraufgabe für Eltern und Freunde.
- Erstellung eines Videofilmes über eine besonders gelungene Einheit.
- Reiten zur Musik nach zuvor gemeinsam ausgearbeiteten Choreographie.
- Integrative Reiterspiele (Beispiel dazu siehe Anhang).
- Anfertigen einer Dokumentation (in Form von Fotos oder einer Diareihe) über einen besonderen Lernerfolg. Z. B.: „Wie wir Phytur, unser Jungpferd, gemeinsam an die Mitarbeit im Reitunterricht gewöhnt haben" Oder „Was wir mit unseren Pferden alles erlebten, als wir für einige Zeit ganz ohne Sattel ritten".

# Praktische Übungsvorschläge

## 1. „ICH KANN REITEN!"
### Übungen zum Thema: Erste selbständige Erfahrungen machen

Bei den hier beschriebenen Aufgabenstellungen geht es darum, wie das Kind in kleinen, überschaubaren Schritten an eine Verantwortlichkeit dem Pferd gegenüber herangeführt werden kann. Dabei steht noch nicht das selbständige Reiten und das Erlernen der Hilfengebung im Vordergrund, sondern die Verbindung zwischen Kind und Pferd. Der Lehrer bleibt - räumlich und mit seiner Aufmerksamkeit - vorerst noch dicht am Pferd, um ihm zu signalisieren, daß er Hauptbezugsperson bleibt.

Dieser Einstieg eignet sich für Kinder, die aufgrund ihrer mentalen und körperlichen Voraussetzung noch keine volle Verantwortung für das Pferd übernehmen können. Das teilweise freie Reiten wirkt unterstützend für Kinder, die wenig Vertrauen in ihre eigene Wirkung (in diesem Fall auf das Pferd) haben oder die die Wechselwirkung zwischen ihrem eigenen Verhalten und dem des Pferdes nicht erkennen können. So kann ich ohne Führstrick das Kind erleben lassen, wie es sein Pferd selbst durch Stimme oder mit Hilfe des Beins schneller und langsamer machen kann. Es kann lernen, wie stark oder fein es auf das Pferd einwirken muß, da das Pferd unmittelbar auf die Handlungen des Kindes reagiert.

Dazu ein Beispiel: Karin ist 20 Jahre alt. Aufgrund stark autistischer Verhaltensweisen besucht sie die nahegelegene Schule für geistig behinderte Kinder und Jugendliche. Karin spricht so gut wie gar nicht, weicht Blickkontakten aus und vermeidet die Berührung mit Menschen so weit wie möglich. Sie kommt seit einem halben Jahr zum heilpädagogischen Reiten, weil ihre Eltern hoffen, daß sie über die Begegnung mit dem Pferd mehr aus sich heraus geht.

Karin kann ihr Pferd selbständig zum Reiten vorbereiten. Sie kann es ohne Hilfe putzen, satteln und auftrensen. Sind die Vorbereitungen abgeschlossen, bleibt sie jedoch in einigen Metern Abstand zum Pferd stehen und wartet bis die anderen Kinder der Gruppe auch fertig sind. Auf dem geführten Pferd sitzt sie sehr gut im Gleichgewicht. Durch Kopfnicken gibt sie zu verstehen, daß sie weiterreiten will.

Anregungen und Vorschläge, die wir Karin während des Unterrichts geben, greift sie allerdings so gut wie gar nicht auf. Da sie sich auch verbal nicht mitteilt, ist es für uns sehr schwer zu erkennen, was sie selbst gerne mit dem Pferd erleben möchte. Im Rahmen der Unterrichtsvorbereitung, in der wir ein Cluster (vgl. Kapitel 1, „freies Assoziieren") zu Karins Thematik erstellen, tritt ein Aspekt im Umgang mit dem Pferd deutlicher hervor. Es ist die Verbindung von Licht, Wärme, Helligkeit, Ferne und Beweglichkeit, die uns in der freien Assoziation zu Karins Wahrnehmung von ihrem Pferd auffällt. Da Karin sich das Pferd selbst ausgesucht hat, können wir diesen Aspekt so interpretieren, daß sie über den Kontakt zum Pferd eine Verbindung zu der „freundlichen Welt" außerhalb von sich selbst sucht. Im selbständigen Umgang mit dem Pferd kann sie herausfinden, welche Möglichkeiten der Verständigung ihr zur Verfügung stehen. Sie kann lernen zu entscheiden, welche Richtung Sie mit Ihrem Pferd einschlagen möchte.

## Einstieg

Als Einstieg stelle ich Karin die Idee der Einheit vor, in der sie zeitweise alleine mit ihrem Pferd reiten kann. Ich erkläre ihr kurz, daß es für mich manchmal schwer zu erkennen ist, was sie gerne mit ihrem Pferd machen will. Ich möchte ihr deshalb heute eine Möglichkeit zeigen, wie sie das selbst herausfinden könnte. Ich werde in dieser Stunde ganz für sie da sein, die anderen Kinder der Gruppe werden von einer Kollegin betreut. Wir schnallen ihrem Pferd einen Zügel ins Halfter, dessen Handhabung und Wirkung auf das Pferd ich ihr kurz erkläre, ohne jedoch auf Details der Hilfengebung einzugehen. Nach ein paar einführenden Runden auf dem geführten Pferd vereinbaren wir einen festen „Treffpunkt", in unserem Fall ist es das Schild mit dem Kreissymbol, von dem aus Karin dann jeweils eine Runde alleine reiten kann. Während der ersten Runden bleibe ich dicht neben dem Pferd, später kann der Abstand evtl. vergrößert werden.

## Verlauf

Vom Treffpunkt ausgehend schlage ich Karin unterschiedliche Möglichkeiten vor, wie sie die Runde reiten kann. Schnell reiten, langsam reiten, mit oder ohne Anhalten eine Runde reiten. Jeweils am „Treffpunkt" halten wir an, um die nächste Runde zu planen. Die Art und Weise, wie Karin ihr Pferd schnell oder langsam macht, überlasse ich ihr, gebe also auch keine Hilfen im herkömmlichen Sinne vor. So hat Karin selbst die Möglichkeit auszuprobieren, welche Sprache zwischen ihr und dem Pferd funktioniert und wie sie diese einsetzen kann.

**Abschluß**

Zum Abschluß kann Karin entweder noch eine Runde ganz alleine reiten, während ich am Treffpunkt auf Sie warte, oder sie kann selbst entscheiden, auf welche Art sie zum Abschluß noch einmal reiten möchte: geführt, alleine, schnell oder langsam.

Während der Einstiegsphase ist zunächst nicht zu erkennen, ob Karin sich auf das Vorhaben einlassen will. Ihre Körperhaltung und ihre Mimik bleiben während der Zeit, in der ich sie führe, verschlossen. Als ich an unserem Treffpunkt anhalte und sie frage, ob ich den Strick abmachen soll, nickt sie jedoch ganz leicht mit dem Kopf. Für die erste Runde vereinbaren wir nur, daß Karin bis zum Treffpunkt einmal außen herum reitet. Sie entscheidet selbst, wie sie das machen will. Im ersten Moment geschieht gar nichts, die Stute bleibt mit Karin wie angewurzelt stehen und blickt mir nach, wie ich einige Schritte nach innen gehe. Jetzt ist es wichtig, nicht gleich einzugreifen und Karin den Impuls zum Losreiten nicht abzunehmen. Wenn Karin etwas aus der Stunde mitnehmen kann, dann ist es die Erfahrung, daß sie selbst die Möglichkeit hat, auch ohne Sprache etwas zu bewirken und daß sie selbst entscheiden muß und kann, ob sie losreiten will.

Um Karin zu signalisieren, daß sie diesen Entscheidungsspielraum wirklich hat, gehe ich noch ein Stück weiter nach innen, woraufhin sie sich mit Sonja in Bewegung setzt. Ohne daß ein deutliches Signal von ihr oder eine Veränderung in ihrer Körperhaltung sichtbar wäre, reitet sie tatsächlich eine Runde in ganz langsamem Schritt auf dem Hufschlag außen herum. Erst am Treffpunkt angekommen, hebt sie ganz leicht den Kopf, und ich sehe, wie sie hinter ihren langen Haaren versteckt für einen kurzen Moment über das ganze Gesicht strahlt.

Ich mußte in dieser Situation überhaupt nicht eingreifen, da die Stute selbst so sensibel und einfühlsam auf Karin reagiert hatte. Wichtig war nur, dem Pferd durch meine Präsenz zu vermitteln, daß ich als ranghöheres Wesen noch da bin und die Umgangsregeln daher weiter gelten. Würde ein Pferd in der oben beschriebenen Situation zum Beispiel losrennen, sich wegdrehen oder anfangen zu fressen, würde es also den Kontakt von sich aus abbrechen, wäre es für ein Kind wie Karin sehr schwer, selbst aktiv zu werden.

Das ist auch ein Grund dafür, die Sequenzen des selbständigen Reitens in diesem Beispiel auf kurze und überschaubare Abschnitte zu begrenzen. Das Vereinbaren eines Treffpunktes, das Absprechen der Einheit sowie des zeitlichen Rahmens tragen dazu bei, die Konzentration und die Aufmerksamkeit, die zur Bewältigung der Aufgabe notwendig sind, zu sammeln. Zu lange Phasen, unklare Aufgabenstellungen ohne erkennbaren Anfang, ohne erkennbares Ende können ganz schnell dazu führen, daß die feine Verständigung zwischen Kind und Pferd verloren geht. Darüber hinaus ist es für diese Einheit hilfreich, wenn keine Zuschauer beteiligt sind. Dem Kind wird es dadurch leichter gemacht, bei seiner Wahrnehmung zu bleiben.

**Weitere Vorschläge**

    „Das Kind wird am losen Strick geführt"
Dabei kann es ausprobieren, wie es das Pferd schneller und langsamer machen kann (mit Hilfe der Stimme, dem Zügel oder einer Berührung).

    „Handzeichen geben"
In einer Gruppe reitend wird der erste Reiter geführt. Er hat die Hände frei, um den anderen Reitern der Gruppe durch Handzeichen verschiedene Aufgaben zu stellen, die diese dann selbständig reitend erfüllen können (Hand hoch über dem Kopf heißt: die hinteren Reiter müssen am nächsten Wechselpunkt anhalten, Hand zur Seite heißt: die hinteren Reiter müssen am nächsten Wechselpunkt abbiegen, ein großer Kreis mit dem Arm heißt: der letzte Reiter überholt die ganze Gruppe und geht an den Anfang). Diese Aufgabe kann beliebig ausgebaut und variiert werden, je nach Gruppengröße und reiterlichen Fähigkeiten der Kinder.

    „Staffel"
An jeweils einem Wechselpunkt der Reitbahn „parkt" ein Kind mit seinem Pferd. Der letzte Reiter reitet nun alleine zum Vordermann, übernimmt dessen Platz, indem dieser wiederum zu seinem Vordermann reitet. Das ist eine gute Übung zum Anhaltenlernen mit langen, ruhigen Sequenzen.

„Drei-Zeichen-Spiel"
Der erste Reiter der Gruppe gibt den nachfolgenden Reitern durch Handzeichen zu verstehen, wie sie reiten sollen. Anstelle zu reiten, kann der erste Reiter - entsprechend seinen Möglichkeiten - sein Pferd auch führen oder ohne Pferd vorausgehen.

| Zeichen 1: „anhalten" | Zeichen 2: „abbiegen" | Zeichen 3: „der letzte Reiter überholt die Gruppe und ist der neue Anfangsreiter" |

 „Aufgabenkärtchen"
An den Wechselpunkten oder entlang des Reitplatzzaunes sind verschiedene Aufgabenkärtchen mit Symbolen oder Texten angebracht. Das Kind bzw. die Kinder werden geführt und können sich jeweils verschiedene Aufgabenkärtchen auswählen, nach denen sie dann selbst reiten. Beispiel: „Reite von A nach B, reite entlang einer bestimmten Linie, reite einmal um den Platz, mache dein Pferd schneller."

 „Sandsäckchen transportieren"
Ein Kind der Gruppe reitet zu verschiedenen Stellen auf dem Reitplatz und deponiert dort kleine Sandsäckchen. Ein weiteres Kind reitet hinterher und sammelt diese wieder ein. Diese Aufgabe läßt sich auch so abwandeln, daß ein Kind ohne Pferd die Säckchen verteilt und ein anderes Kind mit Pferd sie wieder einsammelt.

## „ICH KANN REITEN"
Übungen zum Thema: Erste selbständige Erfahrungen machen

| | |
|---|---|
| Aufgabenstellung | innerhalb eines räumlich und zeitlich begrenzten Rahmens, kann das Kind selbständig mit dem Pferd reiten. Es kann lernen, Reaktionen des Pferdes besser einzuschätzen und der eigenen Wirkung auf das Pferd zu vertrauen. |
| Geeignet für | ängstliche, unsichere Kinder. Kinder, die nur eine teilweise Verantwortung übernehmen können. Reitanfänger, die schon selbständig mit dem Pferd umgehen wollen. Kinder, die in einzelnen Lernschritten viel Zeit brauchen. |
| Weniger geeignet für | sehr lebhafte und selbständige Kinder. |
| Zeitlicher Rahmen | fünf bis sechs Unterrichtsstunden zu je 15/20 Min. (evtl. auch langsam aufbauend). |
| Räumliche Bedingungen | ruhig gelegener, geschützter Reitplatz, keine Zuschauer. |
| Material | - |

## 2. „DIE HILFENGEBUNG BEIM SELBSTÄNDIGEN REITEN"
### Grundlegende Gedanken zur Kommunikation zwischen Reiter und Pferd

In dem folgenden Abschnitt wird es vor allem um die Fragestellung gehen, auf welche Weise das Kind lernen kann, sich beim Reiten unabhängiger vom Pädagogen mit seinem Pferd zu verständigen. Dazu ist es erforderlich, daß das Kind im Lauf der Zeit selbst über ein entsprechendes „Handwerkszeug der Kommunikation" verfügen kann, daß es also bestimmte, dem Pferd vertraute Umgangsformen oder sogenannte reiterliche Hilfen selbständig anwenden kann.

Die tatsächliche mechanische Einwirkung wie das Annehmen des Zügels, das Anlegen des Beins oder ähnliches spielen dabei eine untergeordnete Rolle. Es ist zwar durchaus sinnvoll, diese Einwirkungsmöglichkeiten zusätzlich zur Verfügung zu haben, wichtiger und in der Wirkung auf das Pferd stärker ist jedoch fast immer die dahinterstehende Intention, die der Schüler dem Pferd über eine Handlung hinaus vermittelt.

So sind sicher jedem Reitlehrer Situationen wie die folgende vertraut: ein Schüler gibt eine scheinbar korrekte Galopphilfe. Alles, was daraufhin passiert ist jedoch, daß das Pferd im Trab immer schneller wird, ohne anzugaloppieren. Ein anderer Schüler, auf demselben Pferd reitend, galoppiert das Pferd mit der anscheinend gleichen Galopphilfe in der ersten Kurve ohne weiteres an. Wie kann dem zweiten Schüler eine Aufgabe - mit der der erste Schüler sich erfolglos abmüht - so mühelos gelingen?

Eine Erkenntnis aus der genannten Beobachtung besteht darin, daß es neben den sogenannten reiterlichen Hilfen eine genauso große oder noch größere Rolle spielt, welche Botschaft der Reiter dem Pferd über seine Körperhaltung, seine Atmung, seine Mimik oder seine Bewegung vermittelt. Ein erfolgreicher Unterricht hängt davon ab, wie gut wir als Lehrer den Schüler für diese Facetten der Verständigung sensibilisieren können.

In der folgenden Anleitung zum selbständigen Reiten steht daher auch nicht die Vermittlung der formalen Hilfen im Vordergrund, die sich ohnehin in den jeweiligen Reitweisen voneinander unterscheiden können. Im Mittelpunkt der

Aufmerksamkeit steht, die Stärkung der Autonomie des Kindes. Es kann zunehmend Erfahrungen mit dem Pferd machen, die nicht mehr von der Einwirkung des Pädagogen abhängen, es kann aus eigener Kraft heraus selbständig und erfolgreich werden. Gelingt dem Kind eine gute Kommunikation mit dem Pferd, macht es eine ermutigende Erfahrung, auf die es in der Verständigung mit anderen Menschen wieder zurückgreifen kann.

Für uns als Lehrer bedeutet das, dem Kind Stück für Stück unser „Handwerkszeug", unser Wissen im Umgang mit dem Pferd zu übergeben, es einzuweihen. Denn nur so, nur wenn das Kind tatsächlich lernt, selbständig mit dem Pferd umzugehen, wird es auch im weiteren Sinne selbständig werden. Damit ist es in der Lage Konfliktsituationen mit dem Pferd selbst zu klären, eigene Ideen im Umgang mit dem Pferd zu entwickeln, Neues auszuprobieren und schließlich, auch über die Erfahrungen mit dem Pferd hinaus, seinen eigenen Weg zu finden.

Dem Pädagogen und Lehrer kommt in diesem Zusammenhang die Aufgabe zu, die Kommunikation zwischen Kind und Pferd so differenziert wie möglich zu beobachten. Die Interventionen beziehen sich auf Bereiche, in denen eine Veränderung, eine Verbesserung der Kommunikation möglich erscheint. So kann das Kind verbal darauf aufmerksam gemacht werden, wie es seine Hand hält, was seine Beinhaltung bei ihm selbst oder beim Pferd bewirkt, oder der Pädagoge legt seine Hand als eine Form der nonverbalen Intervention, auf die entsprechenden Körperbereiche des Kindes, um dessen Aufmerksamkeit dorthin zu lenken. Eine weitere Interventionsmöglichkeit besteht darin, dem Kind Vorstellungsbilder zu der jeweiligen Thematik anzubieten oder Übungen und Aufgabenstellungen vorzugeben, die dem Kind den Zugang zu einer neuen Erfahrung erleichtern.

Im folgenden Beispiel soll veranschaulicht werden, wie der Schüler im Unterricht lernen kann, sich aus eigener Kraft heraus verständlich zu machen. Sandra ist 14 Jahre alt und kommt aus dem nahegelegenen Kinderheim zu uns zum Reiten. Sie sagt über sich selbst, daß sie beim Reiten zur Ruhe kommen könne, was ihr im Gruppenalltag oft schwerfalle. Ihre Beziehung zum Pferd - sie reitet den Araberwallach Gejszar - ist durch Ambivalenz geprägt. So fordert sie etwa vom Pferd schneller zu werden, teilt ihm dann aber über ihre Körpersprache etwas anderes mit. Indem sie gleichzeitig am Zügel zieht, verhindert sie, daß das Pferd tatsächlich schneller werden kann. Sandras augenblickliches Thema im Unterricht lautet: „Wie kann ich erreichen, daß Gejszar mehr auf mich und meine Wünsche achtet und nicht immer so stark auf die anderen Pferde der Gruppe fixiert ist?"

Um Sandra das Wegreiten von der Gruppe zu erleichtern, bauen wir verschiedene, über den Platz verteilte Übungsstationen auf (Abb. 1). Die optische Strukturierung der Aufgabenstellung bestärkt Sandra darin, ihrem Pferd eindeutige Botschaften zu vermitteln, da sie mit ihrer Aufmerksamkeit und Konzentration auf ein zu erreichendes Ziel gerichtet ist. „Ich will von hier bis zur nächsten Station reiten" oder „Ich will mit meinem Pferd ohne Hilfe am nächsten Hindernis ankommen". Um alleine von der Gruppe wegreiten zu können, ist das eine wichtige Voraussetzung. Auf die Thematik der anderen Gruppenmitglieder wird an dieser Stelle nicht weiter eingegangen.

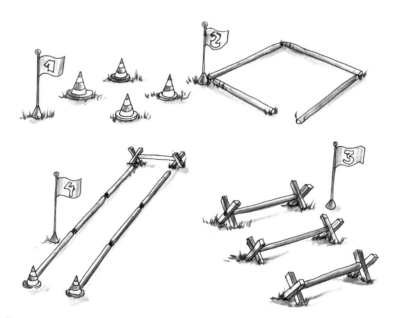

Abb. 1: „Übungsstationen"

Zunächst möchte Sandra ein Stück traben, um dann in der Stangengasse das Rückwärtsrichten mit ihrem Pferd zu proben. Nachdem das Wegreiten von der Gruppe sehr gut gelungen ist, sind Sandras Aufforderungen zum Rückwärtsrichten für das Pferd wieder recht unklar. Während Sandra das Pferd zum Rückwärtstreten auffordert, dreht sie sich immer wieder unsicher nach hinten um und hat Sorge, daß ihr Pferd gegen die Stangen oder gegen die anderen Pferde stoßen könnte (was objektiv gesehen nicht zutrifft). Dabei hält sie den Zügel ebenso wie ihre Beine und den Oberkörper sehr angespannt fest und verhindert damit, daß das Pferd zurücktritt. Ich mache sie darauf aufmerksam, daß sie ihrem Pferd mit ihrem Körper gerade ganz verschiedene Dinge mitteilt. Gemeinsam versuchen wir, diese Botschaften zu entschlüsseln. Eine Mitteilung, die sie dem Pferd über ihre Körpersprache macht ist z. B.: hier ist kein Platz für uns, um rückwärts zu reiten. Diesen Eindruck faßt Sandra auch selbst ganz gut in Worte. „Ich will so gerne rückwärts reiten, aber wir haben ja gar keinen Platz, überall sind andere Pferde und Kinder!" Von außen betrachtet erscheint der Platz, den Sandra in der Stangengasse hat (ca. 2 mal 8 Meter) durchaus ausreichend. Über das Unterrichtsgeschehen hinaus betrachtet könnte diese Wahrnehmung etwas Aufschluß geben über die Ambivalenz in Sandras Mitteilungen: Sie möchte gerne etwas vom Pferd fordern, ist sich gleichzeitig aber nicht sicher, ob oder wie sie den Raum dafür beanspruchen kann.

Da die anderen Reiter der Gruppe gerade sehr selbständig an den einzelnen Aufgaben experimentieren, schlage ich Sandra für den weiteren Unterrichtsverlauf vor, im Stall etwas Sägemehl zu holen und um die Stangengasse herum eine Linie zu streuen, die uns zeigt, wieviel Platz sie mit ihrem Pferd für diese Übung braucht. Die Linie darf während der Übung dann von keinem der anderen Reiter überschritten werden. Sandra überlegt sehr lange, beobachtet dabei abwechselnd ihr Pferd und die anderen Reiter mit ihren Pferden. Dann streut sie einen großen „Rahmen" um die Stangengasse und wiederholt die Aufgabe. Die anderen Kinder schauen dabei gespannt zu. Sandra reitet im Trab in die Gasse hinein, hält und läßt ihr Pferd ohne zu zögern fünf Schritte rückwärts gehen. Die anderen Kinder applaudieren und wollen das gleiche umgehend auch versuchen.

Was Sandra in dieser Stunde gelungen ist, könnte eine wichtige Erfahrung für ihren weiteren Weg im Umgang mit dem Pferd, aber darüber hinaus auch mit

Menschen sein. Es ist ihr, zwar mit Unterstützung, aber doch aus eigener Kraft gelungen, die Bedingungen zu schaffen, die sie zur Verständigung mit dem Pferd in dieser speziellen Situation benötigte. Dadurch konnte sie auch eine, nicht ganz einfache, Anforderung wie das Rückwärtsrichten eigenständig und ohne Gewalt dem Pferd gegenüber anzuwenden, bewältigen. Eine zusätzliche Aufwertung brachte überdies noch die Anerkennung, die sie in der Gruppe erfahren hat, da sie in anderen Stunden von den Kindern oft als schwierig und kompliziert gemieden wurde.

Wollen wir als Lehrer das Kind in seiner selbständigen Kommunikation mit dem Pferd unterstützen, müssen wir uns klar darüber werden, wie wir selbst mit dem Pferd umgehen und auf welcher Logik unsere reiterlichen Hilfen beruhen.

Ich habe in den unterschiedlichsten Unterrichtssituationen die Erfahrung gemacht, daß Schüler eine Übungsanweisung immer dann gut umsetzen konnten, wenn sie von der Verständigung der Pferde untereinander abgeleitet war. Trotz der Unterschiedlichkeit, mit der in den verschiedenen Reitweisen auf das Pferd eingewirkt wird, bleiben bestimmte allgemein gültige Prinzipien in der Kommunikation mit Pferden davon unberührt. Das Pferd reagiert auf unsere Bewegungen, auf unsere Körperhaltung und Ausstrahlung, so wie es auf die Körpersprache der Pferde reagiert. Es weicht aufgrund bestimmter Impulse aus, andere Signale veranlassen es wiederum, näher zu kommen. Gehen wir von diesen, zwischen den Pferden geltenden, Umgangsformen aus, kann die Hilfengebung für den Schüler logisch und leicht nachvollziehbar werden. Um den Blick für die Verständigung der Pferde untereinander zu schulen, beginnen wir damit, die freilaufenden Pferde in ihrem Lebensraum zu beobachten.

### 1. Allgemeine Umgangsformen
Gemeinsam mit dem Kind kann die freilaufende Herde beobachtet werden: wie zeigen sich die Pferde untereinander wenn ein einzelnes Pferd ausweichen soll? Welche Bewegungen machen sie beim Umdrehen? Auf welchen Impuls weichen sie ganz oder teilweise aus? Eine zusätzliche Dynamik kann entstehen, indem man mehrere Pferde auf der Reitbahn frei laufen läßt und sie dabei beobachtet.

## 2. Langsam werden und anhalten

Durch die folgende, angeleitete Wahrnehmungsübung, wird das Kind ermutigt, sich selbst und das Pferd in der Bewegung zu beobachten: „Das Pferd spürt dein Gewicht auf seinem Rücken, es spürt den Druck deines Pos und deiner Beine und es spürt, wenn du dich von ihm mitbewegen und schaukeln läßt. Das Pferd kann aber auch ganz genau spüren, wenn du dich nicht mehr mit ihm zusammen bewegst oder ganz aufhörst, dich zu bewegen. Das führt dazu, daß sich das Pferd (im Rücken) auch nicht mehr so gut bewegen kann und deshalb langsamer wird oder anhält. Du kannst das einmal ausprobieren. Zusätzlich kannst du deinem Pferd auch durch die Stimme oder durch ein leichtes Ziehen am Zügel erklären, daß es langsamer werden oder anhalten soll."

Hilfreich kann hier auch das Verwenden von Vorstellungsbildern sein, die dann dem Vorstellungsvermögen des jeweiligen Kindes angepaßt werden können: „Stell dir vor, du, deine Beine und dein Po werden so schwer, daß du dich nicht mehr bewegen kannst oder stell dir vor, an deinen Füßen hängen zwei schwere Gewichte, oder stell dir vor, du wärst ein Cowboy, der mit seinem Pferd genau vor dem Saloon eine Vollbremsung macht oder stell dir vor, du könntest beim Ausatmen Wurzeln in den Boden unter dir schlagen."

## 3. Dem Druck ausweichen

Vom Boden aus kann das Kind ganz unmittelbar erkennen und verstehen, auf welche Impulse das Pferd ausweicht oder mit Gegendruck reagiert. Es kann neben oder vor dem Pferd stehend ausprobieren, wie sich ein Druck mit der Hand, mit einem Finger, mit der Gerte auswirkt und wie unterschiedlich das Pferd auf einen Dauerdruck oder einen kurzen Druckimpuls reagiert. Das erspart im Unterricht umständliche Erläuterungen, wann welcher Schenkel eingesetzt werden muß und welche Bewegungsrichtung ein Impuls mit Bein oder Zügel zur Folge hat. Dieses Experiment können die Kinder auch ganz gut untereinander durchführen, was den Vorteil hat, daß an eine solche Erfahrung im Unterricht wieder angeknüpft werden kann.

### 4. Dem Pferd die Richtung zeigen

Für das Abbiegen nach rechts oder links ist es, ebenso wie beim Führen vom Boden aus, wichtig, daß das Pferd das Kind respektiert und ihm vertraut. An diesem Punkt setzt daher die Unterstützung und Anleitung des Pädagogen an. „Überlege dir genau, wohin du dein Pferd lenken willst oder wo du ankommen möchtest. Du bist jetzt sozusagen das „Leittier" für dein Pferd, deshalb wird es dir folgen. Du mußt dir sicher sein, daß du wirklich dorthin willst." Folgt das Pferd dem Zügel, den Impulsen des Kindes, nicht kann die Wahrnehmung wieder auf die verschiedenen Bereiche gelenkt werden, die für das Gelingen der Verständigung eine Rolle spielen: wie kann das Kind die Stimme unterschiedlich einsetzen? Welche Wirkung hat eine abwartende oder eine aufgerichtete Körperhaltung auf das Pferd? Wie wirkt sich die Blickrichtung beim Abbiegen aus? Welche Vorstellungsbilder könnten die aktive, führende Postion des Kindes unterstützen?

Besteht eine sichere Verbindung zwischen Kind und Pferd, wird kaum noch eine mechanische Einwirkung, wie z. B. durch den Zügel, erforderlich sein, um das Pferd in bestimmte Richtungen zu bewegen. Die mentale Einstimmung des Kindes auf die Aufgabe kann auch erleichtert werden, indem das Abbiegen nach rechts oder links einen ganz konkreten Anlaß hat, der für das Kind rechtzeitig zu erfassen ist (z. B. nach rechts reiten, um zur Gruppe zurückzukommen, am nächsten Symbol abwenden, um ein bestimmtes Hindernis zu erreichen).

Diese optische und mentale Orientierungshilfe stärkt das Kind in seiner aktiven Rolle dem Pferd gegenüber, da es die Aufgabe sehen und deren Lösung gedanklich vorwegnehmen kann. Gute Unterstützung leisten dazu optische Orientierungspunkte am und im Reitplatz (Abb. 2) sowie Aufgabenstellungen, wie sie in den Übungen („Die Kreuzung", „Der Parcours") beschrieben werden. Weiterhin wirkt es sich erleichternd aus, wenn das Kind zum seitlichen Abbiegen den Zügel tatsächlich zur Seite und nicht nach hinten nimmt, so kann das Pferd die richtungsweisende Hand auch sehen und ihr folgen.

Abb. 2: „Orientierungspunkte am Reitplatz"

### 5. Rückwärtsrichten

Das Rückwärtsrichten hat innerhalb der Pferdeherde immer die Funktion des Ausweichens und sich Unterordnens, das heißt, daß ein rangniedriges Tier einem ranghohen Tier ausweichen muß. Um diese Bedeutung zu erfassen, kann das Kind zuerst vom Boden aus herausfinden, wie stark es auf sein Pferd einwirken muß, um dieses Zurückweichen zu erreichen. Anschließend kann es diese Erfahrung auf das Reiten übertragen. Man sollte bei dieser Übung aber nicht vergessen, daß sie vom Kind schon ein sehr selbstbewußtes und klares Auftreten verlangt. Ist das Kind noch nicht so weit, hat es wenig Sinn, das Pferd durch mehr Druck oder durch die Unterstützung des Lehrers zum Rückwärtstreten zu veranlassen. Das Kind kommt dadurch in seiner Verständigung mit dem Pferd nicht weiter. Helfen kann ihm die Unterstützung seiner eigenen Person, wie mehr Vertrauen in die eigene Ausstrahlung zu gewinnen und seine Handlungen klarer einzuschätzen.

## 6. Antraben

Bevor das Kind selbständig mit dem Pferd antraben kann, sollte es sicher und ohne sich festhalten zu müssen auf dem im Schritt gehenden Pferd sitzen können. Befindet sich das Kind nicht sicher und ausbalanciert im Gleichgewicht besteht die Gefahr, daß es sich im Trab verkrampft, festklammert oder sogar herunterfällt. All dies sind Situationen, die die Verbindung zwischen Kind und Pferd unterbrechen und ein konstruktives Lernen verhindern. Zum selbständigen Antraben sollte das Kind weiterhin eine gewisse Vorstellung von der Geschwindigkeit eines trabenden Pferdes und der dadurch entstehenden Bewegung haben. Dazu kann es das Pferd vom Boden aus frei traben lassen, es am Führstrick führend traben oder sich vom Pädagogen auf seinem Pferd im Trab führen lassen.

Die unterstützende Anleitung beim Traben bezieht sich zum einen wieder auf die Unterstützung der Vorstellungskraft und mentalen Fähigkeit des Kindes, zum anderen auf seine Möglichkeiten, sich über seinen Sitz, seine Bein- und Körperhaltung dem Pferd verständlich zu machen. Ein wichtiger Teil der Verständigung zwischen Mensch und Pferd geschieht beim Reiten über die Sitzfläche, also über den direkten Körperkontakt zwischen Reiter und Pferd. Wir können das Kind anregen, seine eigene Körperhaltung und die Wirkung auf das Pferd zu beobachten:

- „Wo spürst du die Bewegung deines Pferdes beim Trab am stärksten (im Becken, im Oberkörper, im Bein)?"

- „Wie wirkt es sich auf dein Pferd aus, wenn du deinen Oberkörper nach vorne neigst, wenn du dich aufrichtest oder nach hinten bewegst?"

- „Verändere die Haltung deiner Beine (z. B.: locker hängen lassen, im Steigbügel abstützen, nach unten strecken) und beobachte, wie dein Pferd reagiert."

- „Achte darauf, ob deine Atmung im Einklang mit der Pferdebewegung ist, auch wenn dein Pferd schneller wird."

Je mehr das Kind in die Lage kommt, sich mit seinen Gedanken, seinem Körpergefühl und seiner Beweglichkeit auf den Bewegungsablauf des Pferdes einzustellen, um so leichter kann es von sich aus schnellere Gangarten vom Pferd fordern und den aktiven, führenden Part übernehmen.

Unterstützende Übungsvorschläge zum Antraben:
-   Das Kind wird aufgefordert, beide Zügel mit einer Hand zu halten und die andere Hand weit über den Kopf zu strecken mit der Vorstellung, daß dort ein Haltegriff vorhanden wäre. Diese Übung fördert die Losgelassenheit in der Bewegung.

-   Das Kind kann sich vorstellen, in seinem Inneren befände sich eine Sanduhr, in der der Sand langsam von oben nach unten rieselt. Vom Kopf und den Schultern in den Bauch und in das Becken, von den Oberschenkeln in die Füße, die Fußsohlen und Zehen. Diese Vorstellung fördert den tiefen, ausbalancierten Sitz.

-   Das Kind wird aufgefordert, seine Hand auf seinen Bauch, seine Hüftgelenke oder seine Schultern zu legen und dabei festzustellen, wie diese Bereiche vom Pferd im Trab bewegt werden. Es können immer die Bereiche ausgewählt werden, die für das jeweilige Kind im Moment am wichtigsten erscheinen. Diese unterstützende Übung hilft dem Kind, seine Aufmerksamkeit in die Bereiche zu lenken, die für die Bewegung im Trab eine große Rolle spielen. Je durchlässiger das Kind hier ist, je besser es die Bewegungen des Pferderückens aufnehmen kann, umso ruhiger und sicherer kann es im Trab reiten.

## 7. Galoppieren

Um in der Gangart Galopp reiten zu können ist es - ebenso wie für die Gangart Trab - wichtig, daß das Kind zügelunabhängig sitzt und eine Vorstellung vom Bewegungsablauf des galoppierenden Pferdes gewinnt. Dazu gehören die Geschwindigkeit, die das Pferd im Galopp entwickeln kann, die deutliche Sprung- und Schwebephase sowie die dreitaktige Fußfolge des Pferdes im Galopp.

In der Anleitung zum selbständigen Galoppieren steht wiederum nicht die formale Galopphilfe im Vordergrund. Wir betrachten vielmehr: welche Rolle spielt die Gangart Galopp für die Selbständigkeit des Kindes? Welche Erfahrungen verbindet das Kind mit der größeren Geschwindigkeit im Galopp? Wie differenziert kann das Kind seinen Körper zur Verständigung mit dem Pferd einsetzen? Wie kann es Signale, Rückmeldungen vom Pferd verstehen und deuten? In welcher Weise kann es seine mentale Kraft zum selbständigen Galoppieren nutzen?

Dazu ein Beispiel: in einer Jugendlichenreitgruppe wird seit einigen Stunden das Thema: „Selbständig galoppieren" behandelt. Eine Reiterin, die schon seit längerer Zeit diesen Wunsch einbringt, tut sich jedoch noch sehr schwer, mit ihrem Pferd einen Weg zu finden. Jedesmal, wenn ihr Pferd zum ersten Galoppsprung ansetzen will, nimmt sie erschrocken ihre Hände nach oben und verhindert auf diese Weise, daß das Pferd angaloppiert. Nachdem wir zuerst noch einmal besprechen, ob sie wirklich selbst mit ihrem Pferd galoppieren will, mache ich sie darauf aufmerksam, daß sie ihrem Pferd, vielleicht unbewußt, widersprüchliche Signale gibt. In diesem Fall ist das die Bewegung ihrer Hände, mit denen sie den Zügel hält. Zuerst lasse ich ihr die Möglichkeit, selbst herauszufinden, was sie ihrem Pferd mit dieser Bewegung „sagt".

Im folgenden sammeln wir Ideen, gemeinsam mit den anderen Reitern der Gruppe, welche Handhaltung oder welche Bewegung dem Pferd eher „sagen" könnte, daß es angaloppieren soll. Die Kinder haben verschiedene Ideen dazu, wie die Hand nach vorne auf die Mähne zu legen, wenn das Pferd anspringen will, die Hand mit dem Zügel Richtung Pferdekopf zu bewegen oder zur Unterstützung alle gemeinsam im entsprechenden Moment „jetzt!" zu rufen, um den Bewegungsimpuls nach vorne zu unterstützen. Interessanterweise erwies sich die letzte Idee eindeutig als die erfolgreichste, da sie vorwiegend die mentale Einstellung des Mädchens zum Galopp anspricht. Mit „jetzt!" assoziierte das Mädchen, „jetzt geht's los, jetzt klappt's, jetzt können wir galoppieren!"

Hierbei kann das Kind lernen, wie es seine eigenen Kapazitäten und Potentiale nutzen kann, um auch so anspruchsvolle Aufgaben wie den selbständigen Galopp mit seinem Pferd zu bewältigen. Gegenüber dem Umstand, daß das Pferd einfach irgendwie angaloppiert (vielleicht weil ich als Pädagoge auf das Pferd eingewirkt habe), ist die Erfahrung, diese Verständigung selbst bewältigen zu können, von unschätzbarem Wert für die Entwicklung des Kindes in seiner Eigenständigkeit.

Abb. 3: Das Kind balanciert sich auf dem galoppierenden Pferd
über einen Balancestab aus.

Unterstützende Übungsvorschläge zum Angaloppieren:
- Das Kind wird aufgefordert, in die Bewegungsrichtung des galoppierenden
  Pferdes zu schauen.

- Das Kind wird an seinen Vorstellungsbildern zu einem galoppierenden Pferd
  angesprochen: „Wohin oder als wer würdest du in deiner Vorstellung galoppieren? Z. B. als lässiger Cowboy über weite Wiesen, als Fee durch die Wälder
  schweben, als Indianer, ganz verwachsen mit deinem Pferd über Stock und
  Stein."

- Das Kind kann das Pferd vor Beginn der Reitstunde einmal frei galoppieren oder springen lassen, um sich eine Vorstellung von der Geschwindigkeit und dem Bewegungsablauf seines Pferdes zu machen. Nebenbei kann es dabei herausfinden, wie es das Pferd „ansprechen" muß, damit dieses angaloppiert. Muß es viel Druck machen? Reicht ein kleiner Impuls? Bleibt das Pferd selbständig im Galopp oder muß es immer wieder aufgefordert werden?

- Um das Gefühl für den dreitaktigen Rhythmus im Bewegungsablauf des Pferdes zu gewinnen, können die Kinder sich gegenseitig mit einem Rhythmusinstrument (Trommel, Tamburin, Stäbe) beim Reiten begleiten.

- Die Losgelassenheit des Kindes auf dem galoppierenden Pferd wird gefördert, indem das Kind mit seinem Pferd ohne Zügel auf einer Ovalbahn/ einem Round pen galoppiert und dabei einen leichten Stab in beiden Händen vor sich trägt (Abb. 3). Das wirkt sich stabilisierend auf den Sitz aus und erleichtert es dem Kind, sich der Bewegung des Pferdes zu überlassen, da ihm der Stab in seiner Vorstellung Halt vermittelt. In diesem Fall kann es auch sinnvoll sein, daß der Pädagoge den Impuls zum Galopp gibt, da es hier weniger um die Eigeninitiative des Kindes, sondern eher um das Vertrauen in die Bewegungen des Pferdes geht.

Abschließend möchte ich die wichtigsten Gedanken zur Kommunikation zwischen Mensch und Pferd beim Reiten in sechs Grundsätzen zusammenfassen:

1. Um beim Reiten tatsächliche Verantwortung für das Pferd übernehmen zu können, muß der Schüler die Hilfen, deren Wirkung sowie den Sinn bestimmter Übungen nachvollziehen und verstehen können.

2. Die reiterlichen Hilfen können aus der Sicht des Kindes dann plausibel erscheinen, wenn sie in einem konkreten Zusammenhang mit einer sinnvollen Aufgabe oder mit einem bestimmten Ziel stehen (z. B. üben, in einer tatsächliche Kurve abbiegen).

3. Die Verständigung zwischen Mensch und Pferd beim Reiten läßt sich am leichtesten von der Kommunikation der Pferde untereinander ableiten.

4. Dabei lassen sich drei Grundprinzipien beobachten: Das Pferd weicht auf einen Druckimpuls hin, im allgemeinen aus, reagiert auf Dauerdruck gerne mit Gegendruck und reagiert auf Gewichtsverlagerungen des Reiters durch ausgleichende Bewegungen („tritt unter das Gewicht").

5. Die entscheidende Verständigung zwischen Mensch und Pferd geschieht beim Reiten über die Sitzfläche, also über den direkten Körperkontakt zwischen Reiter und Pferd. Das betrifft bewußte Handlungen, wie Gewichtsverlagerung oder Druck mit dem Bein genauso wie unbewußte Handlungen oder innere Einstellungen, die sich wiederum durch die Körpersprache ausdrücken (Muskeln anspannen, Bein hochziehen, Atem anhalten).

6. Die Aufgabe des Lehrers besteht darin, die Aufmerksamkeit des Schülers auf jene Bereiche zu lenken, die eine Wirkung auf die Kommunikation zwischen Reiter und Pferd haben: Körpersprache, Körperhaltung, Atmung, Blick, innere Einstellung zu einer Handlung und die Wahrnehmung des Pferdes.

## „DIE HILFENGEBUNG BEIM SELBSTÄNDIGEN REITEN"
### Grundlegende Gedanken zur Kommunikation zwischen Reiter und Pferd

| | |
|---|---|
| Aufgabenstellung | die hier beschriebenen Anregungen sind keine eigenständigen Übungen. Sie können immer dann im Unterricht als Bausteine genutzt werden, wenn das Kind in seiner Beziehung zum Pferd selbständiger werden soll. |
| Geeignet für | Kinder, die über eine Grundsicherheit im Umgang mit dem Pferd verfügen. Kinder, die sich bereits gut in das Wesen des Pferdes hineinversetzen können. Kinder, die sicher ausbalanciert in der Bewegung sitzen. |
| Weniger geeignet für | Kinder, die dem Pferd gegenüber regressive Bedürfnisse haben. |
| Zeitlicher Rahmen | je nach Unterrichtsthematik. |
| Räumliche Bedingungen | sicher eingezäunter Reitplatz, Halle, Ovalbahn. |
| Material | bei Bedarf Hindernisstangen, Reifen, Hütchen. |

## 3. „DIE KREUZUNG"
### Übungsvorschläge zum Thema: Selbständig lenken lernen

Innerhalb einer vorstrukturierten Rahmenaufgabe kann das Kind bei diesen Übungsvorschlägen die Verantwortung für das Pferd selbständig übernehmen. Das Kind kann eigene Ideen einbringen, deren Umsetzbarkeit erproben und auf diese Weise eine selbstbestimmte Rolle übernehmen.

Dem Pferd kommt eine stützende und Ichstärkende Aufgabe zu. Das Kind traut sich etwas zu, zeigt mehr von sich und nimmt damit auch Mißerfolge, wie z. B. daß das Pferd nicht in die gewünschte Richtung läuft, in Kauf. Deshalb ist es für diese Erfahrung wichtig, mit Pferden zu arbeiten, die fair in der Zusammenarbeit und um Verstehen bemüht sind. Unter anderen Gesichtspunkten kann es durchaus auch einmal sinnvoll sein, mit einem Pferd zu arbeiten, daß nicht so leicht zu etwas zu bewegen ist, das eher eigenwillig auf seinem Standpunkt besteht, weil das Kind in diesem Fall mit einer anderen Erfahrung, mit einer anderen Seite in sich konfrontiert werden kann. Für die ersten eigenen Schritte ist es jedoch wichtig, daß das Kind die Chance hat, erfolgreich zu sein.

Am Beispiel von Svenja können wir sehen, wie eine anfangs enge, stützende Struktur, zu mehr Eigeninitiative und späterer Offenheit im Reitunterricht beitragen kann: Svenja ist 13 Jahre alt, sie wohnt als einziges Mädchen in der Wohngruppe einer Jugendhilfeeinrichtung und besucht aufgrund einer leichten geistigen Behinderung die Schule für Erziehungshilfe. Die Betreuer der Wohn-gruppe erhoffen sich von der heilpädagogischen Arbeit mit dem Pferd eine Erweiterung von Svenjas Erfahrungshorizont. Sie ist in ihrem Gruppenalltag nur schwer für neue oder unbekannte Dinge zu interessieren und ist stark auf gewohnte Tagesabläufe festgelegt. So spielt sie mit den Betreuern der Wohngruppe seit Monaten ein immer gleiches Brettspiel und ist darüber hinaus zu keiner Gruppenaktivität zu bewegen.

Zu Kevin, dem Norwegerwallach, hat sie seit Beginn des Reitunterrichts ein herzlich/rauhes Verhältnis. Sie begrüßt ihn gerne mit: „Hallo Kumpel, wie geht's denn heute? Du stinkst aber ganz schön nach Stall!" Neuen Erfahrungen mit dem Pferd steht Svenja überraschend interessiert und aufgeschlossen gegenüber. Schwierigkeiten macht ihr beim Reiten allerdings eine schwache innere Struktur, was in ihrem Alltag dazu führen mag, nach festen äußeren Strukturen und Regelmäßigkeiten zu greifen. Auf dem Reitplatz drückt sich ihre Unsicherheit in Desorientierung und konfusen, unübersichtlichen Aktionen aus. So vergißt sie schnell, wohin sie eigentlich gerade reiten wollte, würde gerne gleichzeitig nach rechts und nach links abbiegen, traben oder rückwärts reiten. Bei der Entwicklung des Unterrichtsthemas war uns daran gelegen, einen Weg zu finden, bei dem wir Svenja nicht fortwährend verbal reglementieren mußten. Ihre Ideenvielfalt werteten wir in diesem Zusamenhang grundsätzlich als positives Zeichen dafür, daß sie dem Pferd gegenüber aufgeschlossen und bereit für neue Erfahrungen war. In der folgenden Einheit wird es darum gehen, wie Svenja mehr eigene, innere Struktur im Umgang mit dem Pferd entwickeln kann, um von äußeren Regeln und Festlegungen unabhängiger zu werden. Wir arbeiten dazu mit einer optischen Strukturierungshilfe, der Kreuzung aus Hindernisstangen, um Svenja die eigenständige Orientierung zu erleichtern.

## Einstieg

Als Einstieg erkläre ich Svenja die Idee der Aufgabenstellung. Ich erzähle ihr, daß sie mit Hilfe der „Kreuzung", die wir auf dem Reitplatz aufgebaut haben, lernen kann ihr Pferd selbständig zu lenken. Ich schlage ihr vor, die Stangen in den folgenden Stunden gemeinsam aufzubauen und uns dabei zu überlegen, auf welche unterschiedlichen Weisen man durch diese Straßen und Kurven reiten könnte. Zum Bau der Kreuzung benötigen wir 8 vier bis fünf Meter lange Stangen, die in der nebenstehenden Art und Weise aufgelegt werden (Abb. 1). Zusätzlich kann es sehr hilfreich sein, wenn am Reitplatzzaun vier oder mehr Schilder mit unterschiedlichen Symbolen angebracht sind.

## Verlauf

Zu Beginn der Reitstunde legen wir einen gleichbleibenden Ausgangspunkt fest, z. B. das Schild mit dem Dreieck, von dem aus Svenja die Kreuzung auf drei unterschiedliche Arten durchreiten kann. Zu Beginn der Einheit braucht Svenja noch viel Unterstützung, da ihr die selbständige Orientierung auf dem Reitplatz sehr schwer fällt. Das betrifft die Unterscheidung von rechts und links, das Abschätzen von Entfernungen und das räumliche Vorstellungsvermögen. Es fällt ihr

Abb. 1: „Kreuzung aus Hindernisstangen"

leichter, meinem Vorschlag zu folgen, wenn ich den Weg vorausgehe, als wenn ich ihr den Weg verbal beschreibe.

Im nächsten Schritt führe ich Svenja mit ihrem Pferd auf unterschiedliche Weise durch die Kreuzung. Sie hält die Augen geschlossen und versucht, mir durch Handzeichen anzudeuten, ob sie Richtungsveränderungen, Kurven nach rechts oder links erkennt. Auf diese Art kann die Wahrnehmung für Bewegungsabläufe und das Bewußtsein für die unterschiedlichen Bewegungsrichtungen verbessert werden.

Im folgenden schlage ich Svenja vor, von unserem Ausgangspunkt ausgehend, selbst drei Möglichkeiten auszuwählen, wie sie die Kreuzung durchreiten will. Svenja kann sich an den vorhergehenden Beispielen orientieren, kann aber auch neue Ideen einbringen. Im ersten Durchgang reitet Svenja drei mal nacheinander denselben Weg durch die Kreuzung. Als ich ihr gerade einen neuen Vorschlag machen will, hat sie plötzlich selbst die Idee, daß sie mir einen Weg vorreiten möchte, auf welchem ich ihr folgen soll. In diesem Moment verstehe ich, wie wichtig es für sie ist, nicht nur eine abstrakte Übung zu reiten, sondern mit dem was sie macht, auch wirklich selbst etwas zu gestalten. Indem sie mir einen von ihr selbst erdachten Weg zeigt, kann sie auch diejenige sein, die vorweggeht, die die Richtung vorgibt und damit für diese Situation die Verantwortung übernimmt. Svenja hat dabei entdeckt, wieviel Spaß es machen kann, den Unterrichtsverlauf aktiv mitzugestalten und wieviel neue Möglichkeiten sich aus dieser Tatsache heraus ergeben.

Gemeinsam sammeln wir weitere Ideen, wie die Kreuzung noch durchritten werden könnte. Z. B. schnell oder langsam, rückwärts sitzend oder im Damensitz, im Schritt oder im Trab. Die äußere Struktur bleibt in diesem Stadium zwar erhalten, öffnet sich jedoch für eigene Ideen und Vorschläge des Kindes. Nach und nach, über den Verlauf von 12 Unterrichtsstunden, ist Svenja in der Lage, auch mit der Struktur als solches experimentieren zu können. Sie verändert die Lage der Stangen, entfernt einzelne Stangen ganz und überrascht mich zu Beginn einer Stunde mit einer völlig neu gestalteten „Straßenführung", die ich mit ihr zusammen erproben soll. Die zu Beginn enge, äußere Struktur, die für Svenja hilfreich war, um nicht zu viele verwirrende Situationen mit verschiedenen Impulsen und Ideen entstehen zu lassen, konnte von ihr nun schrittweise zurückgelassen werden.

### Abschluß
Zum Abschluß der Einheit, die sich in diesem Fall über ca. 12 Stunden erstreckte (was für diese Einheit verhältnismäßig lang ist), konnte Svenja ihre schönsten Wegideen mit Begleitung einer Musik ihren Mitbewohnern und Betreuern vorreiten.

### Weitere Vorschläge
 „Führen und Folgen"
Innerhalb einer Reitgruppe kann ein Kind einen Weg vorlaufen oder vorreiten, die anderen Kinder der Gruppe reiten diesen Weg nach. Je größer dabei der zeitliche Abstand zwischen vor- und nachmachen ist, um so mehr wird das Kind in seinen kognitiven Fähigkeiten gefordert. Es muß sich den Weg und die Richtung des vorgehenden Kindes merken und gleichzeitig einem Pferd diesen Weg durch Zügelhilfen vermitteln. Reiten die Kinder direkt hintereinander, ist die Anforderung wesentlich leichter.

„Spuren folgen"

Vor Beginn der Reitstunde wird vom Lehrer oder von jeweils einem der Kinder mit Sägemehl ein Weg durch die Kreuzung vorgezeichnet. Die anderen Kinder der Gruppe reiten der Spur nach.

   „Wege mit Hindernissen"

Es können nach und nach erschwerende Aufgaben eingebaut werden wie: „reite den Weg durch die Kreuzung ganz langsam, ganz schnell, im Trab oder ohne Zügel, nur mit Gewichtshilfen." Auf den Wegen der Kreuzung können zusätzlich Hütchen oder Cavaletti aufgebaut werden, die dann überquert werden müssen.

   „Langer Weg - kurzer Weg"

Die folgende, halboffene Form der Aufgabenstellung stellt Anforderungen an die kognitiven Fähigkeiten des Kindes. Es erhält einen Überblick über den gesamten Reitplatz und lernt dabei selbständig Aufgaben zu lösen: „reite von A nach B und wähle dabei den kürzesten Weg oder den weitesten Weg oder den Weg mit den meisten Kurven oder den Weg auf dem du am schnellsten reiten kannst."

   „Die Öffnung der Kreuzung"

Mit zunehmender Sicherheit der Kinder kann die Struktur der Kreuzung immer mehr gelockert und schließlich ganz aufgelöst werden. Die Kinder können eigene Ideen einbringen, wie man die Stangen auf unterschiedliche Art zum Reiten einsetzen kann: als Hindernis, Labyrinth, Gasse usw. Die Anleitung innerhalb der Unterrichtsstunde kann damit entsprechend offener werden, um dem Kind die Möglichkeit zu geben, selbst gestalterische Aufgaben zu übernehmen.

### „DIE KREUZUNG"
Übungsvorschläge zum Thema: Selbständig lenken lernen

| | |
|---|---|
| Aufgabenstellung | anhand einer mit Stangen aufgebauten Kreuzung lernt das Kind, selbständig mit dem Pferd auf dem Reitplatz zu reiten. Die optische Struktur hilft dem Kind bei der Orientierung und erleichtert ihm die Konzentration und den Überblick, da es mit seiner Aufmerksamkeit immer auf ein zu erreichendes Ziel gerichtet ist. |
| Geeignet für | Kinder, die sich schwer konzentrieren können. Kinder die über eine geringe innere Struktur verfügen. Kinder, die eine äußere, optische Anregung zum Lernen brauchen. integrative Gruppen. Gruppen- und Einzelstunden |
| Weniger geeignet für | Kinder, die schon sehr selbständig lernen können. |
| Zeitlicher Rahmen | fünf bis sechs Unterrichtsstunden zu je 40/50 Min. |
| Räumliche Bedingungen | Reitplatz, Halle oder Ovalbahn. |
| Material | 8 ca. 2m lange Holzstangen, evtl. Kegel, Cavalettistangen, Reifen. |

## 4. „PARCOURS"
### Übungen zum Thema: Reiterliche Anforderungen bewältigen

Ähnlich der vorangegangenen Einheit wird auch hier dem Kind über die formale und inhaltliche Gestaltung der Aufgabe ein Spielraum zum selbständigen Üben gegeben. Dieser Spielraum ist jedoch schon etwas weiter gefaßt und die Übungen beziehen sich auf vielfältigere reiterliche Anforderungen: Hindernisse überwinden, rückwärts reiten, in der Gruppe reiten, Wendungen reiten. Das zu erreichende Ziel wird vorgegeben, der Lösungsweg und die Art und Weise, wie das Kind die Aufgabe mit seinem Pferd bewältigt, bleibt ihm überlassen.

Der Vorteil dieser Vorgehensweise gegenüber dem Reiten in der Abteilung liegt darin, daß sich das Kind durch die Aufgabenstellung oder das zu erreichende Ziel besser konzentrieren und mit seiner Aufmerksamkeit beim Pferd bleiben kann. Dadurch gelangt es leichter in eine aktive Position gegenüber dem Pferd. Lassen wir hingegen das Kind ohne eine konkrete Aufgabenstellung in der Abteilung reiten, gelangt es zwangsläufig in eine passive, abwartende Position. In unterschiedlichen Abständen erfolgen Anweisungen oder Korrekturen, die es zu befolgen hat: „Trabe am nächsten Wechselpunkt an, biege auf den Zirkel ab, nimm dein Bein zurück oder halte den Zügel kürzer." In der Zeit zwischen den Anweisungen hat das Kind kaum die Möglichkeit, gedanklich aktiv beteiligt zu bleiben, mit seinem Pferd in Kontakt zu bleiben oder selbständig an etwas zu arbeiten.

Wer selbst Unterrichtssituationen dieser Art erlebt hat weiß, wie schwer es schon einem Erwachsenen fällt, sich über den Zeitraum einer Stunde auf die Verständigung mit dem Pferd zu konzentrieren. In dem Moment, in dem keine Anweisung seitens des Lehrers kommt, läßt die Aufmerksamkeit nach, die Gedanken schweifen ab, solange bis eine neue Aufforderung kommt, auf die man sich jedoch gedanklich oft nicht rechtzeitig einstellen kann.
Besonders bei jüngeren Kindern, bei Kindern mit Behinderungen oder bei Kindern, die reiterlich noch nicht so fortgeschritten sind, daß sie zu langen selbständigen Übungsphasen motiviert wären, kann das Reiten in der Abteilung ohne eine Rahmengestaltung schnell ermüden und demotivieren. Ich nutze es daher lediglich in kurzen Sequenzen zum Üben einzelner Themenstellungen oder um Ruhe in einen Stundenablauf zu bringen.

Der Vorteil der vorstrukturierten Übungen liegt darin, daß das Kind sich gedanklich besser auf die Anforderungen einstellen kann. Es kann die Aufgabenstellung selbst überschauen und dadurch eigene Lösungswege ausprobieren. Es sollte berücksichtigt werden, daß das Ziel der Aufgabenstellung nicht in der perfekten Bewältigung eines vorgegebenen Ablaufs liegt. Der aufgebaute Parcours kann lediglich Mittel zum Zweck sein, um das Kind herauszufordern und ihm eine Struktur anzubieten mit derer Hilfe es sich in seiner Selbständigkeit und Kompetenz bewähren kann.

Die Intervention des Pädagogen muß sich daher in erster Linie auf die Unterstützung des Kindes beziehen und nicht auf die Lösung der Aufgabe. Geht das Pferd am Ende der Stunde durch das Labyrinth, weil ich als Lehrer nachgeholfen habe, kann das Kind keine tatsächliche Lernerfahrung mit nach Hause nehmen. Hat es jedoch herausgefunden, wie es sein Pferd dazu bewegen kann, vielleicht nur einen Teil des Labyrinths zu durchqueren oder es zumindest selbst hindurchgeführt zu haben, erfährt es etwas über sich selbst, über seine vorhandenen Möglichkeiten oder seine Fähigkeit neue Lösungsstrategien zu entwickeln. Die Aufgaben beinhalten damit für das Kind auch gute Möglichkeiten, das eigene Können zu überprüfen, indem es ein bestimmtes Ziel erreichen kann, einen Parcours bewältigen oder ein „Problem" ohne Hilfe lösen kann.

### Einstieg

Die Einheit kann gemeinsam mit dem Kind vorbesprochen werden. Falls es seitens des Kindes möglich ist, kann es selbst vorschlagen welche reiterlichen Übungen es bevorzugt (wie traben lernen, Hindernisse überqueren o. ä.). Ansonsten schlage ich dem Kind verschiedene, denkbare Themenstellungen vor, die sich aus meiner Beobachtung und dem augenblicklichen Entwicklungsstand des Kindes ergeben.

### Verlauf

Gemeinsam mit dem Kind bzw. den Kindern der Gruppe kann der Parcours vorbereitet, gebastelt oder gebaut werden. Je nach Fähigkeiten der Kinder kann der Schwerpunkt dabei auf der Aktivität des Bauens und Bastelns liegen (Cavalettis selbst bauen, Hindernisse schmücken, Dekorationsmaterial herstellen) oder auf dem Reiten selbst. Die im folgenden beschriebenen Vorschläge sind lediglich als Anregungen zu verstehen, die von allen Beteiligten im Verlauf der Einheit variiert und weiterentwickelt werden können.

- Abenteuerparcours:

  Der Weg über die zu bewältigenden Hindernisse wird in der Vorstellung der Kinder zu einem abenteuerlichen Erlebnis. Durch eine einleitende Geschichte oder mit Hilfe einfacher Requisiten kann der Pädagoge alltägliche Gegenstände in aufregende Herausforderungen für das Kind verwandeln. Zwei lange Holzstangen können zu einer wilden Schlucht im Wald werden, die vom Kind durchquert werden muß. Ein Brett bildet die schmale Brücke über einen reißenden Fluß, oder lange, senkrechte Holzstangen stellen einen undurchdringlichen Urwald dar. Die spielerische Ebene erleichtert es den Kindern, das Durchhaltevermögen und die Ausdauer aufzubringen, die für die Bewältigung der reiterlichen Aufgabenstellungen erforderlich ist.

- Stangenparcours:

  Auf dem Reitplatz werden drei bis fünf unterschiedliche Hindernisse aufgebaut, wie  Slalom, Kletterweg, Labyrinth etc. Im ersten Durchgang wird das Kind vom Lehrer geführt um herausfinden zu können, wie sich das Überqueren der verschiedenen Hindernisse beim Reiten anfühlt. In der nächsten Runde reitet das Kind mit geschlossenen Augen, wiederum vom Lehrer geführt und errät das jeweilige Hindernis, das gerade überquert wird. Zum Abschluß reitet das Kind, selbständig mit dem Zügel lenkend über den ganzen Parcours oder über einzelne Hindernisse. Der Stangenparcours fördert die für das Reiten wichtige Fähigkeit der Wahrnehmung und Konzentration.

- Fühlparcours:

  Für kinästhetisch orientierte Kinder bietet der Fühlparcours, neben den reiterlichen Erfahrungen, vielfältige Möglichkeiten der sinnlichen Wahrnehmung. Die Kinder können dazu einen Parcours durchreiten, der aus einem dichten Blättertunnel besteht, aus ausgespannten Tüchern, unter denen man hindurchreiten kann, aus einer Plane mit Wasser, die überquert wird. Der Pädagoge kann das Kind auch mit seinem Pferd führen und dabei verschiedene Geräuschquellen passieren. Das Kind kann die Augen hierzu offen oder geschlossen halten. Die sinnlichen Erfahrungen unterstützen das Kind in seiner räumlichen Orientierung und in seiner subjektiven Wahrnehmung. So können auch Kinder mit Wahrnehmungsstörungen oder mit Beeinträchtigung einzelner Sinne einen ihnen gemäßen Weg in die Selbständigkeit gehen.

- Zirkusparcours:
  Auf dem Reitplatz werden wieder verschiedene Übungen aufgebaut, die nacheinander zu bewältigen sind. Die Kinder können eine Vielzahl an gestalterischen Aufgaben übernehmen. Sie dürfen die Hindernisse dekorieren, sich selbst und die Pferde schmücken oder reiterliche „Kunststücke" entwerfen, die zum Thema Zirkus passen. Neben den reiterlichen Anforderungen verlangt das Bewältigen des Zirkusparcours eine zusätzliche Geschicklichkeit vom Kind. So muß es sich z. B. beim einhändig reiten gut ausbalancieren und Koordinationsvermögen zeigen, wenn es auf dem Pferd reitend einen Ball transportiert. Sicherheit in der Bewegung braucht es beim Jonglieren mit Tüchern oder beim Auf - und Abhängen von Fähnchen während des Reitens. Der Zirkusparcours spricht die Kreativität und Geschicklichkeit der Kinder an und betont eher die spielerische, leichte Seite des Umgangs mit dem Pferd.

- Phantasieparcours:
  Das Durchreiten des Parcours findet in Form einer Phantasiereise statt. Dazu erzählt der Pädagoge eine Geschichte, die zum Alter und der reiterlichen Situation des jeweiligen Kindes paßt. Die Geschichte kann zu Beginn der Stunde erzählt werden, der Parcours wird in diesem Fall gemeinsam mit dem Kind entsprechend aufgebaut und gestaltet. Eine andere Möglichkeit besteht darin, daß sich das Kind die in der Phantasiereise auftretenden Hindernisse nur vorstellt und diese gedachten Hindernisse und Ereignisse während des Erzählens bewältigt. Ein Beispiel: „Eines Morgens ritt die Prinzessin in aller Frühe los, um rechtzeitig auf dem Schloß ihrer Freundin anzukommen. Doch gleich zu Beginn ihres Rittes mußte sie einen steilen Berg mit ihrem Pferd erklimmen, wozu sie sich auf dem Hals ihres Pferdes abstützen mußte. Als nächstes führte sie ihr Weg durch einen Wald, in dem viele Rehe lebten, so daß sie ganz langsam und vorsichtig reiten mußte um keines zu erschrecken. Zum Schluß mußte sie sich mit ihrem Pferd noch richtig beeilen, da es schon

langsam dunkel geworden war. Zum Glück konnte sie schon recht gut traben, so kam sie gerade noch rechtzeitig bei ihrer Freundin auf dem Schloß an."

Für kleinere Kinder oder Kinder mit leichten Behinderungen bietet die Symbolebene oft einen leichteren Zugang zu neuen Anforderungen, da die Übungen in den Zusammenhang der Geschichte eingebettet sind: zu traben, weil man es eilig hat, Kurven zu reiten weil etwas im Weg steht oder anzuhalten weil man den Weg noch nicht kennt.

- Dressurparcours/Westerntrail:
  Für Kinder mit fortgeschrittenen reiterlichen Fähigkeiten bietet der folgende Aufgabenparcours entsprechende reiterliche Anregungen. Über den Reitplatz verteilt werden 4 bis 5 verschiedene Übungen aufgebaut, die von den Kindern in einer bestimmten Reihenfolge bewältigt werden müssen. Z. B.: das Pferd innerhalb eines Ganges rückwärts richten, im Trab oder Galopp einen Zirkel reiten, eine Brücke überqueren, ein Tor öffnen und passieren. Das Kind kann, indem es die Aufgaben eigenständig mit seinem Pferd bewältigt, Selbstbewußtsein und Kompetenz entwickeln (Abb. 1).

Abb. 1: „Westerntrail"

## Abschluß

Zum Abschluß der Einheit, die sich über 6 - 8 Unterrichtsstunden erstreckt, können die Kinder sich einen eigenen „Wunschparcours" aufbauen und das erfolgreiche Durchreiten dieses Parcours vorführen. Höhepunkt der Einheit kann auch das Überreichen einer Urkunde sein, die den Kindern aufgrund ihrer besonderen reiterlichen Leistungen verliehen wird. Das Kind kann so seine Fähigkeiten erkennen, sie in sein Selbstbild integrieren und durch das Veröffentlichen dieser Erfahrungen neu Gelerntes festigen.

Nachfolgend noch einige weitere Übungsvorschläge, die - ähnlich den Parcoursübungen - eine formale Struktur vorgeben, an welcher das Kind möglichst selbstständig üben und experimentieren kann. Auch hier fordert der Spielraum für die Ausgestaltung der Aufgaben das Kind zu Eigeninitiative und Verantwortung auf.

## Weitere Vorschläge

    „Reiterspiele"

Auf dem Reitplatz oder im Gelände sind verschiedene Stationen mit reiterlichen, spielerischen Aufgaben verteilt. Einzeln, in Zweier- oder Dreiergruppen können die Kinder mit ihrem Pferd die Aufgaben der unterschiedlichen Stationen bewältigen. Dabei können unterschiedliche Schwierigkeitsgrade eingebaut werden, so daß für jedes Kind eine adäquate Anforderung enthalten ist:

- Über einen Baumstamm balancieren und das Pferd nebenher führen,
- Das Pferd in einem Quadrat „parken", absteigen und ihm die Hufe auskratzen, ohne daß es angebunden ist.
- Vorwärts in eine Gasse reiten, an deren Ende etwas abholen und rückwärts wieder hinausreiten.

Weitere, sehr gute Anregungen zu diesem Thema finden sich in dem Buch von M. Hoffmann: Reiterrallyes, Reiterspiele, 1994.

Der spielerische und sportliche Aspekt dieser Vorgehensweise kann sehr hilfreich sein, wenn die Kinder schon länger reiten und sich in der Reitstunde einerseits unterfordert fühlen, andererseits aber auch noch nicht in Lage sind, sich reiterlich tatsächlich mit anspruchsvolleren oder diffizileren Aufgaben auseinander-zusetzen. Die Reiterspiele haben den großen Vorteil, daß sie auf einer anderen Ebene zu großen Leistungen motivieren und herausfordern können. Sie können Grenzen spüren lassen und Lust auf neue Erfahrungen machen, ohne daß sich das Kind stundenlang mit Sitzübungen oder gymnastizierenden Übungen abmühen muß. Die Durchführung eines Reiterspiels kann auch dazu genutzt werden, bestimmte Sequenzen in den vorangehenden Unterrichtsstunden vorzubereiten. Wie kann man mit seinem Pferd so arbeiten, daß es bei einer bestimmten Aufgabe auch ruhig stehen bleibt? Wie gewöhnt man sein Pferd an das Überqueren der Wippe?

 „Kärtchenspiel"

Entlang des Reitplatzzaunes sind mehrere Säckchen oder Eimer aufgehängt, in denen sich verschiedenfarbige Karten befinden. Jede Farbe ist einer bestimmten Aufgabenart zugeordnet. Die blauen Karten enthalten z. B. Aufgaben, bei denen das Kind eine bestimmte Figur nachreiten muß. Die gelben Karten enthalten Aufgaben zum Thema schnell und langsam reiten, die roten Karten enthalten Aufgaben zum Thema Wendungen reiten. Wird die Einheit mit Kindern durch-geführt, die nicht lesen können, kann statt der Beschreibung auch ein entspre-chendes Symbol für jede Aufgabenart vereinbart werden.

Die Kinder reiten nun entlang des Hufschlags und können sich bei jeder Runde, möglichst vom Pferd aus, eine der Karten aus dem Eimer aussuchen. Entweder reitet dann jedes Kind die Aufgabe für sich, oder immer ein Kind der Gruppe rei-tet, während die anderen Kinder der Gruppe dabei zuschauen. Auch hier können Aufgaben, die in den Reitstunden zuvor geübt wurden, aufgegriffen werden.

 „Stationen reiten"

Auf dem Reitplatz verteilt werden 3 bis 5 Stationen aufgebaut, an denen die Kinder jeweils selbständig üben können. Z. B. Eine lange Gasse durchreiten, rückwärts durchreiten, in der Gasse halten. Ein Stangenquadrat innerhalb des-sen das Kind Kehrtwendungen auf der Stelle üben kann, eine Cavalettireihe für Trabübungen oder einen Zirkel mit verschiedenen optischen Unterstützungen zum Reiten von kleinen Wendungen (Hütchen oder Reifen oder ähnliches). Je nach Größe der Gruppe ist es hilfreich, wenn bei dieser Aufgabe mehrere Lehrer oder auch Helfer auf dem Platz sein können, um das Kind beim Üben an den einzelnen Stationen zu begleiten, ihm Rückmeldung zu geben oder für Fragen zur Verfügung zu stehen. „Schau, wie dein Pferd jetzt auf den Schenkel reagiert, warum verspannt sich dein Pferd jetzt im Hals oder achte darauf, was du bei dieser Übung mit deinem Oberkörper machst."

Ist das Kind gerade nicht an einer Station, kann in der Zwischenzeit eine allgemeine Aufgabe für das Reiten auf dem Hufschlag gestellt werden: „Übe mit deinem Pferd einen fleißigen Schritt zu reiten, reite verschiedene Übergänge zum Halten". Jedes Kind kann dann für sich entscheiden, wann es zu welcher Station reiten will, um an der jeweiligen Themenstellung zu üben. Auch diese Aufgabenstellung eignet sich sehr gut für Reitgruppen mit ganz unterschiedlichen Kindern und sie kann sich über mehrere Unterrichtsstunden erstrecken.

„PARCOURS"
Übungen zum Thema: Reiterliche Anforderungen bewältigen

| | |
|---|---|
| Aufgabenstellung | vorstrukturierte Aufgaben unterstützen das Kind, reiterliche Anforderungen selbständig zu bewältigen. Das Kind kann lernen, in einem größeren Zusammenhang Verantwortung für sich und sein Pferd zu übernehmen. |
| Geeignet für | Kinder, die über Grundkenntnisse im selbständigen Reiten verfügen (Tempo- und Richtungskontrolle). Kinder, die klare Strukturen brauchen, integrative Gruppen. |
| Weniger geeignet für | - |
| Zeitlicher Rahmen | sechs bis acht Unterrichtsstunden zu je 40/50 Min. |
| Räumliche Bedingungen | Reitplatz, Halle, Ovalbahn, die ausreichend Platz zum Aufbau verschiedener Hindernisse und Wege bieten. |
| Material | Material für Hindernisse wie Stangen, Hütchen etc.. Material für Geschicklichkeitsspiele, wie z. B. Bälle, Säckchen, Fähnchen, Trailhindernisse wie Wippe, Tor etc. |

## 5. „ICH BIN AUCH EIN PFERDELEHRER!"
### Aufgaben zum Thema: Eigenverantwortlich mit dem Pferd arbeiten

In der folgenden Einheit werden Möglichkeiten vorgestellt, wie das Kind in die ausbildende Arbeit mit dem Pferd einbezogen werden kann, wie es dabei seinen Blick für das Pferd schulen und ihm gegenüber in eine eigenständigere Position gelangen kann.

Je selbständiger das Kind im Umgang mit dem Pferd wird, desto eher ist kommt es in die Lage, das Pferd als ein eigenständiges Wesen mit eigenen Bedürfnissen, Lust - und Unlustgefühlen wahrzunehmen. Dadurch können im Rahmen des Unterrichts nun auch Problemstellungen, die vom Pferd ausgehen, zunehmend einbezogen werden. Das erfordert vom Kind die Bereitschaft, sich auf die Situation seines Pferdes einzustellen und die Fähigkeit, zu erkennen, mit welchen Voraussetzungen das Pferd in die Reitstunde kommt.

Ein Kind möchte z. B. gerne an Reiterspielen teilnehmen, sein Pferd hat aber große Angst vor der Wippe. Anstatt es nun mit einem anderen Pferd mitmachen zu lassen, könnte diese Situation auch genutzt werden, um das Kind in die ausbildende Arbeit mit dem Pferd einzubeziehen. Gemeinsam beraten Kind und Lehrer, wie man das Pferd auf die Teilnahme an den Reiterspielen vorbereiten könnte, welche vorbereitenden Übungen das Pferd an die Wippe gewöhnen könnten und was das Kind als Reiter für Möglichkeiten hat, mit der Situation umzugehen. Das Kind kann dabei ganz unterschiedliche Fähigkeiten einbringen: es kann mutig vorausgehen, beruhigend auf das Pferd einwirken, phantasievolle Lösungsvorschläge bringen oder dem Pferd durch ein gutes Einfühlungsvermögen Sicherheit vermitteln.

Innerhalb des Kommunikationsdreiecks erhält die Dynamik von seiten des Pferdes ein größeres Gewicht. Das Kind muß eigene Bedürfnisse und Anliegen dem Pferd gegenüber evtl. zurückstellen und sich in einem stärkeren Maß auf das Pferd beziehen. Die Chance des Kindes besteht darin, daß es durch die große Verantwortung, die ihm übertragen wird, Vertrauen in sich selbst und in seine Wirkung auf das Pferd gewinnen kann. Es übernimmt dem Pferd gegenüber eine dominante Position, und erhält dadurch eine autonomere Stellung.

Um das Kind langsam an die pferdebezogenen Aufgabenstellungen heranzuführen kann es hilfreich sein, vorerst nur innerhalb einzelner Unterrichtssequenzen die Aufmerksamkeit stärker auf die vom Pferd ausgehende Kommunikation zu lenken. Während einer kurzen warming-up-Phase zu Beginn der Unterrichtsstunde kann das Kind z. B. den Auftrag erhalten: „Laß dir ein paar Minuten Zeit, dein Pferd beim Reiten im Schritt zu beobachten. Ist es entspannt oder unruhig, schaut es interessiert oder läßt es den Kopf hängen, geht es fleißig oder gelangweilt". Als nächstes kannst du einmal einige leichte Aufgaben von ihm fordern, wie z. B. einfache Wendungen zu reiten, Übergänge zum Schritt, Trab oder Halten und dabei beobachten, wie dein Pferd auf diese Forderungen reagiert. Nimmt es sie interessiert auf, versteht es deine Hilfen, widersetzt es sich oder bringt es eigene Ideen ein?"

In dieser warming-up-Phase kann das Kind ganz entspannt mit seinem Pferd vertraut werden, es erhält während des Reitens keine Anweisungen oder Rückmeldungen und der Lehrer tritt auch räumlich gesehen in den Hintergrund. Damit verdeutlicht er, daß das Kind die Einstiegsphase selbst gestalten kann. Wird diese Phase zu Beginn der Stunde regelmäßig eingeführt, sind die meisten Kinder recht schnell in der Lage, schon nach einigen Minuten zu erkennen, welche Eigenschaften das Pferd in die Stunde einbringt. Um die warming up-Phase abzuschließen, können die verschiedenen Eindrücke der Kinder von ihren Pferden gesammelt und ausgewertet werden. Die Auswertung dieser Rückmeldungen kann eine Grundlage für die weitere Unterrichtsgestaltung bilden.

Nachfolgend möchte ich einige Beispiele pferdebezogener Unterrichtsthemen vorstellen, die sich aus verschiedenen Unterrichtssituationen heraus entwickelt haben.

1. „Flocki hat heute keine Lust zu Laufen":
Zusammen mit dem Kind sammeln wir Ideen, was Flocki wohl gerne machen würde und was ihn zu mehr Bewegung motivieren könnte. Vielleicht springt er gerne über Cavalettistangen, vielleicht würde er gerne einmal ohne Reiter springen oder in einer größeren Gruppe frei laufen. Im Verlauf der Einheit kann das Kind diese Vorhaben mit seinem Pferd ausprobieren oder einüben. Ich unterstütze das Kind, indem ich ihm bei der Gestaltung der Übung helfe: Wir stellen z. B. gemeinsam die Hindernisse auf und beratschlagen, wie das Kind Flocki bei der Übung am besten unterstützen könnte.

Die weitere Anleitung bezieht sich auf die Kommunikation zwischen Kind und Pferd: wie sind bestimmte Reaktionen oder Rückmeldungen des Pferdes zu deuten, welche Möglichkeiten könnte das Kind noch erproben, um sich verständlich zu machen oder welche unterschiedlichen Zugänge zu einer neuen Aufgabe bieten sich an? Das Kind ist dabei gefordert sich in die Bedürfnislage des Pferdes hineinzuversetzen, eigene reiterliche Bedürfnisse zurückzustecken und etwas für ein anderes Lebewesen zu tun.

2. „Atorka hat Angst vor der Wippe":
Gemeinsam mit dem Kind bauen wir auf dem Platz verschieden Bodenarbeitsübungen auf, die das Überqueren der Wippe vorbereiten können. Dafür kann ein großes Brett sein, eine schmale Gasse aus Stangen oder eine Holzbrücke verwendet werden. Wir lassen das Pferd frei auf den Platz laufen um zu beobachten, wie es auf die einzelnen Dinge reagiert. Das Kind kann beobachten, wovor das Pferd wirklich Angst hat. Auch Ideen des Kindes können aufgegriffen werden, wie z. B. ein anderes Pferd zum Vormachen mitzunehmen, dem Pferd die Übung vorzumachen oder ihm etwas Futter mitzunehmen. Damit kann das Kind eine verantwortungsvolle, vertrauenerweckende Position übernehmen.

3. „Kevin hat keine Kondition":
Den Winter über konnten wir so wenig reiten, daß Kevin bereits nach der ersten Runde im Trab aus der Puste kommt. Wie könnten wir ihn wieder zu mehr Kondition und Ausdauer bringen? Eine Idee dazu ist, die Trabphasen beim Reiten auf dem Platz nach und nach zu verlängern, mit dem Ziel, eine bestimmte Strecke, eventuell auch eine große Runde im Gelände ganz im Trab zurückzulegen. Es könnte auch eine Strecke im Gelände vorbereitet werden, auf der zwei Pferde gegeneinander antreten. Zu Beginn wird die lange, gerade Strecke im schnellen Schritt zurückgelegt, am Ende im Trab oder sogar im Galopp, je nach Können der Reiter.

Diese Thematik eignet sich sehr gut für Kinder mit ähnlichen Problemen. Kinder, denen es schwer fällt, an einer Sache zu bleiben, die wenig Ausdauer haben oder nicht ausreichend motiviert sind, um längere Zeit an einer Sache zu üben. Dadurch, daß die Thematik des Pferdes im Vordergrund steht, entfällt die für diese Kinder oft zähe künstliche Übungssituation. Direkt am Pferd können sie

Sinn und Zweck ihres Tuns erkennen und Veränderungen direkt wahrnehmen. Wenn dann das Ziel erreicht ist, daß Kevin eine ganze Trainingsrunde im Trab reitet, ist es auch der Erfolg des Kindes.

4. „Gejszar ist unruhig und unkonzentriert":
Diese Situation zu Beginn der Reitstunde ist für das gerade reitende Kind schwer zu überschauen. Es nimmt wohl wahr, daß Gejszar ständig wegschaut, den Kopf wirft und sich unruhig bewegt, aber es ist unsicher, wie es mit der Situation umgehen soll. In diesem Fall schlage ich dem Kind einige Möglichkeiten vor, die das grundsätzliche Ziel haben, Gejszar mit seiner Aufmerksamkeit wieder mehr auf das Geschehen auf dem Reitplatz zu beziehen. Ich gehe davon aus, daß er dadurch auch ruhiger werden wird. Wir bauen Hindernisse auf, ein Stangen-labyrinth und enge Wendungen, in denen das Pferd das Kind beachten muß. Die Aufgabenstellungen können zunächst vom Boden aus, später auch geritten durchgeführt werden.

Indem das Pferd sich in seiner Aufmerksamkeit wieder stärker auf das Kind bezieht, nimmt es dieses auch wieder eher als ranghöheres Wesen wahr, dem es vertrauen und auf das es sich verlassen kann. Das hängt damit zusammen, daß der Mensch initiativ wird, aktiv etwas für das Pferd vorgibt und nicht wie ein rangniedriges Wesen auf das Pferd reagiert und abwartet, was es tut, um es dann zu beruhigen.

Am folgenden Beispiel möchte ich verdeutlichen, wie sich ein Ausbildungsthema des Pferdes mit einer Thematik vom Kind im Unterricht verbinden läßt: Bärbel, ein 14jähriges Mädchen aus dem Kinderheim, kommt zum heilpädagogischen Reiten, da sie innerhalb ihrer Wohngruppe einen sehr schweren Stand hat. Sie läßt sich leicht von anderen Kindern manipulieren und für deren Bedürfnis-se einspannen. Dabei gerät sie immer wieder in Situationen, aus denen sie als Verliererin hervorgeht. Die Betreuer der Wohngruppe erhoffen sich durch den Umgang mit dem Pferd, daß Bärbel in ihrem Selbstvertrauen unterstützt wird und daß sie durch das Reiten mehr Gefühl für sich und ihre eigenen Belange entwickeln kann.

Bärbel reitet seit einiger Zeit Sonja, die 25jährige Vollblutstute. Auf dem Platz ist die Kommunikation zwischen beiden fein und stimmig und das Pferd geht auf Bärbels Hilfengebung sehr gut ein. Beim Reiten im Gelände ist dasselbe Pferd jedoch wie ausgewechselt. Es ist unruhig und angespannt, reagiert kaum auf Stimme oder Zügel und läuft mit hochgerecktem Kopf, ohne auf Reiter und Führer zu achten. Aus ihrer Vorgeschichte wissen wir, daß die Stute viel geschlagen wurde und, vor allem im Gelände, sehr hart geritten worden war. Aus diesem Grund hatten wir sie in der ersten Zeit, die sie bei uns war, kaum ins Gelände mitgenommen und sie zunächst nur auf dem Reitplatz mit den Kindern in Kontakt kommen lassen.

Wir entscheiden uns, Bärbel die Möglichkeit zu geben, an der Ausbildung der Stute mitzuarbeiten. Da sie einen guten Kontakt zu dem Pferd hat, und auch immer wieder fragt, ob wir nicht einmal zusammen ausreiten könnten, ist das Reiten im Gelände ein guter Anlaß, den wir für unsere nächste Ausbildungsetappe aufgreifen wollen. Das bedeutet, daß wir Bärbels Thematik über einen Umweg angehen werden. Nicht ihr Gefühl für sich und ihre eigene Selbstwahrnehmung stehen im Mittelpunkt, sondern die Wahrnehmung und Selbstwahrnehmung ihres Pferdes.

So kann Bärbel auf zwei verschiedenen Ebenen Erfahrungen sammeln: zum einen kann sie an ihrem Pferd beobachten, wie sich dessen verändertes Selbstbewußtsein auswirkt und was es dadurch an Neuem erleben kann (z. B. mit den anderen Pferden gemeinsam ausreiten). Zum andern erlebt Bärbel sich selbst in einer veränderten Rolle. Indem sie verantwortlich mit dem Pferd arbeitet, ihm Sicherheit und Vertrauen vermittelt, kann sie eine aktive, gestaltende Seite in sich entdecken. Sie erfährt, daß sie eine Wirkung auf das Pferd hat und daß das Pferd durch ihre Person ruhiger und mutiger werden kann. Diese Erfahrungen helfen ihr widerum, sich in Konfliktsituationen weniger ausgeliefert zu fühlen.

Für uns als Pädagogen bedeutet das ebenfalls, daß wir eine neue Aufgabe übernehmen müssen. Unsere Rolle, aus der heraus wir Bärbel in ihrer Tätigkeit als „Pferdelehrer" begleiten, ähnelt der eines Supervisors. Wir können ihr durch Nachfragen und durch Rückmeldungen bewußt machen, welche Prozesse zwischen ihr und dem Pferd ablaufen. In Konfliktsituationen können wir verschiedene Aspekte des Konflikts bewußt machen, wir können sie ermutigen oder ihr eine Strukturierungshilfe geben. Bärbel muß jedoch selbst handeln und dem

Pferd gegenüber aktiv werden, da sie nur dann Veränderungen beim Pferd als einen eigenen Erfolg empfinden kann.

**Einstieg**

Für die folgenden acht Stunden wird Bärbel nicht in der Gruppe mitreiten sondern zusammen mit der Praktikantin, die sich für diese Einheit nur für Bärbel und Sonja Zeit nehmen wird, um im Gelände arbeiten. Wir besprechen allerdings zu dritt die Vorgehensweise, bestimmte Vorsichtsmaßnahmen und die Gestaltung der Rahmenbedingungen. Die eher partnerschaftliche Zusammenarbeit mit der Praktikantin kann es Bärbel erleichtern, ein größeres Maß an Verantwortung wahrzunehmen. Bin ich selbst als Lehrer in die Aufgabenstellung eingebunden, das Pferd ist so stark auf mich bezogen, daß für das Kind nur noch wenig Gestaltungsspielraum bleibt. Gleichzeitig kann diese Situation für Bärbel auch eine Möglichkeit sein, mir gegenüber autonomer und selbstverantwortlicher zu werden. Im Anschluß an die Stunde werden wir uns wieder gemeinsam treffen, Bärbel kann dabei von ihren Erfahrungen berichten und evtl. auftauchende Fragen mit uns besprechen. Dieses „Fachgespräch" unter Pferdeleuten wertet Bärbels Position uns gegenüber zusätzlich auf. Sie darf mitreden, mitentscheiden und zum „Team" dazugehören. In bezug auf die anderen Gruppenmitglieder ist Bärbels Sonderstellung zum augenblicklichen Zeitpunkt vertretbar.

**Verlauf**

Um gefährliche Situationen weitgehend auszuschließen, beginnen wir mit der Arbeit am Boden. Wir führen die Stute gemeinsam in unterschiedlichen Geländeanforderungen. Bärbel überlegt, was dem Pferd Angst machen könnte und welche Hilfestellungen sie ihm geben könnte. Sie hat die Idee, ein weiteres Pferd mitzunehmen, zu einer nahegelegenen Wiese zu gehen, von der aus Sonja die anderen Pferde noch sehen kann und sie dort grasen zu lassen. Sie macht Körperübungen mit ihr, um ihr das Gefühl zu nehmen, daß etwas beunruhigendes passieren könnte. Die Stute gewinnt rasch an Vertrauen, vor allem durch die intensive Beschäftigung und Zuwendung die ihr zuteil wird und Bärbel berichtet jedesmal stolz von ihren Fortschritten.

## Abschluß

Als Abschluß dieser Einheit wählen wir den gemeinsamen Ausritt mit der ganzen Gruppe. Bärbel kann ihr Pferd dabei zwar noch nicht reiten, aber sie kann es bereits alleine in der Gruppe führen und erreicht, daß Sonja ruhig und aufmerksam neben ihr hergeht, was Bärbel mit Stolz erfüllt. Auf diese Weise hat sie auch die Möglichkeit, wieder in die Gruppe zurückzukommen und dabei den anderen und sich selbst zu zeigen, was sie erreicht hat. In dem Maß, wie sie beim Pferd eine Veränderung bewirkt, wird auch sie zunehmend zuversichtlicher. Die Betreuer der Wohngruppe berichten, daß Bärbel in Auseinandersetzungen selbstbewußter wirkt und daß sie seit einiger Zeit für ein eigenes Zimmer kämpft.

### „ICH BIN AUCH EIN PFERDELEHRER"
Aufgaben zum Thema: Eigenverantwortlichmit dem Pferd arbeiten

| | |
|---|---|
| Aufgabenstellung | Lehrer und Kind erarbeiten gemeinsam eine Vorgehens-weise für eine vom Pferd ausgehende Thematik. Das Kind übernimmt dabei eine aktive, verantwortungsvolle Rolle, indem es selbst Lösungsvorschläge einbringt und sie auch ausprobieren kann. |
| Geeignet für | ältere Kinder und Jugendliche. Kinder, die real vorhandene Herausforderungen suchen. Einzelstunden und Einzelbetreuung innerhalb der Gruppe. Situationen, in denen auch tatsächlich eine echte Problemstellung seitens des Pferdes ansteht. |
| Weniger geeignet für | Kinder, die noch nicht selbständig mit dem Pferd umgehen können. große Gruppen. |
| Zeitlicher Rahmen | sechs bis acht Stunden zu je 40/50 Min. |
| Räumliche Bedingungen | keine besonderen Erfordernisse. |
| Material | - |

## 6. „DER AUSRITT"

### Vorbereitende Übungen zum Thema: Gemeinsam ausreiten

Im Verlauf dieser Einheit lernt das Kind anhand einer vorgegebenen Aufgabenstellung, im Gelände mit seinem Pferd selbständig zu werden. Vergleichbar mit der Vorgehensweise im vorher beschriebenen Beispiel erhält das Kind auch hier eine bestimmte Aufgabe, eine Problemstellung, deren Lösung es so selbständig wie möglich bearbeiten kann.

Gemeinsam ausreiten bedeutet, daß ich als Lehrer auf einem eigenen Pferd mitreite und damit keine unmittelbare Einwirkung mehr auf das Pferd des Schülers habe. Der gemeinsame Ausritt stellt die Beteiligten in mehrerer Hinsicht vor eine ganz neue Situation: das Kind übernimmt ein sehr hohes Maß an Verantwortung für das Pferd und ist reiterlich auf anspruchsvolle Weise gefordert. Es trägt die Verantwortung für die Kontrolle von Tempo und Richtung, es muß auf die anderen Pferde der Gruppe achten, auf evtl. Erschrecken seines Pferdes reagieren und die Wirkung von äußeren Einflüssen auf das Pferd einschätzen (starker Wind, laute Traktoren, flatternde Gegenstände).

Eine neue Situation tritt auch für das Pferd ein, das sich nun ausschließlich auf die Hilfen und die Einwirkung des Kindes einstellen muß, ohne den begleitenden Pädagogen in der Nähe. Der Pädagoge selbst ist gefordert, die Verantwortung für Kind und Pferd auf einer neuen Ebene zu übernehmen. Da er nicht mehr direkt in Situationen eingreifen kann, muß er die Sicherheit des Kindes auf andere Weise gewährleisten. Er benötigt eine große Präsenz, um kritische Situationen rechtzeitig abschätzen und antizipieren zu können. Seine Verbindung zum Pferd muß so gut sein, daß das Pferd, falls die Situation es erfordert, auch über eine größere Distanz auf ihn hört. Die Auswahl der Wege sollte größere Gefahrenquellen, wie z. B. stark befahrene Straßen, weitgehend ausschließen. Die Einheit im Gelände muß des weiteren so vorbereitet sein, daß das Kind über die entscheidenden Voraussetzungen für die Selbständigkeit im Gelände verfügt (sicherer, zügelunabhängiger Sitz in allen Grundgangarten, die mentalen Fähigkeiten Reaktionen des Pferdes erkennen und einordnen können, Sicherheit und Durchsetzungsvermögen gegenüber dem Pferd).

Dazu ein Beispiel: Thomas ist 14 Jahre alt und lebt in der Wohngruppe einer Jugendhilfeeinrichtung. Er leidet unter sensorischen Integrationsstörungen, was in seinem Umgang mit Mensch und Pferd häufig zu Unruhe und mangelnder Konzentration führt. Die Betreuer der Wohngruppe wünschen sich, daß Thomas mit dem heilpädagogischen Reiten in seiner Koordinationsfähigkeit und in seiner Selbstwahrnehmung gefördert wird.

Die Einheit im Gelände findet vor allem auf seinen Wunsch hin statt. Ich interpretierte diesen so, daß er sich, gemeinsam mit seinem Pferd, auch „da draußen" unter echten Bedingungen bewähren will. Auf dem Reitplatz hatte er in letzter Zeit manchmal ungeduldig und unterfordert gewirkt, was sich z. B. in Äußerungen wie: „Ja, ja ich weiß schon, daß ich mit dem Zügel aufpassen muß" oder „... das kenne ich doch schon längst" ausdrückte. Über die Arbeit im Gelände, mit dem Ziel gemeinsam auf zwei Pferden auszureiten, kann Thomas überprüfen, was er wirklich kann, wie tragfähig seine Beziehung zum Pferd ist und was er von dem bereits Gelernten in die Geländesituation übertragen kann. Er kann seinen Handlungsradius vergrößern und ein größeres Maß an echter Verantwortung für sein Pferd übernehmen.

## Einstieg

Gemeinsam besprechen wir, was er mit Kevin im Gelände an neuen Situationen berücksichtigen muß. Womit könnten sie konfrontiert werden und wie könnte Thomas mit evtl. auftauchenden Schwierigkeiten (das Pferd frißt, erschreckt sich oder läuft in die falsche Richtung) zurechtkommen. Dann legen wir einen ungefähren Zeitplan fest, an dessen Ende unser erster gemeinsamer Ausritt stehen wird.

## Verlauf

Auf dem Platz trainieren wir nochmals die Dinge, mit denen sich Thomas seiner eigenen Einschätzung nach noch nicht so sicher fühlt. Das sind Übergänge vom Trab zum Schritt sowie zum Halten. Im Gedanken an Straßen, Wiesenwege oder Hofdurchfahrten ist es Thomas plötzlich nochmals auf ganz andere Weise wichtig, in diesen Punkten, an dem wir in den letzten Wochen schon viel geübt hatten, mehr Sicherheit zu erlangen. Der Übergang zum Schritt und das sichere

Anhalten sind auf einmal keine trockenen, langweiligen Übungen mehr, sondern Teil einer größeren Herausforderung: dem selbständigen Ausreiten. Um die Situation noch echter zu gestalten, reite auch ich in den folgenden Stunden auf dem Reitplatz mit meinem eigenen Pferd mit. So können wir schon unterschiedliche Problemstellungen erproben. Welches Pferd geht z. B. besser vorne oder hinten? Gehen beide Pferde auch gut nebeneinander, ohne sich zu beunruhigen? Was passiert, wenn eines der Pferde von der Gruppe wegreitet? Wie groß muß der Abstand beim nebeneinander Reiten sein?

Im nächsten Schritt erproben wir, wie sich die auf dem Platz geübten Elemente beim Reiten im Gelände umsetzen lassen. Wir suchen eine gut überschaubare Strecke aus, die Thomas bereits kennt und an der er die Übergänge zum Schritt und zum Halten möglichst selbständig üben kann. Ich gehe nebenher, entferne mich stellenweise von ihm und seinem Pferd, lasse ihn auf mich zu oder von mir weg reiten, um ihm ein Gefühl für das größere Maß an Verantwortung für sein Pferd zu vermitteln.

In der darauffolgenden Stunde stellen wir uns vor, ich würde mit Atorka der Islandstute mitreiten. Ich reite also nicht tatsächlich mit, sondern gehe zu Fuß, verhalte mich dabei jedoch schon wie auf dem Pferd reitend. Ich halte entsprechenden Abstand zu seinem Pferd, greife so wenig wie möglich ein, wenn etwas nicht gelingt und ich lasse ihn mit seinem Pferd vorausreiten. Das Vorausgehen hat eine starke Wirkung auf das Selbstvertrauen des Kindes. Anders als beim Hinterherreiten hinter einem ranghöheren Pferd, wo das Kind kaum Eigeninitiative entwickeln kann, lernt es beim Vorweggehen Verantwortung für sich, das Pferd und bedingt auch für die Gruppe zu übernehmen.

Um diesen Prozeß zu unterstützen, gestalten wir die nächsten 5 Stunden so, daß Thomas anhand einer vergrößerten topographischen Landkarte jeweils den Weg für die nächste Stunde aussucht. Wir verständigen uns darauf, daß die Wege auch für zwei Pferde nebeneinander bereitbar sein müssen, daß sie keine zu schweren Anforderungen wie Steilhänge oder ähnliches enthalten dürfen und wir legen den ungefähren zeitlichen Rahmen fest. In den folgenden Stunden legen wir die von Thomas ausgewählten Wege auf diese Weise zurück.

**Abschluß**

Zum Abschluß der Einheit reiten wir beide mit unserem Pferd eine der 5 Runden, die Thomas zuvor ausgewählt hat. Je nach Wetterlage können wir unterwegs noch einen schönen Platz für ein Picknick aussuchen, an dem wir dann eine kleine Pause einlegen können.

Die Einheit, die sich in diesem Fall über 10 Stunden erstreckte, hatte eine starke Wirkung auf Thomas. Die konkreten Anforderungen, die von der Situation im Gelände ausgingen, motivierten ihn zu überraschend ausdauernden Übungsphasen. Herausforderungen, denen er sich auf dem Reitplatz nicht einmal 10 Minuten widmen konnte, bewältigte er im Gelände über den Zeitraum einer vollen Stunde. Im Unterricht war es ihm z. B. immer schwer gefallen, die Hilfen genau zu dosieren, sie im richtigen Moment anzuwenden und sie dann auch überzeugend dem Pferd gegenüber zu vermitteln. In den Übungen auf dem Platz konnte es geschehen, daß er völlig unvermittelt am Zügel zog, die Arme dabei hochnahm und einen Moment später den Zügel einfach losließ, weil er mir irgendetwas zeigen wollte. In der Vorbereitung zum Reiten im Gelände schien er relativ schnell zu spüren, daß sein Handeln andere Konsequenzen haben könnte. Konsequenzen, die beim Reiten auf dem Platz so nie eingetreten waren. Besonders stolz war er auf die Verantwortung, die er als Vorwegreitender übernehmen durfte. So fragte er mich in einer Stunde ganz mitfühlend, ob ich auch folgen könne, wenn er mit Kevin so einen fleißigen Schritt vorweg reiten würde, oder daß es für Atorka ja auch ganz gut wäre, hinter Kevin zu reiten, da sie ja so viel ängstlicher wäre.

Es wird deutlich, daß es für Thomas in seiner augenblicklichen Situation wichtig war, eine reale Verantwortung übernehmen zu können. Wäre ich mit ihm ins Gelände gegangen und hätte ihn geführt oder auf einem Handpferd mitgenommen, hätte er diesen Prozeß nicht in der selben Weise nachvollziehen können.

**Weitere Vorschläge**

 „Geführter Ausritt"

Beim geführten Ausritt wird das Kind mit seinem Pferd als Handpferd mitgenommen oder am Führstrick geführt. Dabei kann es um folgende Zielsetzungen gehen:

- Die Bereicherung der Erlebniswelt von Kind und Pferd.
- Neue, interessante Anregungen durch das Gelände erhalten.
- Das Kind kann sein Können vom begrenzten Rahmen des Reitplatzes auf eine erweiterte Situation übertragen.

Vorrangig ist die Sicherheit im Sitzen unter den Bedingungen im Gelände (bergauf, bergab, über Gräben etc.) und die Verbindung zum Wesen des Pferdes in dessen natürlicher Umgebung. Eigenständigkeit und Verantwortlichkeit dem Pferd gegenüber werden bei dieser Vorgehensweise weniger angesprochen.

 „Boden fühlen"

Spielerisch können sich die Kinder in dieser Einheit mit dem Reiten im Gelände auseinandersetzen. Sie lernen, sich in das Pferd einzufühlen und es zu beobachten. Das Pferd geht auf einem Wiesenweg anders als auf einem steinigen Geröllweg oder auf einem rutschigen Matschweg. Bergauf zu reiten fühlt sich für das Kind anders an als bergab und auf einer Teerstraße muß man auf andere Dinge achten, als beim Durchqueren eines Baches.

Die Kinder können auch die verschiedenen Bodenbeschaffenheiten, die sie im Gelände antreffen, auf dem Reitplatz oder im Hofgelände rekonstruieren: eine Plane mit Wasser, ein Sandweg, ein Stück Wiese, ein steiniger Weg, ein Matschloch. Im Sommer können sie diese einzelnen Wege barfuß begehen und ausprobieren, wie unterschiedlich man jeweils auf diesen Wegen gehen kann. Anschließend führen oder reiten sie ihr Pferd über die verschiedenen Wege, um herauszufinden, welche unterschiedlichen Anforderungen die Geländegegebenheiten an das Pferd stellen.

So können sie entdecken, daß das Pferd auf dem rutschigen Untergrund langsam gehen muß, daß es auf der Wiese lieber fressen als laufen würde und daß es auf dem Sandweg vielleicht schneller wird. Im nächsten Schritt werden die „Spaziergänge" nach und nach ins Gelände verlegt, wo das Kind unterschiedliche Routen unter den beschriebenen Aspekten aussuchen kann. Das Kind kann dabei lernen, angemessen mit dem Pferd umzugehen, vorauszudenken, sein Pferd selbständig schnell und langsam zu machen, es zu beruhigen oder aufzumuntern. Eine große Unterstützung kann solch eine Vorgehensweise für Kinder sein, die über das taktile Empfinden lernen. Für sie ist eine sinnliche Erfahrung, wie das Durchwaten eines Matschweges, oder das Begehen eines Schotterweges, nachhaltiger und leichter zu erinnern, als die wiederholten Ermahnungen: „Paß auf, achte auf dein Pferd, mach langsam, wenn es steinig wird."

 „Reitübungen im Gelände"
Um die Selbständigkeit der Reitschüler im Gelände zu fördern, sind Aufgabenstellungen sinnvoll, die sie in eine aktive Rolle dem Pferd gegenüber bringen. Zu zweit oder in einer größeren Gruppe reitend, können sie üben, in verschiedenen Reihenfolgen zu reiten, einzeln von der Gruppe weg und langsam wieder zu ihr zurück zu reiten, einzeln die Gruppe im Schritt oder Trab zu überholen oder paarweise nebeneinander her zu reiten. Erst wenn der einzelne Schüler sich mit seinem Pferd sicher fühlt, also das Pferd nicht nur folgsam ist, weil es hinter dem Chef der Herde herläuft, sondern weil es seinem Reiter vertraut, erst dann sollten die nächsten Schwierigkeitsgrade, wie z. B. das gemeinsame Galoppieren angegangen werden.

Zum Abschluß dieser Einheit können die Kinder gemeinsam eine Geländeprüfung (Reiterpaß, kleines Hufeisen) ablegen, bei der sie genau das oben beschriebene Können zeigen dürfen.

 „Wanderritt"
Eine Einheit zur Vorbereitung eines Wanderrittes beinhaltet viele unterschiedliche Herausforderungen: gemeinsam können die Wege ausgesucht und das Gepäck verpackt werden. Die Kinder können sich bewähren, indem sie ihr Wissen einbringen („Flocki braucht ein leichtes Gepäck, weil er sonst Schmerzen in den

Vorderbeinen bekommt oder Atorka sollte lieber hinten laufen, weil sie so ängstlich ist.") und indem sie ein großes Maß an Verantwortung für ihr Pferd übernehmen. Weiterhin wird das Kind in diesen Bereichen gefordert:

- Kondition und Durchhaltevermögen
- Theoretische Kenntnisse zum Reiten im Gelände
- Orientierung im Gelände und auf einer Landkarte
- Kooperation und Absprache darüber, wer was vorbereitet, wer die Satteltaschen übernimmt und wer das Zelt mitbringt.

„DER AUSRITT"
Vorbereitende Übungen zum Thema: Gemeinsam ausreiten

| | |
|---|---|
| Aufgabenstellung | anhand einer Rahmenaufgabe, kann das Kind beim Reiten im Gelände schrittweise Verantwortung für sein Pferd übernehmen. Die Vielfalt der Eindrücke im Gelände regen zu neuen Erfahrungen an. Selbstvertrauen und Verantwortungsgefühl können gefördert werden. |
| Geeignet für | Kinder, die sicher ausbalanciert auf dem Pferd sitzen. Kinder, die über Grundkenntnisse im selbständigen Reiten verfügen. integrative Gruppen. Einzelstunden/Kleingruppen. |
| Weniger geeignet für | Kinder, die dem Pferd gegenüber noch sehr bedürftig sind. |
| Zeitlicher Rahmen | sechs bis acht Unterrichtsstunden zu je 50/60 Min. |
| Räumliche Bedingungen | abwechslungsreiches, den Pferden vertrautes Gelände . möglichst ohne größere Gefahrenquellen, wie große Straßen oder schwer begehbare Wege. |
| Material | - |

## 7. „FREIES REITEN"
### Offenes Angebot zum Thema: Selbständig reiten

In dieser Einheit werden Anregungen für den Reitunterricht mit Kindern und Jugendlichen vorgestellt, die bereits über ein gewisses Maß an Selbständigkeit im Umgang mit dem Pferd verfügen. Dabei können Kinder mit Behinderungen ebenso angesprochen werden, wie Kinder ohne Behinderungen. Die Anregungen und Übungsvorschläge räumen dem Kind einen möglichst großen eigenen Entscheidungsspielraum ein. Durch die Anleitung und Rückmeldung des Lehrers während dieser Einheit wird das Kind ermutigt, auf seine eigene Selbstwahrnehmung und seine Einschätzung von Konfliktsituationen mit dem Pferd zu vertrauen. Zunehmend kommt das Kind dadurch in die Lage, diese Situationen auch eigenständig zu lösen.

Bei der Vorbereitung und Durchführung sollte man allerdings berücksichtigen, daß nicht allen Kindern ein intellektueller Zugang beim Lernen möglich ist. Es gibt Kinder mit geistigen Behinderungen, die eher aus dem „Bauch heraus" lernen, als daß sie sich eine Problemstellung intellektuell vorstellen würden. Sie sind angewiesen auf die unmittelbare Erfahrung, den sichtbaren Erfolg, den spürbaren Kontakt (Körperkontakt) oder die erlebbare Anleitung. Für die Vorbereitung und Durchführung der Stunde kann das bedeuten, daß in stärkerem Maße Visualisierungen verwendet werden, Anleitungen durch Bilder oder direkte Berührung unterstützt werden oder Übungen nicht erklärt, sondern vorgemacht oder ausprobiert werden. Praktische Vorschläge zu nonverbalen Übungen im Reitunterricht mit Kindern befinden sich im Anhang dieses Unterrichtsvorschlages (Anhang 1a/1b).

Je selbständiger der Reitschüler im Umgang mit seinem Pferd wird, desto offener kann die methodische Vorgehensweise im Unterricht gestaltet werden. Die Anleitung hat von nun an nicht mehr den Charakter, dem Schüler Orientierungshilfe zu geben. Indem unsere Rückmeldung den Schüler darauf aufmerksam macht, was sich zwischen ihm und dem Pferd ereignet, leistet sie mehr und mehr eine Hilfe zur Selbsthilfe. Tritt zwischen Schüler und Pferd ein Konflikt auf, kann der Lehrer den Schüler auf die Aspekte aufmerksam machen, die zu einem Konflikt geführt haben könnten: z. B. Körperhaltung, Körpersprache oder innere Haltung. Der Schüler kann damit seine Beobachtung schulen und lernen, eigene Lösungen zu entwickeln.

Neben der veränderten verbalen Anleitung wird auch die Planung und Gestaltung des Unterrichts dem Entwicklungsprozeß des Schülers angepaßt. Er wird in Vorbesprechungen, so weit dies möglich ist, einbezogen und kann sein Pferd selbständig für die Reitstunde vorbereiten. Während der Reitstunde sind regelmäßig stattfindende Sequenzen vorgesehen, in denen der Schüler weitgehend selbständig an einer Themenstellung arbeiten kann. Je mehr Einblick der Schüler in Zusammenhänge zwischen sich und dem Pferd gewinnt, um so selbstbestimmer kann er mit der Unterrichtssituation umgehen.

Anhand des folgenden Beispiels wird deutlich, welche Möglichkeiten, aber auch welche Konflikte die Verselbständigung des Schülers im Rahmen des Unterrichts mit sich bringen kann: Katharina ist 15 Jahre alt und reitet seit mehreren Jahren bei uns. Aufgrund einer seit ca. drei Jahren bestehenden Anorexia Nervosa befand sich Katharina wiederholt in klinischer Behandlung. Zum heilpädagogischen Reiten kommt sie auf eigenen Wunsch. Sie ist der tiefen Überzeugung, daß Pferde die besseren „Menschen" sind und daß sie selbst dem Pferd daher möglichst nahe sein möchte. Sie ist sehr intelligent und verfügt über eine ausgesprochen hohe Auffassungsgabe. Ihr Umgang mit dem Pferd (sie reitet Gejszar, den Araberwallach) ist von einem großen Einfühlungsvermögen und einer feinen, differenzierten Hilfengebung geprägt.

Seit einigen Wochen zeichnet sich nun im Unterrichtsverlauf eine auffallende Veränderung ab. Katharina wünscht sich immer häufiger Situationen, in denen sie ganz alleine mit ihrem Pferd umgehen oder reiten kann. Sie setzt sich mit Rückmeldungen von mir konfrontativ oder kritisch auseinander. Dabei wirkt sie sehr genau und überlegt. So z. B.: „Letzte Stunde hast du aber gesagt, daß das Pferd auf diese Gewichtsverlagerung hin nach außen wegtritt und heute sagst du plötzlich, daß es in der Biegung nach innen geht" oder: „Schau mal, ich mache das ganz anders als du es gesagt hast und Gejszar macht die Übung trotzdem gut!" oder: „Ich würde mal gerne ausprobieren, ob Gejszar mit mir, auch ohne daß ein anderes Pferd dabei ist, im Gelände galoppiert. Ich möchte wissen, ob du mir das wohl zutraust."

Im Gegensatz zu diesen Autonomiebestrebungen zeigt Katharina im Unterricht allerdings plötzlich auch wieder Muster, die sie in den vergangenen Monaten bereits zurückgelassen hatte. Sie betreffen vor allem ihre Selbstwahrnehmung und Selbsteinschätzung. So kann es geschehen, daß Aufgabenstellungen, die sie bereits oft und gut bewältigt hat, überhaupt nicht mehr zu funktionieren scheinen. Katharina fällt es schwer, das für die Auseinandersetzung mit dem Pferd notwendige Maß an Aggressivität (im Sinne von offensiv, aktiv) aufzubringen. Sie verfällt gegenüber dem Pferd sogar eher in eine ausgesprochen defensive und nachgiebige Position. Aber auch ihre Haltung mir gegenüber ist von dieser Veränderung berührt. In ihrem Umgang mit dem Pferd erprobt sie ihre eigenen, von mir unabhängigen Möglichkeiten der Kommunikation, was eine veränderte Dynamik innerhalb des Beziehungsdreiecks mit sich bringt und mich als Lehrerin vor eine neue Aufgabe stellt.

Ich deute ihre ambivalenten Rückmeldungen so, daß sie tatsächlich gerne den nächsten Schritt wagen würde, sich ihrer selbst aber nicht sicher genug ist. Von mir, als ihrer Lehrerin möchte sie wissen, wieviel Eigenverantwortung ich ihr zutraue und damit auch, wie ernst ich es mit meinem Angebot zur Selbständigkeit tatsächlich meine. Sie scheint ihre Wirkung auf das Pferd, ihre Fähigkeit zur Dominanz nochmals ganz massiv in Frage zu stellen, verbunden mit der Ungewißheit, wieviel Aggressivität, wieviel Machtausübung sie dem Pferd als ihrem „guten Menschen" wohl zumuten kann.

Versteht man Aggression als ein vitales Grundvermögen zur gesunden Ich-Entwicklung, wird deutlich, wie sich in diesem bevorstehenden Entwicklungsschritt Katharinas Lebenskonflikt widerspiegelt: um die Dominanz und damit die alleinige Verantwortung für ihr Pferd übernehmen zu können, benötigt Katharina die innere Kraft, sich deutlich auszudrücken und sich evtl. auch gegen die Bedürfnisse ihres Pferdes durchzusetzen zu können. Diese verantwortungsvolle Aufgabe kann sie nur in Angriff nehmen, wenn sie neben ihrem guten Einfühlungsvermögen auch den Mut zu körperlicher Präsenz und einem souveränen Auftreten findet.

Ziel der folgenden Einheit wird also sein, Katharina Wege aufzuzeigen, wie sie trotz offensiverem Umgang die gute Verbindung zu ihrem Pferd bewahren kann, ihr also einen Kontakt zum Pferd als Ich-stärkende Hilfe zu ermöglichen. Zum anderen kann sie im Verlauf der Einheit herausfinden, welches Maß an Autonomie mit ihrem Pferd sie zum augenblicklichen Zeitpunkt tatsächlich aushalten kann.

### Einstieg

In der Vorbesprechung für die nächste Einheit beklagt Katharina, daß sie im Moment zu viel Streit mit ihrem Pferd hat. Aus ihrer Sicht muß sie mit ihren Hilfen immer härter werden, um sich überhaupt noch durchsetzen zu können. Sie wünscht sich wieder, besser mit ihrem Pferd zurechtzukommen, um mehr mit ihm alleine unternehmen zu können.

Um an Katharinas Kompetenz anzusetzen, beginne ich die Einheit mit Aufgabenstellungen, die vorwiegend ihr Einfühlungsvermögen und ihre Wahrnehmungsfähigkeit, weniger ihre Dominanz dem Pferd gegenüber ansprechen. Ich schlage ihr vor, in den nächsten Stunden einmal ganz ohne Zügel zu arbeiten, um die Entwicklung von Druck und Gegendruck zu durchbrechen und ihr einen neuen Zugang zum Pferd zu ermöglichen. Katharina ist einverstanden, wünscht sich dann aber auch, ohne Sattel zu reiten, um ihr Pferd besser wahrnehmen zu können.

### Verlauf

Wir beginnen mit einer einführenden Stunde und der freien Arbeit vom Boden aus. Über Körpersprache und mit Hilfe der Gerte kann Katharina ihr Pferd frei auf der Ovalbahn traben lassen, es anhalten, wenden und rückwärtsgehen lassen. Diese Vorbereitung vom Boden aus ist deshalb hilfreich, weil sich Reiter und Pferd, ohne gleich überfordert zu werden, gut auf die neue Situation ohne Zügel einstellen können. Bei der Arbeit vom Boden aus entsteht oft schon eine harmonische Verbindung, die dann beim Reiten den Umgang miteinander wesentlich erleichtert.

Im nächsten Schritt trennen wir auf dem Reitplatz ein nicht allzu großes Areal ab, auf dem Katharina mit ihrem Pferd ohne Zügel reiten kann. Die passende Größe dieses Areals ist wichtig, um sicher zu gehen, daß das Pferd nicht zu schnell und zu heftig in seinen Bewegungen werden kann. Ist der Reitplatz zu groß kann es geschehen, daß sich das Pferd dem Schüler durch galoppieren und schnelle Wendungen entzieht und ihn damit in eine passive Rolle drängt: er muß sich bemühen nicht herunterzufallen und hat kaum Möglichkeiten, aktiv zu werden. Die Größe eines Round pens oder einer kleinen Ovalbahn ist dabei besser geeignet, da der Handlungsrahmen des Pferdes hier stärker eingeschränkt wird.

Für die anschließende Einheit, das freie Reiten ohne Zügel, schlage ich Katharina folgende Vorgehensweise vor: innerhalb der zuvor abgetrennten Ovalbahn kann das Pferd frei laufen. Damit entscheidet es selbst, in welche Richtung es geht und in welchem Tempo es sich bewegt. Katharina hat zu Beginn lediglich die Aufgabe, ihrem Pferd, wenn nötig, durch treibende Hilfen deutlich zu machen, daß es nicht stehen bleiben soll. Sie kann sich Zeit lassen, auf die Bewegungen des Pferdes zu achten, sich in den Bewegungsablauf einzufühlen und Veränderungen in bezug auf das Tempo oder in bezug auf die Bewegungsrichtung einfühlend zu folgen.

Diese Vorgehensweise beabsichtigt, den Schüler dessen Wahrnehmung und Einfühlungsvermögen für den Bewegungsablauf des Pferdes zu sensibilisieren. Das Reiten ohne Zügel, bei dem der Schüler nur den Bewegungen des Pferdes folgt, macht zugleich das Pferd aufmerksamer für die Signale des Reiters, da es eine für das Pferd ungewohnte und neue Situation ist, in der ihm vom Reiter keine typischen Hilfen vorgegeben werden.

Katharina kann über ihre gute Wahrnehmungsfähigkeit und ihr Einfühlungsvermögen erleben, wie sie Kontakt zum Pferd aufbauen kann. Der fehlende Zügel verhindert dabei, in eingefahrene Muster wie Druck und Gegendruck oder Angst und Streß zu geraten. Dennoch beinhaltet die Aufgabenstellung bereits Anteile aus Katharinas Wunsch, aktiver und autonomer zu werden. Sie muß dem Pferd gegenüber den treibenden und damit aktiven Part übernehmen, um die Konzentration des Pferdes auf sich zu lenken. Abgeleitet aus dem Umgang der Pferde untereinander bedeutet das, als Mensch den Part des ranghöheren Tieres zu übernehmen. Das ranghöhere Tier zeigt dem rangniedrigeren durch treibende Signale, daß es ausweichen muß und seine Aufmerksamkeit auf das ranghöhere Tier zu richten hat.

Katharina muß sich also gut auf die Bewegungen des Pferdes einstellen, um frühzeitig erkennen zu können, was das Pferd als nächstes machen wird: wird es schneller oder langsamer, wird es nach rechts oder links abbiegen, bleibt es auf dem Hufschlag oder wird es einen Kreis gehen? Nimmt sie die vom Pferd ausgehenden Bewegungsimpulse gut wahr, dann kann sie im nächsten Schritt eigene Impulse einbringen. Auf diese Weise kann allmählich ein „Gespräch" mit dem Pferd entstehen und Katharina wird zunehmend in der Lage sein, den aktiven, vorgebenden Part zu übernehmen. So kann es sein, daß sie spürt, wie ihr Pferd sich leicht nach rechts abwendet, worauf sie selbst dem Pferd das Zeichen gibt, einen Zirkel zu reiten. Das kann dadurch bewirkt werden, daß sie ihren Oberkörper etwas nach rechts dreht, und dem Pferd von links außen einen Impuls zum Ausweichen gibt, durch Anlegen des äußeren Beines oder durch Antippen mit der Gerte. Katharina kann selbst ausprobieren, welche Form der Verständigung sich am besten eignet.

In dieser Phase kann sie im kleinen Rahmen den Schritt in die Autonomie mit dem dazugehörigen Maß an Dominanz erproben. Auf der Grundlage ihrer guten Wahrnehmung und Verbindung zum Pferd kann sie dem Pferd gegenüber offensiver werden und Forderungen stellen, ohne dabei ihren Kontakt zum Pferd und damit zu sich selbst verlieren zu müssen. Das Pferd übernimmt in diesem Fall durch die gemeinsame Bewegung eine Ich-stärkende Funktion. Während der Übung kann Katharina jederzeit genau über den Grad an Aktivität oder Passivität gegenüber dem Pferd entscheiden. Sie kann dem Pferd entweder in dessen Richtung folgen oder verstärkt eigene Impulse einbringen. Der Dialog zwischen Mensch und Pferd beinhaltet immer beide Elemente gleichermaßen. Durch den fehlenden Zügel, der ja meistens ein Gelingen oder Nichtgelingen induziert, ist auch ein freieres Wechselspiel von Führen und Folgen möglich. Katharina beendet die Stunde selbst, wenn sie den Eindruck hat, daß zwischen ihr und dem Pferd eine gute Verständigung entstanden ist.

Um Katharina diesen Prozeß zu ermöglichen ist es wichtig, daß ich als Lehrer innerhalb des Stundenverlaufs möglichst wenig eigene Vorgaben einbringe. Die Interventionen können darauf abzielen, was mir in der Verständigung zwischen ihr und dem Pferd auffällt oder darauf, kleine Tips und Hilfestellungen in Situationen zu geben, in denen Katharina keine Handlungsmöglichkeiten mehr für sich sieht. Die Hauptaufgabe des Lehrers in dieser Einheit bezieht sich jedoch auf die Phase vor Beginn der eigentlichen Reitstunde. Im Vorgespräch wird gemeinsam das Thema der Einheit herauskristallisiert. Die Vorgehensweise kann u. U. schon vorbesprochen werden und über den formalen Ablauf hinaus können hier auch anstehende Konfliktsituationen oder Entwicklungsschritte angesprochen werden. Außerdem halte ich es für wichtig, als Lehrer den Wunsch des Schülers nach Selbständigkeit sowie die damit verbundenen Ängste ernst zu nehmen. Es kann deshalb hilfreich sein, das Thema einfach offen anzusprechen, zu erwähnen, daß man die Situation wahrnimmt und das dahinterstehende Anliegen erkennt. Es kann jedoch an dieser Stelle auch erforderlich werden, Grenzen aufzuzeigen, die ich aus Sicherheitsgründen oder wegen meiner persönlichen Verbindung zum Pferd nicht überschreiten möchte. In Katharinas Fall ist diese Grenze im Moment noch der von ihr gewünschte Ausritt ohne meine Begleitung.

**Abschluß**
Die Einheit schließt mit einem Auswertungsgespräch ab, innerhalb dessen Veränderungen oder neue Aspekte in bezug auf Katharinas Wunsch nach mehr Selbständigkeit festgehalten werden können.

Die beschriebene Einheit erstreckte sich über fünf Unterrichtsstunden, in denen Katharina sehr unterschiedliche Erfahrungen machte. Begeistert war sie von den ungeahnten Möglichkeiten, die sich aus dem Reiten ohne Zügel für sie ergaben. Die harmonische Verständigung, die sich aus ihrem guten Einfühlungsvermögen heraus entwickelt hatte, ließen sie vor Stolz gleich ein Stück wachsen. „Ich verstehe mich bestimmt schon besser mit Gejszar als du!" oder: „Eigentlich könnte man doch auch immer ohne Zügel reiten. Die Leute, die einen Zügel brauchen, können doch in Wirklichkeit gar nicht reiten!"

Nicht ganz leicht war für Katharina die Erfahrung, daß ihr das Pferd ihre eigenen Möglichkeiten und Grenzen so deutlich widerspiegelte. Gelang es ihr nicht, ihr Anliegen, wie z. B. schneller zu werden, deutlich einzubringen, übernahm das Pferd kurzerhand wieder die Führung. Es wurde schneller oder langsamer, gerade so wie es Lust hatte. Eine andere Situation, in der Katharina an ihre Grenzen stieß, ereignete sich, als Gejszar versuchte auf dem Reitplatz zu fressen. Um weitermachen zu können, mußte sie ihn überzeugend antreiben, ansonsten würde kein gemeinsames Reiten möglich sein. Ohne Zügel, mit Hilfe derer sie das Pferd noch hätte vom Gras weglenken können, blieb ihr wirklich nur die eigene Überzeugungskraft und Sicherheit. Kamen ihre Aufforderungen zaghaft und zögernd, blieb Gejszar einfach stehen. Gelang es ihr, die Dominanz zu übernehmen, reagierte er allerdings genauso unmittelbar und ohne daß sie großen mechanischen Druck hätte anwenden müssen.

Für mich selbst wurde in dieser Einheit nochmals deutlich, wie vielschichtig die Dynamik innerhalb des Beziehungsdreiecks Kind, Pferd und Pädagoge ist. Katharinas Autonomiebestrebungen hatten, neben ihrem Kontakt zum Pferd, auch meinen Kontakt zu ihr sowie meinen Kontakt zum Pferd berührt. Ich war gefordert, meine Rolle ihr gegenüber zu überdenken, zu berücksichtigen, wie ich mit einer größeren Selbständigkeit ihrerseits im Unterrichtsgeschehen umgehen konnte und was ich dadurch für eine neue Rolle innerhalb des Lernprozesses übernehmen würde. Weiterhin mußte ich mir klar darüber werden, wieviel Verantwortung für mein Pferd ich wirklich in Katharinas Hände legen konnte und wollte und wie ich damit zurechtkommen würde, wenn sie tatsächlich bestimmte Dinge ganz anders handhabt als ich.

In Katharinas Fall war es in besonders guter Weise möglich, diese Fragen im Auswertungsgespräch gemeinsam zu erörtern und über die weiteren Schritte, Möglichkeiten und Grenzen zu beraten. Eine Perspektive für Katharinas fernere Zukunft könnte z. B. eine Reitbeteiligung auf Gejszar sein oder die gemeinsame Teilnahme an einem Westernreitkurs. Wenn sie in ihrer Entwicklung so weit ist, daß sie auch für den Ablauf und die Gestaltung der Arbeit mit dem Pferd die Verantwortung übernehmen kann, könnte diese Perspektive sie ermutigen, eine neue Aufgabe in Angriff zu nehmen. Da Katharina weiß, wie wichtig mir gerade Gejszar als mein eigenes Reitpferd ist, meint sie augenzwinkernd: „Das wird für dich aber bestimmt nicht einfach, wenn Gejszar dann mit mir vielleicht tollere Sachen macht als mit dir!" Ebenfalls augenzwinkernd kann ich ihr da zustimmen, aber mich auch gleichzeitig über ihren Weg freuen, den sie nun mehr und mehr aus eigener Kraft gehen kann.

**Weitere Vorschläge**

 „Warming-up"

Im Rahmen einer zeitlich begrenzten Aufwärmphase können die Schüler schritt-wiese an das selbständige Arbeiten mit dem Pferd herangeführt werden. Die Anleitung dazu kann folgendermaßen aussehen: „Laßt euch Zeit herauszufinden, worüber ihr heute am besten Kontakt zu eurem Pferd bekommen könntet. Dazu könnt ihr in den verschiedenen Gangarten reiten, mit Wendungen und Übergängen arbeiten. Versetzt euch dabei in die Körperhaltung eures Pferdes, in die Art, wie es sich bewegt und in seinen Ausdruck. Worauf spricht euer Pferd gut an, wo widersetzt es sich euren Hilfen, wo seht ihr Klärungsbedarf zwischen euch und eurem Pferd?"

In dieser warming-up-Phase, die sich über einen Zeitraum von 5 bis 15 Minuten erstreckt, wird der Schüler ermutigt, sich in das Pferd hineinzuversetzen, seine eigenen reiterlichen Fähigkeiten sowie seine Wahrnehmungsfähigkeiten zu erpro-ben. Die sprachliche Gestaltung ist hier auf Kinder oder Jugendliche zugeschnit-ten, denen ein intellektueller Zugang zum Thema entspricht. Der weitere Stun-denverlauf wird aus den Themenstellungen entwickelt, die die Kinder einbringen (z. B. „Mein Pferd ist heute unaufmerksam und abgelenkt, wie kann ich es wie-der mehr auf mich aufmerksam machen? Mein Pferd ist so angespannt, daß ich gar nicht gut in der Bewegung mitgehen kann").

 „Beobachtungsbögen"

Die Schüler der Reitgruppe beobachten sich abwechselnd während der Reitstun-de nach vorab festgelegten Kriterien. Dabei lernen sie, aus einer anderen Perspek-tive zu erkennen, wo und wie die Verständigung zwischen Mensch und Pferd entsteht oder warum sie u. U. nicht entstehen kann. Die Aufmerksamkeit kann sich auf die Körpersprache der Pferde richten, auf die Hilfengebung der Reiter oder auf die Zusammenarbeit zwischen Reiter und Pferd. Die Einheit kann z. B. mit einer Stunde abschließen, in der sich die Reitschüler gegenseitig unterrich-ten.

„Freies Reiten nach Musik/Reiten nach einer Choreographie"
Die Schüler wählen eine Musik, zu der sie gerne reiten möchten. Ist die Gruppe
bereits recht selbständig und reiterlich sicher, können die einzelnen Reiter direkt
zur Musik unterschiedliche Tempi und Figuren reiten. Benötigen einzelne Reiter
noch mehr Struktur, kann vor Beginn der Einheit gemeinsam eine Choreographie erarbeitet werden, die den genauen Ablauf für alle Beteiligten festlegt. Dabei
können reiterliche Aufgabenstellungen, die in der vergangenen Zeit behandelt
wurden, einfließen. Die Schüler können entscheiden, wie schwer und wie an-
spruchsvoll sie die Choreographie gestalten und ob sie zum Abschluß der Einheit
eine Vorführung vorbereiten wollen. Das Ziel der Einheit liegt allerdings nicht
im Erfolg der Vorführung, sondern im Bewältigen der Vorbereitungsphase. Dabei
sind Selbständigkeit, Kooperationsfähigkeit und Einfühlungsvermögen bei den
einzelnen Reitern gefragt. Die Planung und Durchführung dieser Einheit kann
einzelne Reiter oder die ganze Gruppe zu mehr Autonomie ermutigen.

„Integratives Reiterspiel"
Unterschiedliche reiterliche Aufgabenstellungen im Gelände und auf dem Reitplatz werden von den Teilnehmern eines Teams gemeinsam oder abwechselnd
bewältigt. Drei bis vier Schüler sind als Team gemeinsam für ein Pferd verantwortlich, mit dem sie dann auch ohne Begleitung des Lehrers unterwegs sein
können. Die Gruppen sind integrativ zusammengesetzt, so daß unterschiedliche Fähigkeiten eingebracht werden können. Die Aufgabenstellung selbst läßt
ebenfalls Spielräume zu, um nach vorhandenen Möglichkeiten vorzugehen (ein
Beispiel zu einem integrativen Reiterspiel befindet sich im Anhang an diese Unterrichtseinheit). Die Spieleinheit eignet sich gut für größere Gruppen oder für
eine gemeinsame Aktion aller auf dem Hof reitenden Gruppen,
z. B. zum Abschluß einer Einheit vor den Sommerferien. Für die einzelnen Schüler bieten sich dabei viele Möglichkeiten, ihr eigenes Können zu überprüfen und
selbständig, unabhängig vom Lehrer zu erfahren, welche Position sie mit ihrem
Pferd innerhalb der Gruppe einnehmen können.

**„FREIES REITEN"**
Offenes Angebot zum Thema: Selbständig reiten

| | |
|---|---|
| Aufgabenstellung | der Schüler kann im Rahmen des Unterrichts ein reiterliches Thema bearbeiten, das er selbst als ein Anliegen formuliert. Er kann dabei lernen, sich selbst und sein Pferd aus einer anderen Perspektive wahrzunehmen und auf die Fähigkeiten und Bedürfnisse des Pferdes einzugehen. |
| Geeignet für | ältere Kinder und Jugendliche. Kinder mit reiterlichen Grundkenntnissen. Einzelstunden und Kleingruppen. |
| Weniger geeignet für | Kinder, die den Perspektivwechsel zum Gegenüber des Pferdes noch nicht vollziehen können (z. B: sehr ängstliche Kinder, Kinder mit stark regressiven Bedürfnissen gegenüber dem Pferd). |
| Zeitlicher Rahmen | offen. |
| Räumliche Bedingungen | eingezäunter Reitplatz, evtl. mit der Möglichkeit ein Round Pen oder eine Ovalbahn abzutrennen. |
| Material | Cavalettistangen, Straßenbauhütchen, Autoreifen Hindernisstangen. |

Anhang 1a: Aufgabenkärtchen zum Thema:
Nonverbale Übungen im Reitunterricht mit Kindern

„Slalom um Hütchen"

„Cavalettistangen überqueren"

„Abbiegen"

„Kreis um eine Tonne reiten"

Die Aufgabenkärtchen können auf dem Reitplatz plaziert werden oder zu Beginn des Unterrichts vom Kind selbst ausgewählt werden.

Anhang 1b:   Reitwegetafel zum Thema:
             Nonverbale Übungen im Reitunterricht mit Kindern

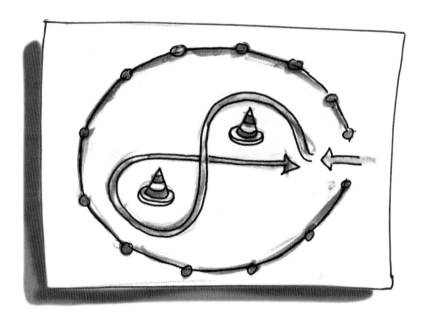

Vor Beginn der Reitstunde wird auf einer Tafel (auf der der Reitplatz vorgezeichnet ist) von den Reitern gemeinsam oder abwechselnd der zu reitende Weg aufge-
zeichnet.

Anhang 2: Skizze einer Geländekarte als Vorlage
für ein integratives Reiterspiel

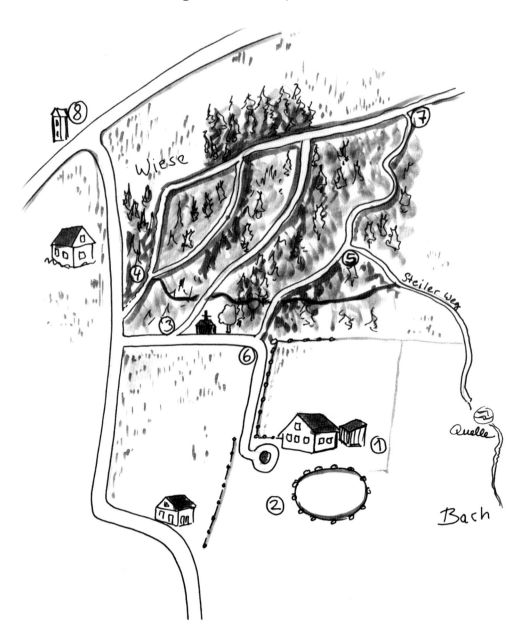

Aufgaben für das integrative Reitspiel, die an den entsprechenden
Stationen plaziert werden können:

1. BALANCIEREN:
   Balanciere mit deinem Pferd an der Hand über den Stamm/die Stange, ohne
   den Boden zu berühren und ohne dein Pferd loszulassen.

2. POLO:
   Bringe den Ball mit Hilfe des langen Stabes, auf deinem Pferd reitend vom
   Start bis zum Ziel. Der Ball muß dabei innerhalb der vorgezeichneten Linie
   bleiben.

3. BUCHSTABEN:
   Hier sind 9 Buchstaben auf kleinen Karten versteckt. Finde heraus, welches
   Wort sie ergeben.

4. SACKGASSE:
   Reite vorwärts in die Sackgasse, nehme das Fähnchen und reite rückwärts
   wieder hinaus.

5. SCHRITTE:
   Wieviel Pferdeschritte sind es vom blauen Schild bis zur Kreuzung?

6. SAMMELAUFGABE:
   Sammle an dieser Stelle drei Pflanzen, die dein Pferd fressen kann.

7. PARKEN:
   Stelle dein Pferd innerhalb des Stangenquadrats - ohne Führstrick - ab und
   kratze ihm die Hufe aus.

8. TRANSPORTIEREN:
   Bring den Ball vom roten Punkt zum weißen Viereck. Du kannst dein Pferd
   dabei führen, es einhändig reiten oder dich auf dem Pferd führen lassen.

Die Gruppen setzen sich aus 2 bis 5 Kindern zusammen, die dann gemeinsam für ein Pferd verantwortlich sind. Sie können das Pferd abwechselnd führen oder reiten bzw. ohne Pferd zur Lösung der Aufgabe beitragen. Jede Gruppe kann anhand ihrer Landkarte entscheiden, welche der auf dem markierten Gelände verteilten Aufgabenstationen sie ansteuern will.

Die Aufgaben sind so angelegt, das jedes der beteiligten Kinder sich auf seine Art und Weise einbringen kann. Vor allem in bezug auf die reiterliche Fähigkeiten lassen sie sich entsprechend offen gestalten.

# Ausblick

„Damit das Mögliche entsteht,
muß immer wieder das Unmögliche versucht werden."

Hermann Hesse

Lernen hört niemals auf! Lernen ist ein Prozeß, ein lebenslanges Weitergehen. Allerdings ist der Weg des Lernens nicht geradlinig, sondern er bewegt sich in Etappen, Stufen, Stationen oder Umwegen.

Ich habe beobachtet, daß sich die PferdeTräume der Kinder im Verlauf des Unterrichts verändern und zunehmend konkreter werden. Das ist ein Indikator dafür, daß sich etwas Wesentliches verändert hat, daß eine Station erreicht ist. Wunschvorstellungen, die zu Beginn traumhaft waren, verwandeln sich durch die Erfahrungen, die das Kind mit dem Pferd machen konnte, mehr und mehr in praktische, reiterliche Anliegen. So wird aus dem Wunsch, „Über weite Wiesen zu fliegen", die Frage: „Wie kann ich erreichen, daß Kevin im Gelände so ruhig galoppiert, daß ich mit ihm in der Gruppe mitreiten kann?"

Eine neue Etappe wird also daran erkennbar, daß sich das Kind zunehmend für die weiteren Schritte selbst zuständig fühlt. Es findet den Mut, konkrete Dinge auszuprobieren und dabei auch Begrenzungen oder Mißerfolge in Kauf zu nehmen. Seine Wünsche gelangen damit aus einer „unerreichbaren" Ferne in eine erkennbare Nähe.

So schafft es Katharina - deren Geschichte am Ende des fünften Kapitels vorgestellt wird - zum Beispiel nach einiger Zeit tatsächlich, Gejszar im Gelände zu reiten. Nach Abschluß des Reitunterrichts übernimmt sie stolz eine Reitbeteiligung für dieses Pferd. Julia wiederum - von ihr wird in der Einführung berichtet - arbeitet nun einmal in der Woche als Helferin in einer Kinderreitstunde mit. Sie kann erleben, daß sie ihre eigenen Erfahrungen und Fähigkeiten an andere weitergeben kann und dadurch eine wichtige Position erhält. Am Beispiel von Bärbel (vgl. Kap. 5), die sich in ihrer Wohngruppe für ein eigenes Zimmer einsetzt, läßt sich beobachten, wie sie in Auseinandersetzungen zunehmend souveräner wird.

Unsere Verantwortung als Lehrer besteht in der Abschlußphase darin zu erkennen, daß der Lernprozeß unterschiedliche Etappen und Einschnitte beinhaltet und daß ein Prozeß zum Ende kommen kann. Es liegt in unserer Verantwortung, den Schüler loszulassen und seinen eigenen Weg gehen zu lassen. Dazu gehört es, den Unterricht angemessen abzuschließen, ihn also nicht einfach abzubrechen. Und wir haben die Aufgabe zu überprüfen, ob die anfangs gesteckten Ziele erreicht wurden.

In der Abschlußphase können wir dem Schüler Erfahrungen ermöglichen, die ihm helfen, seine eigenen Leistungen einzuschätzen. Das kann in Form einer Abschlußprüfung (Reiterpaß, Geländeprüfung, kleine Dressuraufgabe, selbständig einstudierte Übung) erfolgen oder in Form eines symbolischen Abschlußrituals (z. B. „Abschiedsreiten im Zauberkreis").

In dieser Gestaltung der Abschlußphase haben das Gespräch mit dem Schüler und die Rückmeldung durch den Lehrer eine wichtige Bedeutung. Die Wahrnehmung des Schülers kann dabei auf seine vollzogenen Lernschritte gelenkt werden. Besondere Stärken können angesprochen oder noch mögliche Lernziele aufgezeigt werden. Die sorgfältige Gestaltung der Abschlußphase bildet damit einen bedeutenden Bestandteil des heilpädagogischen Prozesses.

Die Arbeit in thematischen Einheiten - wie in diesem Buch vorgestellt - bereitet den Schülern schon im Verlauf des Prozesses, am Ende der jeweiligen Einheit, auf diesen abschließenden Entwicklungsschritt vor. Er lernt dabei seine eigenen Fähigkeiten einzuschätzen. Er kann erkennen, welchen Herausforderungen er sich gewachsen fühlt oder worin er noch unsicher ist.

Gehen wir an dieser Stelle zurück zum Anfang dieses Buches. Es waren dort die PferdeTräume der Kinder, die uns den Weg für eine gemeinsame Entwicklung eröffneten. Sie bildeten den Ausgangspunkt und Wegweiser für neue Erfahrungen. Die PferdeTräume hatten die Aufgabe, die Selbstheilungskräfte des Kindes anzustoßen und es damit in eine aktive, handelnde Position zu bringen. Am Ende dieses Lernprozesses zeigen uns die Veränderungen in den PferdeTräumen der Kinder, welche neuen Entwicklungsschritte sie gehen wollen und können.

Wir als Lehrer können dem Schüler am Ende eines gemeinsamen Weges, die Verantwortung für sich selbst zurückgeben. Mit unserem Zutrauen in seine eigene Kraft ermutigen wir ihn. Etwas Neues kann beginnen!

Es bedarf
der Kraft zu träumen,
ebenso
wie des Mutes
sich auf den Weg zu machen.


Danke für beides!

Literaturverzeichnis:

AICHINGER, Alfons/HOLL, Walter:
Psychodrama - Gruppentherapie mit Kindern.
Main, Grunewald-Verlag, 1997

DE SHAZER, Steve: Wege der erfolgreichen Kurztherapie.
Stuttgart, Klett-Cotta, 1989

FRYSZER, Andreas: Das Spiel bleibt Spaß. In: Psychodrama, Heft 2
Köln, in Scenario Verlag, 1995

FELDENKRAIS, Moshé: Das starke Selbst. Frankfurt, Insel Verlag, 1989

FELDENKRAIS, Moshé: Bewußtheit durch Bewegung.
Frankfurt, Suhrkampverlag, 1978

GÄNG, Marianne: Heilpädagogisches Reiten und Voltigieren.
München Basel, Reinhardt Verlag, 1990

GANGKOFER, Manfred: über eine Diagnose, die unseren Geist behindert,
und unsere Kommunikation stört.
In: Praxis Ergotherapie, Heft 1.
Dortmund, borgmann publishing, 1998

HOFFMANN, Marlit: Reiterralleys, Reiterspiele.
Stuttgart, Franckh-Kosmos-Verlag, 1994

KULENKAMPFF, Miguel: Das ‚Social Network Inventory - SNI'.
In: Psychodrama, Heft 2.
Köln, in Scenario Verlag, 1991

KAUTTER: Das Kind als Akteur seiner Entwicklung.
Heidelberg, Edition Schindele, 1998

PIAGET, Jean: Nachahmung, Spiel und Traum.
Stuttgart, Klett Verlag, 1975

PIAGET, Jean: Das Erwachen der Intelligenz beim Kind.
Stuttgart, Klett Verlag, 1975

SCHEIDHACKER, Michaela:
Ich träumte von einem weisen Schimmel,
der mir den Weg zeigte... .
Haar, Selbstverlag, 1998

SCHRADER, Monika:
Epische Kurzformen, Theorie und Didaktik.
Scriptor Verlag, 1980

SWIFT, Sally:
Reiten aus der Körpermitte.
Zürich, Müller Rüschlikon Verlag, 1989

TIETZE-FRITZ, Paula:
Handbuch der heilpädagogischen Diagnostik.
Dortmund, Verlag modernes Lernen, 1994

VOGT-HILLMANN, Manfred:
Kinderleichte Lösungen -
Lösungsorientierte, kreative Kindertherapie.
Dortmund, borgmann-verlag, 1999

WEBER, Kurt:
Märchen in Kinderpsychodrama.
In: Psychodrama, Heft 2.
Köln, in scenario Verlag, 1995

WIRL, Charlotte:
Es war einmal...: über das Erfinden von Märchen
und (therap.) Geschichten.
In: Kinderleichte Lösungen.
Dortmund, borgmann-verlag, 1999